人工智能时代企业
知识产权保护研究

李永格◎著

吉林大学出版社

·长春·

图书在版编目（CIP）数据

人工智能时代企业知识产权保护研究 / 李永格著 .
长春 : 吉林大学出版社 , 2024. 9. -- ISBN 978-7-5768-
4497-9

Ⅰ . D923.404

中国国家版本馆 CIP 数据核字第 2024G3B167 号

书　　　名　人工智能时代企业知识产权保护研究

作　　　者　李永格　著
策 划 编 辑　殷丽爽
责 任 编 辑　张宏亮
责 任 校 对　安　萌
装 帧 设 计　沈　莹
出 版 发 行　吉林大学出版社
社　　　址　长春市人民大街 4059 号
邮 政 编 码　130021
发 行 电 话　0431-89580036/58
网　　　址　http:// www. jlup. com. cn
电 子 邮 箱　jldxcbs@ sina. com
印　　　刷　天津和萱印刷有限公司
开　　　本　787mm×1092mm　1/16
印　　　张　12.75
字　　　数　220 千字
版　　　次　2025 年 3 月　第 1 版
印　　　次　2025 年 3 月　第 1 次
书　　　号　ISBN 978-7-5768-4497-9
定　　　价　72.00 元

前　言

随着科技的迅猛发展，人工智能技术已经渗透到我们生活的各个方面，从日常的智能助手到复杂的工业自动化系统，人工智能的应用范围正在不断扩大。随着人工智能技术的普及和应用，企业知识产权保护领域正经历着前所未有的变革与挑战。这一变革的核心在于，人工智能作为推动社会进步的重要力量，其独特的创新形式与技术特性给传统的知识产权保护框架带来了显著冲击。比如算法、机器学习模型、大数据处理技术等，囿于其复杂性和创新性，难以用传统的知识产权保护框架（如专利法、著作权法）进行清晰界定，形成了知识产权保护的模糊地带。此外，人工智能技术的发展对企业知识产权保护策略产生了双重影响。一方面，人工智能技术为企业提供了强大的技术支持，助力企业构建更加高效、智能的知识产权管理和保护体系；另一方面，人工智能技术的滥用为知识产权侵权提供了新的可能。例如，深度学习等先进技术的发展使侵权产品的生成变得更加容易且难以察觉，加大了企业知识产权保护的难度。

面对人工智能的迅猛发展，相关主体积极改进应对策略，充分发挥人工智能在企业知识产权实践方面的积极作用，降低其消极影响，但依旧存在下列问题亟待解决。第一，现有的知识产权法律体系在应对人工智能技术时显得力不从心，许多法律条款难以适应新技术带来的变化。第二，企业在实际操作中缺乏有效的知识产权管理和保护手段，特别是在跨国经营中，不同国家和地区的法律差异使知识产权保护变得更加复杂。第三，企业在知识产权保护方面的投入和重视程度也参差不齐，许多企业缺乏足够的资源和专业知识来应对日益严峻的知识产权保护形势。鉴于此，本书探讨在人工智能时代背景下，企业如何制定和实施包括知识产权保护在内的全方位知识产权策略，以应对日益复杂的技术环境和市场竞争。

本书从不同方面阐述了人工智能时代下的企业知识产权保护，第一章为人工智能与知识产权保护基础理论，介绍了人工智能概述、知识产权保护概述、知识产权保护的国际经验及中国现状三个方面的内容；第二章为人工智能对企业知识产权实践的影响，论述了人工智能在企业知识产权取得中的运用、人工智能在企业知识产权应用中的运用、人工智能在企业知识产权保护中的运用、人工智能对企业知识产权实践带来的挑战、人工智能时代中国企业知识产权保护存在的不足五个方面的内容；第三章为人工智能时代企业知识产权保护策略，讲述了人工智能时代企业知识产权保护策略概述、人工智能时代企业专利保护策略、人工智能时代企业商标保护策略、人工智能时代企业著作权保护策略、人工智能时代企业商业秘密保护策略五个方面的内容；第四章为企业知识产权保护战略模型，论述了技术领先型企业的知识产权保护战略模型、技术追随型企业的知识产权保护战略模型两个方面的内容；第五章为人工智能企业知识产权的管理与运营，阐述了人工智能企业知识产权管理实践、人工智能企业投融资并购、人工智能企业科创板上市知识产权审核要点三个方面的内容。

在撰写本书的过程中，笔者参考了大量的学术文献，得到了许多专家学者的帮助，在此表示真诚感谢。由于作者水平有限，书中难免有疏漏之处，希望广大同行及时指正。

李永格

2024 年 7 月

目 录

第一章　人工智能与知识产权保护基础理论

本章为人工智能与知识产权保护基础理论，介绍了人工智能概述、知识产权保护概述、知识产权保护的国际经验及中国现状三个方面的内容，使读者对人工智能与知识产权保护基础理论有一定的了解。

第一节　人工智能概述

一、人工智能的概念

作为一门前沿交叉性学科，人工智能（Artificial Intelligence，AI）的界定，历来众说纷纭，尚未达成统一的认识。《人工智能：一种现代方法》一书将人工智能定义为：像人一样思考的系统、像人一样行动的系统、理性地思考的系统、理性地行动的系统。百度百科定义"人工智能是一个以计算机科学为基础，由计算机、心理学、哲学等多学科交叉融合的学科、新兴学科，研究、开发用于模拟、延伸和扩展人的智能的理论、方法、技术及应用系统的一门新的技术科学"，认为其属于计算机科学的一个分支，研究范围包括机器人、语言识别、图像识别、自然语言处理和专家系统等。维基百科定义"人工智能是指与人类和其他动物的自然智能相对照的，由机器所表现出的智能"，指出人工智能是通过大数据和算法而非人脑思考的方式实现模仿和执行人类的智能行为。

人工智能的定义在一定程度上阐释了人工智能学科的核心理念与内容，其核心在于构建能够执行智能活动的人工系统。人工智能被视为一项知识密集型工程，旨在使机器能够模拟人类运用知识完成特定行为的过程。依据人工智能在逻辑推理、思维活动及问题解决能力上的实现程度，可将其区分为弱人工智能与强人工智能两大类别。

弱人工智能指代的是一类不具备自主推理与创造力、仅能实现特定功能、执行预设任务的专用智能系统。目前，人类主要研究的弱人工智能。这种智能系统虽然在外观与功能上展现出一定的智能特性，但本质上缺乏内在的智能特性与自我意识，其操作局限于特定应用范畴，无法灵活适应复杂多变的环境或自发生成新功能。尽管如此，弱人工智能领域的研究已取得了瞩目成就，尤其是在语音识别、图像处理、物体识别与分割，以及机器翻译等方面，其性能已达到甚至超越了人类普遍水平，彰显出技术进步的非凡力量。

与之相对，强人工智能则代表了一个更为深远的愿景，即创造出能够像人类一样进行复杂思维、自我学习、适应新环境并涌现新能力的智能体。强人工智能"认为计算机不仅是用来研究人的思维的一种工具，只要运行适当的程序，计算机本身就是有思维的"[①]。这一构想涵盖了两种可能的形态：一是类人智能，其思考与推理模式接近于人类；二是非类人智能，机器可能拥有与人类截然不同的感知、意识与推理方式。一般情况下，达到人类水平、具有自我意识、能够自适应地应对外界挑战的人工智能，就是人们常说的类人智能、强人工智能。它的实现不仅是技术难题，更在哲学层面引发了关于思维本质、意识起源等深层次问题的广泛讨论，目前尚无明确的时间表或路径图指引其实现。多数专家，包括美国国家科技界及私营部门的权威人士，均持谨慎乐观态度，认为强人工智能的实现至少还需数十年的持续努力。

强人工智能要求跨学科合作，深度融合理论创新、技术进步、算法优化、人机交互设计及实际应用等多方面的努力。历史上，符号主义、连接主义、行为主义和统计主义等不同学派的贡献，为 AI 的发展铺设了基石，这里重点介绍一个"新"路线——"仿真主义"（仿真主义可以说是符号主义、连接主义、行为主义和统计主义之后的第五个流派，和前四个流派有着千丝万缕的联系，也是前四个流派走向强人工智能的关键一环。）。作为一种新兴的研究范式，它正逐步受到人们关注。仿真主义的核心思想是"先结构，后功能"，按照《人工智能标准化白皮书（2018 版）》的解释，"仿真主义"是指"先制造先进的大脑探测工具，然后借用这个工具对大脑进行结构解析，利用工程技术手段构造出与大脑神经网络基元和结构相类似的仿脑装置，再对其进行不断的环境刺激和交互训练"，推动 AI

---

① SEARLE JR. Minds brains and programs.[J].Reading in Cognitive Science，1980，3（3）：417-424.

系统向更高层次发展，促使其达到近似人类的智能水平，最终实现类人智能。这一路线的提出，为 AI 研究开辟了新的视角与方向，有望在未来的人工智能发展中发挥重要作用。这种仿脑装置遵循仿真主义的核心思想，"仿脑机"作为这一项目下的核心产物，不仅是"仿真工程"领域的标志性成就，也是"仿脑工程"向强人工智能目标迈进的重大里程碑。尽管该项目的实施面临诸多技术挑战，但相较于"理解大脑"这一深奥的科学难题，其更多是工程技术层面的问题，有望在未来数十年内逐步得到解决。

二、人工智能的特征

关于人工智能的特征，根据《人工智能标准化白皮书（2018 版）》的权威阐述，可提炼为以下三点。

第一，人工智能系统是人类智慧的结晶，致力于服务人类社会。其本质根植于计算逻辑，依托海量数据作为运行基石。人工智能系统遵循人类预设的程序算法，通过高度集成的硬件载体（如芯片）执行复杂的计算任务，实现对数据的深度挖掘与分析，并将其转化为有价值的信息与知识模型，从而拓宽人类的能力边界，模拟并实现多样化的智能行为，这一过程须严格遵循无害于人类的原则。

第二，人工智能系统展现出高度的环境感知与互补、互动能力。通过集成各类传感器，人工智能能够模拟人类的感官系统，通过听觉、视觉、嗅觉与触觉等的感知，实时捕捉并解析外部环境产生的多元信息。基于这些信息，系统能够进行相应的输出，如文本、语音、表情及动作等，实现与环境的交互，促进人机之间的互补与合作。在人机交互领域，多样化的媒介如键盘、鼠标、屏幕、手势识别、体态分析、面部表情捕捉，甚至是虚拟现实（VR）与增强现实（AR）技术，正深刻塑造着人类与机器之间的交互方式。这些交互方式不仅促进了机器设备对人类意图的深刻"理解"，还推动了人机协作，实现了能力与资源的优势互补。人工智能系统擅长执行那些对人类而言繁琐、不擅长或不受青睐，但机器却能高效完成的任务，而人类则可以聚焦于更具想象力、创造性、洞察力、灵活性及需要情感投入的工作。这一分工优化了资源，促进了生产力的发展。

第三，人工智能系统具有学习能力、适应性、演化迭代能力及广泛的连接扩展性。该系统具有强大的自适应特性，能够根据环境变迁、数据更新或任务调整自动调节参数、优化模型，从而实现高效运作。同时，该系统还具备持续学习的能力，能够不断从新的经验中汲取知识，增强自身性能。在此基础上，人工智能系统能够联合云端、边缘设备、物联网等设备实现前所未有的数字化扩展。这种连接不仅促进了信息的流通与共享，还为机器系统的持续演化迭代，甚至是人类主体的演化迭代提供了动力。随着技术的不断演进，人工智能系统能够动态地适应现实世界中的复杂变化，展现出更高的适应性、稳健性、灵活性及可扩展性。这些特性的共同作用，推动着人工智能系统在各行各业中的广泛应用，为解决实际问题、提升生产效率、优化用户体验提供了强有力的技术支持。

三、人工智能关键技术 [①]

（一）机器学习

机器学习（machine learning），作为一门横跨统计学、系统识别、逼近理论、神经网络科学、优化理论、计算机科学及脑科学等多个领域的综合性学科，致力于探索计算机模拟或实现人类学习行为的方法，旨在获取新的知识、提升技能、优化既有知识结构、增进系统性能，是人工智能技术的核心所在。机器学习技术作为现代智能技术的重要组成部分，专注于从观测数据（即样本）中提炼规律，利用这些规律预测未来或不可观测的数据。依据学习模式、方法及算法的差异，机器学习展现出多样化的分类体系。

根据学习模式的不同，可以将机器学习分为监督学习、无监督学习和强化学习。

1. 监督学习

监督学习依托已标注的有限训练数据集，借助特定的学习策略或方法构建模型，对新数据或实例进行分类或映射。监督学习中最为典型的算法是回归与分类。监督学习要求训练样本的分类标签已知，标签的精确度越高，样本的代表性越强，学习模型的准确度越好。监督学习在自然语言处理、信息检索、文本挖掘、手写识别、垃圾邮件检测等多个领域展现出了广泛的应用价值。

---

① 为确保对人工智能关键技术介绍的准确性和科学性，本部分内容特别借鉴了国家标准化管理委员会工业二部指导的、中国电子技术标准化研究院编写的《人工智能安全标准化白皮书（2018版）》中关于人工智能关键技术的权威介绍。

2. 无监督学习

无监督学习侧重于利用未标注的有限数据，揭示隐藏于其中的结构或规律。无监督学习中最为典型的算法包括单类密度估计、单类数据降维、聚类分析等。无监督学习不需要训练样本及人工标注数据，其在数据存储压缩、计算量减少、算法速度提升等方面具有较明显的优势，可以有效避免正负样本偏移导致的分类错误。无监督学习的应用市场广泛，涉及经济预测、异常检测、数据挖掘、图像处理及模式识别等诸多领域，其中典型的应用场景有大型计算机集群的组织、社交网络分析、市场细分及天文数据分析等。

3. 强化学习

强化学习是智能系统与环境进行交互学习的高级方式，致力于通过智能体反复试错与经验积累，优化从环境状态到行为决策的映射，旨在强化信号效用函数。也就是说，在信息稀缺的条件下，智能体能够通过自我探索与适应，发现并实施最优行为策略，获得最大环境奖赏。强化学习在实践中展现出了强大的自适应与决策优化能力。在机器人控制、无人驾驶、策略博弈及工业控制等领域，强化学习已成功指导智能体在复杂多变的环境中作出最优决策，不仅提升了系统的性能与效率，还为智能制造、智能交通等前沿技术的发展奠定了坚实的基础。

根据学习方法的不同，可以将机器学习分为传统机器学习和深度学习。

1. 传统机器学习

传统机器学习是一种基于观测样本（即训练集）的知识发现方法，其在数据挖掘与知识发现方面具有独特优势，核心在于挖掘那些难以通过理论推导直接获取的潜在规律，从而实现对未来数据行为或趋势的精准预测。回归分析、隐马尔科夫模型、支持向量机、K最近邻算法、三层人工神经网络、Adaboost算法、贝叶斯分析方法及决策树等算法，均被视作实现这一目标的得力工具。这些方法在追求预测准确性的同时注重平衡学习结果的有效性与学习模型的可解释性，为处理有限样本条件下的学习问题构建了一个坚实的理论框架。传统机器学习方法的核心理论基础之一是统计学，其在自然语言处理、语音识别、图像识别、信息检索及生物信息学等方面展现出了广泛的应用价值和深远的影响力。

2. 深度学习

深度学习是一种构建深层结构模型的学习方法，其通过一系列典型的算法，如深度置信网络、卷积神经网络（CNN）、受限玻尔兹曼机（RBM）及循环神经网络（RNN）等，实现对复杂数据的有效建模与分析。深度学习，也被称为深度神经网络（特指层数超越传统三层结构的神经网络），理论基础根植于多层神经网络，其开创性地将特征表示与学习过程融为一体，实现了对数据特征的深度挖掘与高效学习。

深度学习的显著特征在于，它不再拘泥于模型的可解释性，而是将学习的有效性作为首要追求目标。经过学术界多年的不懈探索与实践，深度神经网络模型得到了极大的丰富与发展，其中，CNN 与 RNN 尤为突出。CNN 凭借其独特的卷积层结构，在处理空间性分布数据方面展现出卓越的性能；而 RNN 则通过引入记忆与反馈机制，成为处理时间性分布数据的理想选择。

深度学习框架，作为深度学习研究与应用的基石，为科研人员提供了稳定且高效的底层支持。这些框架通常集成了主流的神经网络算法模型，提供了丰富的应用程序编程（API）接口，支持模型在服务器、GPU 及 TPU 等高性能计算资源上进行分布式训练。此外，部分框架还具备出色的跨平台运行能力，能够在移动设备、云平台等多种环境下稳定运行，极大地提升了深度学习算法的运行速度与实用性。目前，TensorFlow、Caffe/Caffe2、CNTK、MXNet、PaddlePaddle、Torch/PyTorch 及 Theano 等开源算法框架，已成为深度学习领域的主流选择，为推动深度学习技术的广泛应用与持续创新提供了强有力的支撑。

根据算法的特点和应用方式的不同，可以将机器学习分为迁移学习、主动学习和演化学习。

1. 迁移学习

迁移学习是指在特定领域内因数据获取困难而无法充分训练模型时，可以借助另一相关领域已获取的数据关系进行知识迁移与再利用。迁移学习允许将先前训练成熟的模型参数迁移至新模型中，作为新模型训练的指导性资源，从而更有效地捕捉数据中的底层规律，显著降低对新领域大量数据的依赖。这一特性类似于借助既有判例辅助新案件的裁决，可以实现知识的跨领域的应用与增值。

当前，迁移学习技术主要聚焦于变量维度较低、数据规模相对较小的应用场景，如传感器网络中的精确定位、文本分类及图像识别等，这些领域因数据收集与标注的成本限制，成为迁移学习技术的天然试验田。然而，随着技术的不断成熟与算法的创新，迁移学习的应用前景正逐步拓展至更为复杂且具有挑战性的领域，如视频内容的精细分类、社交网络数据的深度分析及逻辑推理任务的自动化处理。这些新兴应用不仅要求模型具备更强的泛化能力，还促使迁移学习技术不断向更高维度、更大规模的数据集迈进。

2. 主动学习

主动学习的核心在于通过精密算法精准识别最具信息价值的未标记样本，然后交由领域专家进行精确标注，并利用这些精选样本训练分类模型，显著增强模型的预测精度。主动学习能在有限样本条件下构建高性能预测模型，展现出高度的知识选择性，体现了其高效与精准的价值追求。这主要得益于主动学习所采用的两大核心策略：不确定性准则与差异性准则。不确定性准则侧重于识别那些模型预测最为模糊、信息熵最高的样本；而差异性准则强调从样本集的多样性角度出发，选取能够最大限度增加当前训练集多样性的样本。这两种策略相辅相成，为主动学习、高效筛选样本奠定了坚实基础，使其在数据稀缺或标注成本高昂的情境下展现出独特优势。

3. 演化学习

演化学习是一种宽泛而灵活的优化策略，可广泛解决各类复杂乃至多目标的优化难题。演化学习通过借鉴自然界的演化机制，为解决复杂优化问题提供了一种有效的途径。演化学习的研究聚焦于三个关键领域：一是演化数据聚类，旨在通过模拟自然演化的过程，对复杂数据集进行高效且准确的聚类分析；二是对演化数据实施更为精细有效的分类，以提升数据处理的精度与效率；三是探索并构建自适应机制，以科学合理地确定演化机制在具体应用场景中的影响力度与方式。

（二）知识图谱

知识图谱（knowledge map）是一种高度结构化的语义知识存储形式，其本质可视为一种由节点与边交织而成的图形数据结构，该结构以符号化的方式精确描绘了物理世界中各类概念及其相互之间的复杂关联。其基本构成单元为"实体—关系—实体"三元组结构，以及实体与其相关"属性—值"对的组合。在此框架下，不同实体经由特定的关系纽带相互联结，共同编织成一张庞大的网状知识结构。知识图谱把各类信息整合至一个统一的关系网络中，为从"关系"维度剖析问题提供了强有力的工具。

知识图谱的应用价值非常出色。在反欺诈、不一致性验证及反组团欺诈等场景中，知识图谱能够借助异常分析、静态分析及动态分析等数据挖掘技术，有效识别并防范潜在的风险与威胁。同时，知识图谱在搜索引擎优化、信息可视化呈现及精准营销策略制定等方面亦展现出显著优势，成为众多行业领域内应用的热门技术工具。然而，知识图谱的发展进程并非一帆风顺，其面临的最大挑战之一是数据的噪声问题。由于数据本身的错误或冗余现象，严重制约了知识图谱的准确性与可靠性。此外，随着知识图谱应用领域的不断拓展与深化，在数据预处理、关系抽取及图谱构建等环节有待持续优化算法与流程。

（三）自然语言处理

自然语言处理（natural language processing），作为计算机科学及人工智能领域的一项核心研究，致力于探索并开发一系列理论与方法，促进人类与计算机之间通过自然语言实现高效、准确地沟通。该领域的研究范畴广泛，涵盖了多个关键领域，其中最具代表性的是机器翻译技术、语义理解及智能问答系统等。

1. 机器翻译

机器翻译（machine translation，MT）作为一项关键技术，通过复杂的计算机程序实现了语言之间的自动转换。其运作原理基于模拟人类处理语言理解与转换的过程，利用庞大的语料库与训练数据集，经由精密算法与模型对源语言文本进行深度剖析，进而生成准确的目标语言输出。机器翻译通过不断学习与内化语言转换的规律和习惯，实现了高效且相对精准的翻译服务。

机器翻译领域可细分为三大主流类别：基于规则的机器翻译、统计机器翻译及神经网络机器翻译。其中，基于规则的翻译方法依赖于人工预设的句法规则与字典条目，虽具有较高的可控性，但规则的编制与维护极为耗时耗力。统计机器翻译则依托统计学习理论，通过自动分析大规模的双语平行语料库，发现源语言与目标语言间的对应关系，无须预设语言规则，仅依赖数据分析驱动的统计规律识别与词汇短语翻译概率来进行翻译。相比起前两种翻译技术，神经网络机器翻译属于一种新兴技术，近年来凭借深度学习技术的强大支持，实现了翻译质量的显著提升，展现出广阔的发展前景。

与人工翻译相比，机器翻译的优势较为明显，它能够迅速处理海量文本数据，显著节约时间与成本，并支持多语种间的灵活互译。然而，机器翻译技术亦存在一些局限性，特别是在处理一些富含文化、艺术意蕴与创意表达等方面的文字作品时，其翻译效果难以完全媲美人工翻译的准确性与艺术性。例如，在处理诗歌、营销文案、文学作品等蕴含复杂情感与意境的内容时，机器翻译往往只能翻译出它的字面意思，无法展现其内在意蕴，其输出的文本仍需通过人工审校与润色来提升翻译质量，才能确保满足专业翻译的标准性和特定应用场景的需求。

近年来，随着人工智能技术与深度学习的飞跃式发展，机器翻译领域也取得了显著进步。基于对海量互联网数据的深度挖掘及先进机器翻译算法的应用，谷歌、百度、腾讯等科技巨头已成功推出各自的在线机器翻译引擎，实现了对数百种语言的高质量互译服务，并在国际翻译比赛中屡获佳绩。

作为一种自动化的语言转换工具，机器翻译虽未能完全取代人工翻译，但在资源有限或时间紧迫的场景下，它为人类提供了行之有效的解决方案。通过结合机器翻译与译后编辑流程，不仅能有效降低翻译成本、缩短交付周期，还能在保证翻译质量的同时，满足最终用户的期望。

2. 语义理解

语义理解技术作为自然语言处理领域的关键分支，致力于通过计算机技术实现对文本深层次含义的解析与问答。这一技术强调对文本上下文环境的精准把握及回答内容的精准掌握。MCTest 数据集[①] 发布之后，语义理解研究获得了广泛关注与快速发展，推动了相关数据集与神经网络模型的多样化发展与创新。未来，语义理解技术将在智能客服、产品自动问答等众多领域发挥作用，且问答与对话系统的精准度与智能化水平也会得到进一步提升。

在数据采集方面，语义理解技术借助自动数据构建与填空式问题等方法，有效拓宽了数据资源的边界。为解决填充型问题，研究者提出了很多基于深度学习的方法，比较主流的模型是利用神经网络技术预测篇章、问题建模，然后从中抽取篇章片段，生成泛化答案。当前，语义理解技术尚存有较大的提升空间，是未来研究与发展的重要方向。

3. 问答系统

根据应用范围，问答系统可分为特定领域问答系统与开放领域对话系统。问

---

① MCTest 数据集是一个用于机器阅读理解（Machine Comprehension）任务的综合性数据集，由 Richardson 等人在 2013 年构建。

答系统的核心技术在于模拟人类的交流方式，使计算机能够处理并回应以自然语言形式提出的问题。用户输入自然语言描述的问题，系统就会提供与之高度相关且准确的答案。目前，问答系统普遍运用于信息服务系统与智能手机助手等领域，但在系统稳健性方面仍面临诸多挑战与未解难题，需要持续地进行技术创新与优化。

（四）人机交互

人机交互（human-computer interaction）专注于探索人类与计算机之间的有效沟通，涵盖了信息从人类流向计算机及从计算机反馈至人类的两个核心方向，是人工智能范畴内不可或缺的外围技术。这一领域与认知心理学、人机工学、多媒体科技、虚拟现实技术等多个学科关系密切，是一个综合性的知识体系。人机交互技术超越了传统的简单交互与图形界面交互，融合了语音交互、情感交互、体感交互及脑机交互等前沿技术。

1. 语音交互

语音交互，顾名思义，就是指人机之间通过语音进行交互。作为一种高效的人机交流方式，语音交互包括自然语言语音交互与机器合成语音交互两个方面。语音交互是一种综合性技术，其涵盖语言学、工程学、计算机技术、心理学等众多专业领域的多种知识。语音交互流程可细化为语音采集、语音识别、语义理解和语音合成四个核心环节。语音采集涉及音频信号的录入、精确采样及高效编码；语音识别可实现语音信号向计算机可处理文本信息的精准转换；语义理解需要计算机基于之前识别出的内容或命令执行相应操作；语音合成需要计算机将文本信息转化为自然流畅的语音信息进行输出。该交互模式不仅聚焦于语音识别与合成的核心技术研发，还深入研究了人类在语音通道下的行为方式与交互机理。相比其他交互方式，语音交互最直观、最便捷，优势明显。

2. 体感交互

体感交互，是建立在体感技术上的一种人机交互方式，其无须借助其他复杂的控制系统，仅利用肢体动作就可以实现与周边环境、数字设备装置等的互动。体感交互为个体提供了一种更为直接、沉浸式的交互体验，可以使人们身临其境地与目标内容进行互动。应用体感交互模型不仅可以简化操作流程，还可以增强用户与数字世界之间的连接感与互动性，展现出巨大的应用潜力与前景。体感交互的实现离不开手势识别、面部表情识别、运动追踪、运动捕捉等先进技术的辅助。

相较于其他交互方式，体感交互技术在硬件与软件层面均实现了显著进步。在硬件设备层面，它逐渐向小型化、便携化及操作便捷化方向发展；在软件层面，它对用户的约束大大降低，使用时更加方便，交互体验更趋于自然。当前，体感交互已广泛渗透于辅助购物、游戏娱乐、医疗辅助与康复、自动化三维建模等多个领域。

3. 情感交互

作为交互体验的高级形态，情感交互侧重于在信息传递与功能实现中融入情感因素，激发接收者产生情感共鸣或心理反应。传统人机交互系统在情感理解与表达方面存在局限，使其难以适应并回应人类的情感状态，限制了其智能化水平的提高。因此，情感交互逐渐被越来越多的人关注。情感交互的研究目标在于赋予计算机类似人类的情感观察能力、理解能力及生成能力，在人机交互过程中给予人类更加人性化、温馨且生动的交互体验。目前，该领域已成为人工智能方面探索的热点，研究的重点倾向于推动人机交互向更加自然、流畅的方向发展。但该技术在情感数据获取与处理过程、情感描述方式、情感交互信息处理及情感表达等多个维度仍面临诸多技术瓶颈与挑战。

4. 脑机交互

脑机交互，亦称为脑机接口（BCI），是指将人的大脑与机器连接到一起，彼此进行交互的一种方式。该交互方式通过监测中枢神经系统的活动，对人脑的神经活动进行分析，并将之转换为可操控的外部指令，替代、修复、增强、补充或优化中枢神经系统的正常输出功能，从而调节中枢神经系统与内外环境间的交互动态。脑机交互的实现过程包括信号采集、特征提取及命令输出三大核心环节。具体的运作流程是，首先需要对人脑电信号进行采集，其次提取其中的特征信息，最后再将其转化为机器指令并输出。

依据脑电信号采集方式的不同，脑机接口可分为侵入式与非侵入式两大类。侵入式脑机接口是指通过手术将电极植入人脑内部，这种方式获得的脑信号质量比较好，更加精确，但是风险比较高。非侵入式脑机接口通过放置在头皮上的电极来采集大脑的电信号，这种方式操作便捷，省时省力，但是由于受到头皮和头发的干扰，准确性会受到影响。

（五）计算机视觉

计算机视觉（computer vision）是通过计算技术模拟人类视觉功能的科学，赋予计算机从图像及图像序列中提取、加工、阐释与分析信息的类人能力。此技术在自动驾驶汽车、机器人技术和智能医疗等多个前沿领域发挥着至关重要的作用，它能够从视觉数据中提炼出关键信息并供后续处理。近年来，深度学习的突破性进展极大地促进了该领域的革新，使得传统的预处理步骤、特征抽取过程与算法处理阶段趋于融合，共同构建出高效的"端到端"人工智能解决方案。

计算机视觉可划分为五个核心分支：计算成像学、图像理解、三维视觉、动态视觉和视频编解码。这些分支不仅体现了计算机视觉技术的多元化应用前景，还紧密关联着当前学术界与工业界最前沿的研究成果。比如，深度学习模型在图像识别、物体检测及场景理解等方面的显著成效，进一步验证了计算机视觉在推动人工智能技术进步中的核心地位与广阔潜力。

（六）生物特征识别

生物特征识别（biometric identification）技术是一种基于个体独特的生理或行为特征来验证身份的高级技术手段。从操作流程的角度来看，该技术的实施通常涵盖两个关键阶段：注册与识别。在注册阶段，首先需要借助先进的传感器捕获人体的生物特征信息，例如，利用图像传感器捕捉指纹与面部等光学图像，利用麦克风捕捉语音等声学特征等。随后，通过精密的数据预处理技术和特征提取算法，对采集到的原始数据进行加工，提炼出具有唯一性的特征模式，并将其安全地存储在数据库中。在识别阶段，系统再次借助与注册时相同的传感器和数据处理技术，对待验证个体的生物特征进行采集与处理，生成相应的特征向量。接着，系统将新提取的特征与数据库中存储的特征进行细致地比对分析，以完成身份识别。

从任务类型的角度来看，生物特征识别技术可分为辨认与确认两大类别。辨认任务是指从庞大的特征数据库中检索并匹配待验证个体的身份信息，解决的是一对多的匹配问题；而确认任务则是将待验证个体的特征与数据库中某一特定个体的特征进行一对一地比对，解决一对一的真实性问题。

生物特征识别技术囊括了指纹、面部特征、虹膜、指静脉模式、声纹特征及步态识别等多种生物识别要素。这一技术的实施过程是对图像处理、计算机视觉分析、语音识别理解及机器学习算法等前沿技术的综合应用。作为智能化身份认证技术的重要组成部分，生物特征识别技术近年来在金融服务、公共安全监控、教育管理及交通出行等多个关键领域实现了对身份的快速、准确验证，展现出了广泛的应用潜力与价值。例如，在金融服务领域，基于生物特征识别的身份验证系统显著提升了交易的安全性；在教育领域，生物特征识别技术被用于管理学生考勤，提高了管理的效率与准确性。

（七）虚拟现实 / 增强现实

虚拟现实（virtual reality，VR）与增强现实（augmented reality，AR）技术，属于计算机驱动的新型多媒体交互技术，其通过集成多种科学技术，在特定空间内构建出与真实环境在视觉、听觉乃至触觉上高度相似的数字化场景。用户通过应用特定的装备可以沉浸于数字化环境中，与虚拟对象进行互动，从而获得近乎真实的感官体验。这一过程的实现依赖于显示装置、追踪定位设备、触觉反馈装置、数据采集工具及专用处理芯片等一系列高精尖设备。

从技术架构来看，VR/AR 技术可被细分为五个核心环节：数据采集与建模、信息分析与利用、内容交换与分发、展示方式与交互设计及技术标准与评估体系。数据采集与建模环节聚焦于如何将物理世界或人类创意转化为数字模型，其技术难点在于三维物理世界的精确数字化与模型化。信息分析与利用侧重对数字内容进行深度解析、理解、搜索和实现知识化，挑战在于内容的语义化表达与深度分析。内容交换与分发技术关注在多样化网络环境下，实现大规模数字内容的流通、转换、集成，以及针对不同终端用户的个性化服务，关键在于构建开放的内容交换平台与高效的版权管理机制。展示方式与交互设计则致力于开发符合人类认知习惯的数字内容展示技术与交互手段，以提升用户对复杂信息的处理能力，其挑战在于营造自然流畅的人机交互环境。最后，技术标准与评估体系专注于制订 VR/AR 基础资源、内容编目、信源编码等方面的规范标准，并开发相应的评估技术。

通过上文分析，可以看出，人工智能关键技术包括多个领域，每个技术都有其独特的优点和广阔的发展空间，应用前景比较广泛。以下 3 个方面都是进一步研究人工智能发展的关键点。

1. 技术平台开源化

在人工智能领域，开源学习框架目前已经取得了显著的成果，对深度学习技术的推进产生了深远影响。开源学习框架允许开发者直接利用成熟的深度学习工具进行开发，降低了重复开发的成本，加速了开发流程，促进了行业内更为紧密的合作与知识共享。国内外诸多行业领军企业已充分认识到，构建基于开源技术的产业生态体系是攀登行业高峰的关键战略。例如，我国的 OpenI 启智社区作为推动 AI 开源发展的重要力量，汇聚了丰富的开源项目与资源，极大地促进了国内 AI 技术的创新实践与应用拓展。旷视的天元与百度的飞桨（Paddle Paddle）等开源平台，通过提供便捷高效的开发工具与框架，也为 AI 技术的迅猛发展与广泛应用奠定了坚实基础。这些技术平台的开源化不仅能够实现技术规模的迅速扩张，还有效促进了多领域技术与应用场景的融合，为构建全面的人工智能产业链布局创造了有利条件。

2. 专用人工智能向通用人工智能发展

当前，人工智能的发展一般只针对某些特定领域，应用范围有限。随着科技的持续进步，各领域间的交叉融合成为常态，因此亟须一种具有广泛适用性、高度集成化及强大适应能力的通用智能系统，；来实现从辅助决策工具到专业解决方案的全面升级。通用人工智能的核心目标在于模拟并实现人类所具备的一般性智慧行为，这一过程需要深度融合感知能力、知识处理、意识模拟及直觉判断等多维度能力。通用人工智能致力于减少对特定领域专业知识的深度依赖，从而大幅度提升其在面对多样化任务时的普适性与灵活应对能力。未来的人工智能将由专用人工智能向通用人工智能发展，广泛渗透于各领域，打破应用壁垒，实现跨界的无缝连接。然而，通用人工智能的实现亦伴随着伦理、安全及社会影响等复杂议题的挑战，社会各界应给予充分关注并进行审慎考量。

3. 智能感知向智能认知方向迈进

人工智能主要发展阶段有运算智能、感知智能与认知智能。从初期的运算智能起步，人工智能正逐步深化其智能水平，向更加复杂、高级的认知智能阶段迈进。这一过程不仅标志着技术进步的飞跃，也预示着人工智能将更加贴近人类思维，为社会的全面智能化转型奠定坚实基础。早期，机器以其卓越的计算速度与庞大的记忆存储能力，在多个领域内展现了非凡的潜力。例如，1997 年 IBM 的深蓝超级计算机成功打败了国际象棋世界冠军加里·卡斯帕罗夫。进入当今的大数据时代，人工智能已发展至感知智能阶段，赋予机器以视觉、听觉、触觉等多样化的感知能力，使之能够借助各类传感器与先进算法及外部环境进行高效互动。以自动驾驶汽车为例，通过集成激光雷达、摄像头等先进设备，车辆能够精准感知周围环境并据此作出相应决策。随着类脑科技的持续突破，人工智能正逐步向认知智能的新纪元迈进，这一目标旨在赋予机器理解与思考的能力，使其能够更深层次地模拟人类智能。

四、人工智能行业应用

（一）智能家居

智能家居体系以居住空间为载体，依托物联网技术，构建起一个集硬件设施、软件系统及云计算平台于一体的综合生态系统。该系统能够实现设备的远程操控、设备间的无缝互联与智能交互，并基于对用户行为数据的深度分析，提供个性化的生活服务方案，显著提升居住体验的安全性、节能性与便捷性。例如，智能语音技术能够使用户以自然语言轻松控制家居系统，如智能调控窗帘、家电及照明系统，甚至指挥家务机器人完成清洁任务。随着机器学习技术的引入，智能电视还可以根据用户观看历史个性化推荐内容，声纹、人脸、指纹识别技术可以应用于安全门禁，大数据驱动的家电可以实现自我诊断与维护，等等，这些内容标志着智能家居向更加智能化、个性化的方向迈进。

（二）智能制造

智能制造，是新时代制造业发展的重要目标，根植于新一代信息通信技术与先进制造技术的深度交融中。智能制造贯穿于设计、生产、管理、服务等制造活动的全链条，展现出自感知、自学习、自决策、自执行、自适应等一系列前沿特征，构成了一种具有革命性的新型生产方式。以智能装备故障处理为例，传统纸质记录往往查阅起来比较麻烦，费时费力，但利用自然语言处理技术，可以实现纸质记录的数字化转型，进而利用非结构化到结构化数据的转换技术，为深度学习模型提供宝贵的训练素材。这一过程不仅促进了设备故障分析神经网络的构建，还为后续的故障诊断策略优化与参数调整奠定了坚实的决策基础。

（三）智能交通

智能交通系统（Intelligent Traffic System，ITS）通过集成先进技术与设备，实现了交通体系中各关键要素的互联互通与信息共享。该系统致力于促进人、车与交通网络之间的协同工作，优化资源配置，提升运输效率，构建一个既安全、高效又便捷、低碳的交通生态系统。在全球范围内，日本是 ITS 应用最为广泛的国家，其次是美国与欧洲等发达地区。在中国，智能交通系统的发展亦呈蓬勃之势，特别是在北京、上海、广州、杭州等一线城市。

（四）智能金融

在金融领域，智能金融的兴起正深刻改变着传统金融服务的面貌。对于金融机构而言，智能金融不仅提升了业务部门的客户服务精准度与效率，还显著增强了风控部门的风险识别与控制能力，保障了金融安全。而对于用户来说，智能金融则意味着更加个性化、高效的资产配置方案与更加优质的金融服务体验。智能获客机制通过大数据分析精准描绘用户画像，结合需求响应模型，极大地加速了客户获取流程；基于人工智能的身份识别技术，进一步巩固了金融交易的安全性，为智能金融的全面发展奠定了坚实的基础。智能金融以其独特的优势，正逐步成为推动金融行业转型升级的关键力量。在现代身份验证体系中，智能金融融合了多种生物识别技术，包括人脸、声纹及指静脉识别等高级手段，并辅以票据、身份证件及银行卡等文档的光学字符识别（OCR）处理技术，实现了用户身份的高效验证。这一综合解决方案显著降低了验证成本，提升了系统安全性，为数字时代的安全认证树立了新标杆。

（五）智能医疗

近年来，智能医疗领域也取得了显著进展，特别是在医疗影像辅助诊断、辅助诊疗、疾病预测等方面展现出了巨大潜力。

在医疗影像辅助诊断方面，智能诊断书贵在专业和精准，而早期由人手工编写诊断书花费的时间比较长，且受限于个体差异，精准度不够。将人工智能技术引入这一领域，通过自动化提取和分析医学影像特征，能够为患者提供更为全面、精准的预前与预后评估方法与专业的诊疗决策。这一技术革新简化了操作流程，降低了人力成本，推动了精准医疗的深入实践。

在辅助诊疗方面，深度学习等先进技术的应用，使智能医疗系统能够辅助医生进行病情评估与治疗方案制定，提高了诊疗的准确性和效率。智能语音技术的引入，实现了电子病历的即时语音录入，减轻了医护人员手动输入的负担，提高了病历记录的实时性、完整性和准确性。智能影像识别技术自动对医学图像进行高效读片分析，辅助医生发现细微病变，极大地提升了诊断的精准度。当前，依托大数据平台和智能技术，构建高效的辅助诊疗系统已成为可能。

另外，在疾病预测与防控方面，人工智能凭借强大的大数据分析能力展现出巨大潜力。以流感监测为例，传统模式下，新型流感病例的通告常因患者就医不及时和信息传递滞后而出现延迟。然而，人工智能通过实时监测疫情数据，能够迅速捕捉异常信号，实现疫情的早期预警与快速响应，有效遏制疫情的扩散与发展。可见，人工智能技术在医疗领域的广泛应用，正逐步构建起一个更加高效、精准、智能的医疗服务体系。可以预测的是，随着技术的不断进步与应用的持续深化，人工智能有望在提升全球医疗卫生水平方面发挥更加重要的作用。

（六）智能安防

智能安防技术，是人工智能技术在安全领域的深度应用。它通过自动化存储与分析视频、图像数据，实现了对安全隐患的智能识别与快速响应。相较于传统安防模式，智能安防显著降低了对人力的依赖，实现了更加高效、实时的安全监控与防范。智能安防技术应用领域广泛，覆盖了街道社区、道路交通、楼宇建筑、机动车辆监控及移动物体监测等多个方面。未来，智能安防领域将聚焦于海量视频数据的深度分析、智能存储控制及高效传输技术的研发，旨在融合智能视频分析、云计算与云存储等先进技术，构建适应智慧城市需求的全面安防体系。

（七）智能物流

智能物流是现代物流业与人工智能技术深度融合的产物，作为现代物流业的重要发展方向，它深度融合了条形码、射频识别、传感器及全球定位等先进技术，实现了物流全链条的数字化与智能化。在此基础上，智能搜索、推理规划、计算机视觉及智能机器人等技术的引入，更是将物流运作推向了自动化与高效化的新高度。例如，在仓储环节，通过大数据智能建立预测模型，实现了库存管理的精准化与动态化调整，有效提升了物流响应速度与市场适应能力。在配送环节，依托智能规划系统，优化了配送路线与资源配置，确保了供需双方的精准对接与物流资源的高效利用。另外，智能搬运机器人的广泛应用，也大幅提升了货物搬运的效率。智能搬运机器人以其强大的计算机视觉与高效的动态路径规划技术，极大地缩短了订单出库时间，提升了搬运速度、拣选精度与仓储密度，为物流行业带来了前所未有的变革。

（八）智能创作

人工智能在娱乐媒体领域的广泛渗透，开启了智能创作的新篇章。以大语言模型为代表，如 ChatGPT、智谱清言、Kimi 等，正逐步展现出其跨领域的创作能力，从文字内容到艺术创作的各个层面均有所涉猎。谷歌的"深梦"、美联社的"作家"、微软的"小冰"、腾讯的"梦想作者"等，这些智能创作工具不仅在新闻报道领域实现了自动化生成与个性化定制，还在诗歌、小说、剧本等文学与艺术领域展现出了无限潜力，极大地丰富了人类的创作生态，拓宽了艺术表达的边界。同时，人工智能技术的虚拟人表演，也为观众带来了前所未有的沉浸式体验，预示着智能创作时代已全面到来。这类虚拟形象不仅具备演唱、舞蹈等能力，还通过创新的交互方式，与全球范围内的粉丝群体建立了前所未有的紧密联系，甚至跨越了传统演唱会的地域界限，实现了全球性的艺术共鸣。典型案例如在哔哩哔哩跨年晚会上，洛天依与著名琵琶演奏家方锦龙合作的《茉莉花》，以及 Travis Scott 在热门游戏《堡垒之夜》中举办的虚拟演唱会，均标志着虚拟娱乐新时代已到来，成为该领域内具有里程碑意义的事件。

另外，人工智能技术在动画电影创作领域的深度应用，也正逐步重塑这一艺术形式的边界。借助机器学习与深度学习等先进算法，动画师能够以前所未有的效率完成复杂的角色塑造、精细的场景渲染及精确的动作捕捉，显著缩短了创作周期，同时确保了作品在视觉表现与情感传达上的高水准。例如，2024 年 2 月 26 日，央视综合频道（CCTV-1）成功播出了中国首部文生视频 AI 技术的系列动画片《千秋诗颂》，它不仅是技术创新与艺术创作的完美结合，也是央视听媒体大模型与 AI 人工智能技术深度融合的典范，彰显了人工智能在推动文学、艺术及科学交叉融合中的巨大潜力和深远影响。

五、人工智能产业发展趋势

第一，技术不断进步。当前，人工智能领域发展迅速，特别是在边缘计算与边缘 AI、生成式 AI、持续学习和适应能力及多模态智能等新兴技术方面，为 AI 的应用开辟了更加广阔的空间。例如，边缘计算与边缘 AI 的普及，将计算任务转移到设备边缘，有效缓解了云计算的压力，同时还提升了数据处理的实时性与安全性，使其更加准确高效；生成式 AI 凭借自然语言处理技术和深度学习，能够创造出高度逼真的文本、图像及音频内容，极大地丰富了 AI 内容创作的形式与边界；持续学习与适应能力赋予了 AI 系统自我优化的潜力，确保其在复杂多变的环境中仍能保持高效与准确；多模态智能则通过整合多种感官数据，使 AI 能够更加全面且深入地理解复杂场景，提升了智能交互的实用性与精准度。以上这些技术促进了 AI 的飞速发展，为 AI 在更多场景下的应用提供了可能。

第二，应用领域持续扩展。随着人工智能技术的不断成熟，AI 将在更多领域发挥更加重要且不可替代的作用。人工智能技术的迅猛发展正深刻改变着人类社会的多个领域。具体而言，智能制造与自动驾驶领域内的 AI 应用，通过高度自动化与智能化手段，极大地促进了生产效率的飞跃，有效降低了运营成本，并确保了产品质量的稳步提升。此外，农业领域同样见证了 AI 技术的深刻变革，精准种植与养殖技术的应用实现了资源的高效利用与管理的精细化，推动了农业生产的可持续发展。而在服务业，智能客服系统与个性化推荐算法的引入，不仅提升了服务效率与客户满意度，还进一步挖掘了市场需求，促进了商业模式的创新。

第三，市场规模快速增长。全球人工智能市场规模预计将继续扩大。据报道，"到 2027 年，全球人工智能市场规模预计将超过 10 000 亿美元"[①]。"在中国，人工智能核心产业规模已达 5 000 亿，企业数量超过 4 400 家，显示出强劲的发展势头"[②]。此外，生成式 AI 市场也表现出巨大的增长潜力，预计在未来十年内市场规模将翻 32 倍。

第四，政策支持力度加大。各国政府和相关机构正在积极采取措施，大力推

---

① 十三号胡同 . 全球人工智能市场规模达到 4541.2 亿美元预测未来几年将继续扩大 [R/OL]（2024-05-13）[2024-06-14].https：//ai.zol.com.cn/871/8714738.html.

② 中国新一代人工智能发展战略研究院 .《中国新一代人工智能科技产业发展 2024》《中国新一代人工智能科技产业区域竞争力评价指数 2024》发布 [R/OL]（2024-06-21）[2024-06-25].https：//cingai.nankai.edu.cn/2024/0621/c35261a546068/page.htm.

动人工智能产业的快速发展。中国在这方面表现尤为突出，通过一系列政策和资金支持，已经在建设具有全球竞争力的人工智能产业集群方面取得了显著进展。此外，AI 监管问题也受到了广泛关注和重视，各国纷纷出台相关法律法规，以确保技术的健康发展和安全应用。

人工智能产业的快速发展，为未来的技术创新和应用提供了广阔的空间，也为企业的发展规划带来了深刻启示。企业应该充分重视人工智能的价值，在智力成果的研发、运用、知识产权保护等方面予以重点关注。

第二节　知识产权保护概述

一、知识产权的范围与特征

（一）知识产权的范围

知识产权（intellectual property rights）是一个外来词，在翻译该词时所采用的称谓也不尽相同，主要有智力成果权、无形财产权、无体财产权等表述方式。"知识产权"作为我国正式的法律用语最早出现在 1986 年的《中华人民共和国民法通则》中。对于知识产权的定义，立法中主要通过列举的方式进行界定，学界并未形成统一的观点。主要原因在于目前尚不能抽象出高度概括的定义，无法涵盖知识产权所有客体的共同特征。依据法学专业本科学生通用的马工程教材《知识产权法学》中的表述，"知识产权是基于创造成果和商业标记依法产生的权利的统称"[①]。该定义对知识产权进行了尽可能的归纳，也明确了知识产权的主要范围。

知识产权的范围非常广泛，涵盖了人类智慧创造的多个领域，但并非毫无边际。在国际领域有一系列国际条约明确界定了知识产权的范围，为各国知识产权的保护提供了标准和范例。比如，1967 年《建立世界知识产权组织公约》（以下简称"WIPO 公约"）第二条第八款列举了包括文学、艺术和科学作品、工业品式样科学发现等在内的八类知识产权保护对象，通过明确保护对象的方式界定知

---

① 《知识产权法学》编写组．知识产权法学 [M].2 版．北京：高等教育出版社，2022.

识产权保护的范围；1994 年《与贸易有关的知识产权协定》（以下简称"TRIPS 协定"）第一条第二款规定知识产权的范围包括版权及其相关权利、商标权、对未公开信息的保护权等八项权利类型。二者界定知识产权范围虽然都是通过列举式方法进行，但 WIPO 公约列举的是保护对象，TRIPS 协定列举的是权利类型，有相同之处也有区别之处。WIPO 公约认为知识产权的保护对象包括科学发现，TRIPS 协定却将其排除并增加了对未公开信息（商业秘密）的保护权。依据《科学发现国际登记日内瓦条约》的规定，科学发现是"对迄今尚未被认识和尚不能证实的物质世界的现象、性质或规律的认识"，其认识对象是客观世界固有的存在及其本质与规律，不是人类对物质世界干预的结果，故不宜作为知识产权保护的客体。为了避免对科学技术发展带来障碍，鲜有国家将科学发现作为一项专有财产权通过知识产权法来加以保护。《科学发现国际登记日内瓦条约》早在 1978 年就已签订，但迄今为止参加该公约的国家尚不足 10 个，未能生效。所以，相比而言，TRIPS 协定确定的知识产权范围更为准确。

我国一方面积极参与知识产权的国际保护，WIPO 公约、TRIPS 协定等一些知识产权保护的国际条约相继在我国生效；另一方面积极修订国内立法，使知识产权国内立法与国际条约保持较高的一致性。在知识产权的范围上，《中华人民共和国民法典》（以下简称《民法典》）通过规定保护对象的方式明确知识产权的范围，其第一百二十三条规定知识产权是权利人依法就下列客体享有的专有权利：（一）作品；（二）发明、实用新型、外观设计；（三）商标；（四）地理标志；（五）商业秘密；（六）集成电路布图设计；（七）植物新品种；（八）法律规定的其他客体。具体来说，我国的知识产权的范围主要包括以下七个方面。

第一，版权和邻接权：版权保护的是文学、艺术和科学作品，如小说、诗歌、音乐、戏剧、电影、美术作品等。版权自作品创作完成时自动产生，无须注册。版权赋予作者对其作品的复制、发行、表演、展示、改编等专有权利。邻接权保护的是作品传播者在传播作品过程中所享有的权利，包括表演者权、录音录像制作者权、广播组织者权和出版者权。邻接权的设立有助于激励作品传播者的创造性劳动，促进文化的传播和发展。

第二，专利权：专利权保护的是发明创造，包括发明专利、实用新型专利和外观设计专利。发明专利的保护期为二十年，实用新型专利的保护期为十年，外观设计专利的保护期为十五年，均须经过申请和审查程序。发明和实用新型是一种技术方案，解决的是技术难题；外观设计是一种美感设计，解决的是产品的外观问题。

第三，商标权：商标是用于区分商品或服务来源的标志，主要由文字、图形、色彩组合、声音等要素构成。商标权保护的是注册商标，商标权通过注册获得，保护期为十年，可无限次续展。商标权使注册人有权禁止他人在相同或类似商品或服务上使用相同或近似的标志。

第四，地理标志权：地理标志权保护的是地理标志。地理标志是标示某商品来源于某地区，该商品的质量、信誉或其他特征主要由该地区的自然因素或人文因素决定的标志。根据我国的实践，地理标志主要由"地名＋产品"构成，如烟台苹果、莱阳梨、潍坊风筝等。

第五，商业秘密权：商业秘密是指不为公众所知悉、能为权利人带来经济利益、具有实用性并经权利人采取保密措施的技术信息和经营信息。商业秘密的保护期没有明确限制，只要满足上述条件，权利人可以无限期地保护其商业秘密。

第六，植物新品种权：植物新品种权保护的是经过人工培育或对发现的野生植物加以开发，具备新颖性、特异性、一致性和稳定性并适当命名的植物品种。该权利赋予育种者对其培育的植物品种享有独占的繁殖、销售和使用等权利，保护期一般为二十年。

第七，集成电路布图设计专有权：集成电路布图设计专有权保护的是集成电路的布图设计。该权利赋予设计人对其布图设计享有复制、发行、进口等专有权利，保护期一般为十年。

知识产权是一个开放的概念，知识产权的范围是一个发展、开放的系统。从1967年的WIPO公约到1994年的TRIPS协定，知识产权保护对象有所增加，传统权利类型内涵不断丰富，外延不断拓展。尤其是数字技术、人工智能技术的出现和广泛运用，人们对科学技术、文学艺术和商业标记的创作方式、使用方式不断推陈出新，知识产权不断派生出新的权能。现有的立法采取了开放式态度，做好了迎接新的权利客体的准备。

（二）知识产权的特征

知识产权的保护对象十分丰富。不论是在满足人类精神文化追求的著作权领域，还是在关乎日常生活的工业产权领域，知识产权均以其独特的方式守护着人类智慧创造的结晶。知识产权客体的价值有的通过对创造成果的直接利用来实现，有的则需通过商业标志承载的区别功能来实现。众多的知识产权客体虽然千差万别，价值实现的方式也各不相同，但它们存在一些共性。比如，都需要借助一定的载体来体现，都是一种具有商业价值的信息，都具有可共享性等。这些特性决定了知识产权与物权的区别，也影响了知识产权的保护模式。

第一，知识产权的核心特征之一，即客体的非物质性（或称无体性）。知识产权的保护对象不是有形之物，而是抽象的智慧成果与商业标识，如发明、文学作品、商标等。这一特征决定了知识产权无法像传统物权一样进行物理上的占有、使用或转让。在侵权领域，常出现多个主体未经许可同时侵犯同一知识产权的现象，给维权工作带来了困难。

第二，专有性知识产权的其另一个显著特点。它赋予权利人在特定时间和空间范围内对其智力成果的专有使用权。专有使用权体现在两个方面，一方面是独占性，即权利人独自享有并垄断其智力成果的使用权，任何未经授权的使用都将被视为侵权；另一方面是排他性，即在法律框架内，对于同一知识产品而言，两个或者两个以上同一属性的知识产权无法并存。专有性意味着法律对权利人智力成果的认可与保护，有利于维护市场秩序、促进公平竞争。

第三，知识产权具备可转让性。根据法律规定，知识产权人有权将其全部或部分权利进行转让，或通过许可协议授权他人使用，从而实现知识产权的经济价值转化。知识产权的流转方式多样，机制比较灵活，不仅促进了知识产权市场的活跃与发展，也为权利人开辟了多元收益渠道，对推动技术创新与经济增长具有深远影响。

第四，知识产权具备鲜明的地域性与时间性。地域性是指任何国家或地区授予的知识产权，其效力仅局限于该特定司法管辖区域内。若知识产权持有人欲在全球范围内获得保护，必须依据各国或地区的法律法规，逐一申请并获取相应的知识产权授权。这一过程显示出国际知识产权合作与协调的重要性。时间性是指知识产权受法律保护的期限。知识产权并非永恒之物，其受法定保护期限的约束。专利权、商标权、著作权等知识产权均享有其特定的保护周期。在法律保护期间内，权利人享有排他的使用权与收益权；而一旦超出此期限，知识产品便褪去其专有属性，转化为社会公共资源，供公众自由使用。

知识产权的特征深刻影响着知识产权法律制度的设计逻辑与实施路径。构建并完善知识产权法律体系，目的是通过法律手段激发人们的创新活力，为创新成果提供强有力的保护，促进技术的传播与应用，维护市场秩序，保障公平竞争，最终推动社会与经济的全面、协调、可持续发展，其战略意义与现实价值不言而喻。

（三）人工智能与知识产权的关系

如前所述，人工智能技术的飞速进步正深刻重塑着社会各个领域，知识产权领域也不例外。人工智能广泛融入作品创作、发明创造研发、产品设计、数据检索和分析、知识产权保护等各方面，给现有的知识产权法律体系带来了前所未有的挑战，也提供了新的发展契机。

首先，人工智能本身也可以成为知识产权的客体。从法理角度出发，人工智能不仅是人类智慧的结晶，还蕴含了复杂的编程逻辑与算法设计，这些均符合著作权法及专利法所保护的"创造性劳动"之定义，具有可版权性和可专利性。比如，人工智能系统的核心——计算机程序，因其独创性表达符合版权要求，已被纳入著作权法的保护范畴。人工智能技术所包含的算法、数据处理架构等如果满足专利法规定的新颖性、创造性和实用性标准，则同样有资格成为专利权的保护对象。这一理念正逐渐在全球范围内得到法律界的认同与实践。

其次，人工智能作为强大的辅助工具，正逐步渗透到音乐、艺术、文学乃至科学研究等多个领域，并创造出富有创意的作品与技术解决方案。然而，这些由非人类智能体生成的内容，其知识产权归属、保护方式及责任承担等问题，成为法律界亟待解决的新课题。传统知识产权制度建立在人类创作者的基础上，面对人工智能的介入，权利主体界定、创作过程监控及侵权行为的认定均显现出了前所未有的复杂性。针对该问题，各国立法目前并未正面回应，但在司法实践中却倾向于认可人工智能生成物的知识产权客体属性。美国已出现将人工智能生成的技术方案授予专利权的案例，初步认可了 AI 生成物的专利属性。我国亦有司法判决确认了 AI 生成物的版权保护地位。如 2020 年人工智能写作领域第一案[1]，法院认为涉案文章构成文字作品，原告胜诉；2023 年全国首例人工智能生成图片著

---

[1] 深圳市腾讯计算机系统有限公司与上海盈讯科技有限公司著作权权属、侵权纠纷、商业贿赂不正当竞争纠纷案.深圳市南山区人民法院（2019）粤 0305 民初 14010 号判决书.

作权侵权案[1]，法院也认可了 AI 文生图的作品属性，并首次肯定了人工智能绘画大模型使用者的创作权益。这些做法是对 AI 创作物法律地位的积极探索，预示着我国知识产权法律体系在适应新技术发展方面已经展示出积极姿态。

最后，人工智能技术在知识产权管理与保护领域也扮演着日益重要的角色。依托大数据分析与机器学习技术，AI 系统能够高效识别并追踪网络上的侵权行为，可以显著提升知识产权保护的效率与精确度。例如，AI 自动检测盗版内容的能力为权利人提供了强有力的技术支持，有效遏制了侵权行为的蔓延。同时，在专利审查领域，AI 的辅助作用同样显著，通过提升审查过程的自动化与智能化水平，不仅加快了审查速度，还显著减少了人为错误，提高了专利授权的公信力。

然而，人工智能的应用也带来了一些潜在的知识产权风险。例如，AI 训练阶段的大数据"喂养"能否直接用他人的作品？是否构成合理使用？AI 生成物是否会侵犯现有权利？谁来承担责任？……诸多问题不断涌现。2024 年"全国首例 AI 声音侵权案"在北京互联网法院宣判，法院认为在具备可识别性的前提下，自然人声音权益的保护范围可及于 AI 生成声音，案涉利用文本转语音软件生成的 AI 声音的"录音作品"侵害了原告的声音权益。该案不仅对已有的权利赋予了新的内涵，更牵扯到生成式人工智能产业的主要主体，如何避免侵权风险，如何对利用享有在先权利（或权益）的素材进行生成式人工智能产品的设计开发、销售运营及使用的全流程进行规范化行业运作，值得深思。

综上，人工智能与知识产权之间的关系是多方面的，既包括 AI 作为知识产权客体的保护问题，也包括 AI 在创作和发明中的应用，还包括 AI 在知识产权管理和保护中的辅助作用，以及 AI 应用带来的一些潜在的知识产权风险。随着技术的不断进步，如何构建既能激励创新又能公平分配利益的知识产权保护体系，成为法律界与学术界共同关注的焦点。

二、知识产权制度的发展

（一）国外知识产权制度的发展

国外知识产权制度的发展经历了多个阶段，从早期的分散保护到现代的全球

---

[1] 原告李某与被告刘某侵害作品署名权、信息网络传播权纠纷案. 北京互联网法院（2023）京 0491 民初 11279 号判决书.

一体化，本书以欧洲为例，来探讨国外知识产权制度的发展。

欧洲知识产权制度的发展经历了几个重要的阶段，逐渐形成了一个较为完善的法律体系。随着经济全球化和科技的迅猛发展，欧洲各国意识到加强知识产权保护的重要性，纷纷采取措施以应对新的挑战。

首先，欧洲各国在19世纪末开始逐步建立各自的知识产权法律体系。例如，1883年在巴黎签订的《保护工业产权巴黎公约》。这些早期的法律为欧洲知识产权制度奠定了基础。

进入20世纪，欧洲各国开始加强跨国合作，共同应对知识产权保护问题。1973年，16个国家在德国慕尼黑签署了《欧洲专利共约》（European Patent Communities，EPC），该公约创建了欧洲专利组织和欧洲专利局（European Patent Office，EPO）。EPO提供的服务包括专利申请、检索、审查及相关的法律和技术支持，以其高效的工作和高质量的服务而闻名。这一举措标志着欧洲知识产权制度进入了一个新的发展阶段。

随后，欧洲各国进一步加强合作，于1994年成立了欧盟知识产权局（European Union Intellectual Property Office，EUIPO），负责管理欧盟范围内的商标和设计注册。2013年，大多数欧盟成员国签署了《统一专利法院协议》（Agreement on a Unified Patent Court，UPCA），旨在建立一个统一的专利纠纷解决机制，进一步简化和统一欧洲的专利保护体系。该协议最终在2023年6月1日正式生效，自此专利申请人可以在加入新体系的国家境内提出欧洲专利的统一效力请求。

在版权领域，欧洲各国也采取了一系列措施，在版权保护方面做出了积极努力。1996年，欧盟通过了《关于数据库法律保护的指令》，旨在为数据库提供法律保护，以确保数据库制作者的投资得到合理回报，同时促进数据库产业的发展和创新。2001年，欧洲议会和欧盟理事会通过了《信息社会版权指令》，旨在协调信息社会中的版权和相关权利，以适应数字化时代的需求。该指令特别强调了对版权作品的保护，以及对技术措施和权利管理信息的法律保护，同时也规定了版权例外和限制，以确保版权保护与公共利益之间的平衡。2018年，欧洲议会和理事会通过了《数字化单一市场版权指令》，旨在更新和协调欧盟成员国的版权法律，以适应数字化时代的需求，并确保版权保护与数字环境相适应。

近年来，人工智能、生物技术等新兴领域的快速发展同样给欧洲知识产权制度带来了新的挑战。为了应对这些挑战，欧洲各国不断修订和完善相关法律，以适应新的技术变革。例如，欧盟于 2024 年 3 月 13 日通过了《人工智能法案》，旨在规范人工智能技术的发展，保护知识产权和消费者权益，该法案根据人工智能的潜在风险和影响程度规定了不同的义务和要求。

总之，欧洲知识产权制度经过长期的发展和完善，已经形成了一个较为成熟的法律体系。未来，随着科技的不断进步和经济全球化的深入发展，欧洲各国要继续加强合作，不断改进知识产权保护机制，以应对新的挑战和需求。

（二）我国知识产权制度的发展

我国知识产权制度的发展经历了多个重要阶段，从无到有、从小到大，逐步形成了较为完备的法律体系和保护机制。

在我国，知识产权制度的萌芽可以追溯到清朝末年。然而，由于战乱频仍，这一时期的知识产权制度未能真正实施。中华人民共和国成立后，尽管面临国内外的重重困难，但依然于 1950 年颁布了《保障发明权与专利权暂行条例》和《商标注册暂行条例》，对专利和商标制度进行了初步探索。

改革开放前，我国知识产权制度处于探索阶段，并没有形成完整的知识产权法律法规体系。但随着改革开放的推进，中国开始逐步建立和完善知识产权法律体系并迎来了快速发展的时期。1982 年《中华人民共和国商标法》（以下简称《商标法》）成为我国知识产权立法的开端，标志着我国知识产权法治建设进入新阶段。随后 1984 年《中华人民共和国专利法》（以下简称《专利法》）、1990 年《中华人民共和国著作权法》（以下简称《著作权法》）和 1993 年《中华人民共和国反不正当竞争法》（以下简称《反不正当竞争法》）分别通过并实施，构成了我国知识产权法律框架的基础。在这一时期，我国先后加入了多个知识产权国际公约，1985 年加入《保护工业产权巴黎公约》（以下简称《巴黎公约》）、1989 年加入《商标国际注册马德里协定》、1992 年加入《保护文学和艺术作品伯尔尼公约》（以下简称《伯尔尼公约》）等，这标志着中国知识产权法律保护进入国际体系。改革开放以来，思想解放和私权观念的回归为知识产权制度建设提供了思想基础，我国不断吸收和内化外来制度，并进行创新以适应国内需求。

进入 21 世纪后，我国知识产权法律体系进一步健全。《中华人民共和国民法典》的出台、《专利法》和《商标法》第四次修改的完成、《著作权法》第三次修订的通过，把我国的知识产权法律体系又推上了一个台阶。法律完善的背后离不开政策的推动。2008 年，国务院印发《国家知识产权战略纲要》，将知识产权工作上升到国家战略层面，明确了到 2020 年把中国建设成为知识产权创造、运用、保护和管理水平较高的国家的目标。2021 年，中共中央、国务院印发《知识产权强国建设纲要（2021—2035 年）》，提出了到 2025 年和 2035 年的知识产权强国建设目标，以及一系列重要政策措施和创新举措，为新时代知识产权工作提供了行动指南。经过多年努力，中国已成为一个知识产权大国，不仅在数量上取得了显著成就，还在国际上拥有了较大的话语权（见表 1-2-1 为 PCT 专利申请量近三年数据排名[①]）。

表 1-2-1   PCT 专利申请量近三年数据排名

年份 / 年	排名	国家 / 地区	申请量 / 件	同比增长 /%
2024 （截至 5 月）	1	中国	24 904	−4.0%
	2	美国	22 780	+0.1%
	3	日本	20 999	−0.5%
	4	韩国	8 408	+11.6%
	5	德国	6 787	+2.1%
2023	1	中国	69 610	−0.6%
	2	美国	55 678	−5.3%
	3	日本	48 879	−2.9%
	4	韩国	22 288	+1.2%
	5	德国	16 916	−3.2%

---

① 2024 年数据为 1-5 月累计数据，同比增长率为该时间段内的变化。2023 年和 2022 年数据为全年数据，同比增长率为与前一年的比较。数据来源主要为世界知识产权组织（WIPO）发布的官方报告及相关统计。

（续表）

年份/年	排名	国家/地区	申请量/件	同比增长/%
2022	1	中国	70 015	+0.6%
	2	美国	59 056	−0.6%
	3	日本	50 345	+0.1%
	4	韩国	22 012	+6.2%
	5	德国	17 530	+1.5%

中国在不断完善国内知识产权法律体系、提升保护水平的同时，积极参与国际合作，参与全球知识产权治理。中国与共建"一带一路"倡议国家共享发展成果，与 57 个共建国家签署了知识产权合作协议，形成了多边、周边、小多边、双边"四边联动、协调推进"的知识产权国际合作新格局；中国深度参与世界知识产权组织的谈判磋商，推动完善知识产权国际规则，积极推动或参与区域性知识产权合作体系，如中国—东盟、中国—中亚、金砖国家等多边框架下的知识产权合作交流。

在应对人工智能立法方面，中国政府也高度重视，做出了多方面的努力。2024 年国务院印发的《国务院 2024 年度立法工作计划》中，"人工智能法草案"被再次列入预备提请全国人大常委会审议项目。由于该草案尚未正式公布，目前仍旧无法获悉该草案的详细内容，但"人工智能生成内容的知识产权归属""知识产权保护"等将是草案制定过程中的重要议题。

伴随着经济改革和社会进步，我国知识产权制度不断完善。从最初的初步探索到如今的全面成熟，这一过程不仅反映了我国经济社会的巨大变化，也展示了我国在知识产权领域的持续努力和显著成就。

三、知识产权保护的重要性及模式选择

（一）知识产权保护的重要性

在知识经济的浪潮中，"知识改变生活"的箴言已深植人心，而"知识产权

改变世界"则进一步揭示了其作为时代驱动力所产生的深远影响。知识产权保护的重要性，如同支撑创新大厦的坚固基石，推动着社会的进步与发展。

第一，知识产权保护的基石作用，首要体现在其对创新的激励效应上。它构建了一个尊重创新者智慧结晶的制度框架，确保创新者能够合法地独占其知识成果，并从中获取经济上的合理回报。这一机制如同为创新者注入了不竭的动力源泉，激发了他们投身于科研创作、技术创新的热情与决心，进而推动了科技与文化领域的持续繁荣与进步。

第二，知识产权保护促进了技术的有效转移与知识的广泛传播。通过专利许可、版权转让等合法途径，创新成果得以跨越地域与行业的界限，被更多企业和个人所利用，从而加速了技术的普及与应用，推动了社会的整体进步。这种基于法律保障的知识共享模式，不仅激发了创新活力，也促进了全球范围内知识的积累与传承。

第三，在市场经济的广阔舞台上，知识产权保护如同一道防线，守护着公平竞争。它要求市场参与者通过自身的努力与创新来赢得竞争优势，而非依赖抄袭、盗用等不正当手段。通过严厉打击侵权行为，知识产权法律为市场营造了一个公正、透明的竞争环境，有效遏制了不正当竞争行为的蔓延，维护了市场秩序的良性运行。

第四，在全球化的今天，知识产权已成为国际贸易与投资领域不可或缺的关键因素。随着知识密集型产品与服务在国际贸易中的比重日益增加，知识产权保护的重要性愈发凸显。从电子信息产品到生物制药，从通信服务到金融信息服务，知识产权的含量不断提升，成为国际市场上竞争的焦点。同时，知识产权贸易——以专利、商标、版权等许可与转让为核心内容的交易模式，已成为国际贸易的重要组成部分。一个国家的知识产权保护水平，直接关系到其国际市场的合作与信任，乃至国际贸易与投资环境的整体质量。

第五，知识产权保护显著提升了供给体系的整体质量，为经济社会的高质量发展注入了强劲动力。严格执行的知识产权保护策略，为现代产权制度构建与完善提供了保障，它不仅激励着个体与企业加大研发投入，勇于探索创新边界，还加速了高质量产品与服务的涌现，丰富了市场供给的多样性与品质。这种正向循环直接增强了企业的市场竞争力，在宏观层面促进了社会整体的技术革新与经济繁荣。同时，通过严格执行保护策略能够促进资源的高效配置，加速要素市场的改革进程，使市场在资源配置中的决定性作用得以充分发挥，进一步推动供给体系质量优化及高质量发展进程。

第六，知识产权保护是解决科技与经济"两张皮"问题的关键。知识产权保护能够有效促进科技创新成果向现实生产力的转化，使知识产权渗入经济社会各个层面、各个领域，使科技创新成为推动经济高质量发展的强大动力，可以有效解决科技与经济脱节的问题。

（二）知识产权的保护模式

知识产权的保护模式主要包括民法保护、刑法保护和行政保护三种。这三种模式在全球范围内均被广泛采用，有其各自独特的方式和侧重点。民法保护通过民事法律手段为权利人提供救济；刑法保护针对严重侵犯知识产权的行为进行刑事制裁；行政保护依靠行政机关的力量对侵权行为进行查处和处罚。

民法保护是知识产权保护最常见的保护模式。大多数国家都通过制定专门的知识产权法律，为权利人提供民事救济。民法保护的优势在于其灵活性和效率，能够快速响应权利人的需求，并通过赔偿损失、停止侵权等方式维护权利人的合法权益。民法保护还注重平衡权利人与社会公众之间的利益，通过合理设定权利限制（如合理使用、法定许可等制度），确保知识产权的行使不会过度妨碍信息的自由流动和知识的传播。

刑法保护属于知识产权保护体系中的刚性防线，是知识产权保护的重要方法之一，在全球范围内都得到了广泛认可。刑法将严重侵犯知识产权的行为纳入刑事犯罪范畴，并规定相应的刑事责任，对行为人敲响了警钟，起到强大的震慑作用，能够有效遏制知识产权侵权行为和知识产权犯罪行为的发生，进而维护了市场秩序，保护了权利人的利益。同时，刑法保护也促进了各国在打击跨国知识产权犯罪方面的合作，为构建全球知识产权安全体系提供了有力支持。

行政保护在知识产权保护中也发挥着不可替代的重要作用。行政机关一般通过行政执法手段对知识产权侵权行为进行查处和处罚，为权利人提供了快速、便捷的维权途径。许多国家和地区都建立了完善的知识产权行政保护体系，如设立专门的知识产权局、市场监管局或执法机构等，这些机构负责知识产权的注册、审查、维权及侵权案件的查处工作，程序简便、效率高、成本低。权利人可以在发现侵权事实后直接向行政机关举报，由行政机关进行调查处理，并依法对侵权者进行处罚，弥补权利人的损失。这种快速响应机制有助于及时制止侵权行为，防止损失的进一步扩大。同时，行政机关还可以依据职责主动对市场进行巡查监管，这样能够及时发现并查处侵权行为，进一步提升知识产权保护的效果。

民法保护、刑法保护和行政保护是知识产权保护的三大核心力量，它们在各自的领域为权利人提供了全面、有效的保护。随着全球科技的不断进步、人工智能的进一步推广和国际贸易中知识产权地位的不断提升，知识产权贸易纠纷和贸易壁垒日益增多，对知识产权保护提出更多要求，因此需要各国通力合作，共同致力于推动全球知识产权事业健康发展。

四、知识产权的国际保护

为了在全球范围内加强知识产权的保护，各国政府和国际组织采取了一系列措施，积极推进知识产权国际保护规则的制定，主要体现出下列特点。

第一，多边条约和协定是知识产权国际保护的重要基础。1884年的《巴黎公约》、1887年的《伯尔尼公约》和1994年的TRIPS协定等国际条约，为成员国提供了知识产权保护的基本框架。这些条约规定了专利、商标、版权等知识产权的最低保护标准，成员国需要履行公约义务，积极在国内实施这些标准。

第二，世界知识产权组织（WIPO）作为联合国下属的专门机构，致力于促进全球知识产权的保护和合作。WIPO管理着多项国际条约，并提供技术援助和培训，帮助发展中国家加强知识产权制度建设。WIPO统一了知识产权称谓、扩大了知识产权保护范围、相对统一了知识产权保护标准、设立了调解和仲裁中心。WIPO的成立标志着完整的全球性知识产权国际保护机制的形成。

第三，区域性的知识产权保护机制在不断地加强。区域性的知识产权保护机制的典型代表是欧盟。欧盟通过统一的知识产权法律体系，确保成员国之间的知识产权得到了充分保护。北美自由贸易协定（NAFTA）和亚太经济合作组织（APEC）等区域性组织也制定了知识产权保护的相关条款，推动成员国之间的合作。

第四，国际合作和信息共享机制在不断地完善。各国执法机构之间建立了广泛的合作网络，共享知识产权犯罪情报，联合打击跨国侵权行为。比如，国际刑警组织通过全球网络促进各国警察机构之间的合作，开展知识产权犯罪领域的情报交换和联合行动；世界海关组织通过成员国海关机构的合作，加强了对跨境假冒和盗版商品的打击力度；WIPO 的全球知识产权数据库促进了知识产权信息的透明度和可获取性，为全球知识产权保护提供了强有力的支持。

总之，知识产权国际保护的措施涵盖了多边条约、国际组织、区域性机制和国际合作等多个方面。通过这些措施的实施，全球知识产权保护水平不断提高，为知识产权的发展提供了有力保障。

第三节 知识产权保护的国际经验及中国现状

一、知识产权保护的国际经验

（一）英国

英国是较早推行知识产权保护政策的国家之一，是版权制度和专利制度的萌芽地。在版权领域，1556 年英王玛丽一世颁布法令，给予印刷工会的成员出版书籍的特权；1710 年英国颁布了人类历史上第一部版权法《安妮女王法》，其明确规定"在一定期限内保护作者的著作权"；1886 年，英国率先在《伯尔尼公约》上签字，体现了英国对版权保护的重视。在专利领域，从 13 世纪开始，英国皇家就以特许令的方式奖励在技术上有所创新的人们；1474 年颁布了世界上第一部专利法；1624 年颁布了世界上第一部具有现代意义的专利法——《垄断法》；英国知识产权局（UKPO）的设立可以追溯到 1852 年。英国领先的技术优势和知识产权保护先例，有力地推动了英国本国和世界经济技术的发展繁荣。

近些年，英国政府不断更新和完善知识产权相关的法律法规，以适应新技术和市场发展的需求，尤其是在脱欧后对知识产权法律进行了必要的调整，确保与国际标准保持一致，目前已经形成了比较完备的知识产权法律体系。然而英国领先的技术优势多被德国和日本引进，其科技能力未能有效转化为自身的生产力[①]。英国政府为了扭转这一局面，于 1993 年通过了《科学技术白皮书：实现我们的

---

① 冯尧.技术进步、知识产权保护与经济增长 [D]. 天津：南开大学，2012.

潜力》，将重点从支持自主研发战略转向支持扩散吸收战略，帮助企业实现技术升级。

首先，从英国高校着手，促进高校与企业融合，将高校的实验室技术转化为现实的生产力。政府出台措施并结合高校自身情况促进这一战略的实施。第一，政府通过调整资助结构，适度减少对高等教育的直接财政支持，激励高校更加积极地寻求与产业界的合作机会，以多元化资金渠道补充科研经费的不足。第二，为系统化推进科研成果的商业化进程，英国政府及高校联合成立了专门的科研管理机构。该机构扮演着多重角色，可以制定促进科技产业化的相关政策、提供科技领域的专业咨询服务、对具有潜力的科研项目进行资金扶持，以及在高校、企业与政府间进行高效的协调沟通等。第三，鼓励高校进行工业应用项目的研究，奖励合作绩效突出的单位和个人。在这些激励措施下，很多高校教师开始走向企业调研，有效利用学校的人力资源解决了企业的现实问题，促进了产学研的有效融合，并有力地推动了科技成果的商业性开发。

其次，英国加大对知识产权犯罪的惩罚力度。自 2007 年开始英国每年都公布《知识产权犯罪年度报告》，明确提出知识产权犯罪的危害，对违法犯罪行为绝不姑息。2019 年提出《警察、犯罪、法院和法庭年度法案》，该法案提出了对知识产权犯罪的更严厉处罚，增加对侵犯知识产权行为的刑事制裁。同时，加强中央和地方政府合作，切实做好知识产权犯罪的预防、调查和打击工作。英国知识产权局的执法团队还通过与警方和海关的合作，采取行动打击知识产权侵权行为。这些措施展示了英国政府对知识产权犯罪予以严惩的决心。

再次，英国特别注重中小企业的知识产权保护问题。2004 年，英国知识产权局专门针对中小企业研究了知识产权保护的可行性，不断宣传知识产权的重要性，使中小企业逐步认识知识产权的价值。2017 年，英国通过了《知识产权（恶意威胁）法》，修订并汇总了与恶意威胁有关的专利、商标、外观设计的侵权诉讼内容，这些规定旨在提高知识产权法律的清晰度和一致性，帮助企业避免昂贵的诉讼，鼓励通过对话和协商解决知识产权争议。

最后，英国及时回应人工智能技术的发展。英国在人工智能方面的立法注重保护人类创作者的权益和人工智能技术的合理使用，体现了对创新和技术发展的双重支持。在人工智能专利申请方面，英国通过明确的法律规定和审查指南来规范人工智能发明的专利申请。在版权法方面，英国通过专门条款保护由计算机生成的作品，引入了文本和数据挖掘例外条款支持技术创新。但其仍然是在人类作者身份和权利归属的框架下，对计算机生成作品（包括人工智能生成的作品）进行保护。在人工智能监管方面，英国通过制定专门法案和伦理原则来确保人工智能技术的发展不会对社会产生负面影响；2023 年发布了《支持创新的人工智能监管方式》政策性文件，该文件在促进人工智能创新与知识产权保护方面展现出了积极的态度和灵活的策略，提出"量身定制的、针对具体环境的方法"来监管人工智能，有助于在保护知识产权的同时鼓励人工智能创新。

（二）美国

美国也是世界上较早对知识产权实施保护的国家之一。早在 1790 年，美国便颁布了版权法和专利法。进入 21 世纪，美国继续加强知识产权保护立法，以应对数字化和全球化带来的新问题。2005 年，美国通过了《家庭娱乐与版权法》，旨在打击盗版行为，保护电影和电视节目的版权。2011 年，《美国发明法案》颁布，对专利法进行了全面改革，简化了专利申请程序，缩短了审查时间，提高了专利质量。近年来，美国持续关注知识产权保护的现代化和国际化。2016 年，《保护商业秘密法案》出台，为商业秘密提供了更有力的法律保护。2023 年 1 月 5 日，美国总统拜登签署了《2022 年保护美国知识产权法案》，旨在对窃取美国商业秘密的外国人实施制裁。此外，美国还积极参与世界知识产权组织，推动全球知识产权保护标准的制定和实施。

美国知识产权的保护大致经历了三个阶段。第一阶段，19 世纪初期，与欧洲发达国家相比，此时美国科研能力和技术水平相对较低，其采取了较为严格的知识产权保护制度，对外国专利申请人的待遇进行了限制。第二阶段，20 世纪中期，随着创新能力的逐渐增强，美国开始产生了对知识产权保护的需求，考虑为权利人提供创新激励的同时，也开始关注权利人的绝对垄断对社会福利造成的影响。为了平衡社会主体之间的关系，美国最高法院对知识产权的保护范围进行了严格限定，以促进技术的扩散。第三阶段，20 世纪 80 年代以来，美国为了维护本国的利益，开始采取进攻性的知识产权战略，不断干预国际知识产权法律法规的制定，通过贸易手段推动其他国家加强知识产权保护。在双边协议上更是要求对方执行比 TRIPS 协定更为严格的知识产权保护标准，对侵犯其利益的主体进行严厉的打压和制裁，通过开展特别 301 条款和 337 调查，对许多国家制造压力，迫使它们加强知识产权保护，以避免可能的贸易制裁。

美国的知识产权保护呈现如下特点：

第一，知识产权法律体系中条文法与判例法并存，知识产权制度较为灵活。美国的专利法作为一项联邦法律，是由国会负责制定的，而该法律的实施细则则是由专利商标局具体制定的。实施细则紧密结合了美国科技发展的需要，广泛征求了市场主体的意见，较为详细地规定了知识产权的保护范围，使知识产权制度具有较强的可操作性和灵活性。此外，美国于 2023 年修订了专利审查与上诉委员会（PTAB）程序，以促进和尊重具有创新性的专利。

第二，保护范围不断扩大，知识产权制度体现公平原则。美国率先提出对基因技术、计算机软件、遗传信息、商业方法等的保护，其健全的司法制度和法律体系有效地保护了权利人的商业利益。为了公平起见，美国将知识产权授予最先的发明者，而非最先提交申请的人。

第三，司法保护与行政执法并重，知识产权制度受到双重保护。美国的知识产权保护不仅依赖于司法程序，还强化了行政执法的权力。2023 年 1 月 5 日，美国总统拜登签署了《2022 年保护美国知识产权法案》，该法案拓展了现有的民事诉讼程序、刑事程序、特别 301 条款及 337 调查等知识产权保护措施，强化了政府部门行政监管与行政执法的权力。

第四，重视商业秘密保护。在美国，商业秘密的保护受到了高度关注和重视。为了确保商业秘密的安全，美国通过了《2022 年保护美国知识产权法案》。根据该法案，美国总统有权对那些窃取或试图窃取美国商业秘密的外国主体施加经济制裁。这一措施显著提升了政府对商业秘密的执法力度，确保了美国企业在国际市场上的竞争优势和知识产权的安全。通过这种方式，美国政府展示了其对商业秘密保护的坚定决心，同时也为其他国家树立了一个保护知识产权的榜样。

关于人工智能方面的立法，美国在联邦层面尚未形成统一、全面的法律体系。不过，美国政府、国会及相关机构已经开始积极推动相关立法工作。2023 年 10 月，美国总统拜登发布了《安全、稳定、可信的人工智能》行政命令。这一行政命令旨在确保人工智能技术在开发和应用过程中能够达到最高的安全标准，确保其可靠性和可信赖性。该命令强调在人工智能系统的设计、开发和部署过程中，必须严格遵守相关的法律法规和伦理准则，以保障公众的利益和隐私权益；该命令提出建立一个跨部门的监管框架，以协调和监督人工智能技术的发展和应用，确保其在各个领域的应用都能够符合国家的安全和利益。这一行政命令，为人工智能监管划定了原则和方向。美国政府希望能够引领人工智能技术在全球的健康发展，推动其在各个领域的广泛应用，同时确保其安全性和可靠性，特别是在消费者健康和安全、敏感信息隐私及就业等高风险领域。

（三）德国

德国在知识产权保护方面的经验非常丰富，值得其他国家借鉴和学习。德国通过严格的法律体系和高效的执法机制，充分保护了知识产权，从而促进了创新和经济的发展。

首先，德国拥有完善的知识产权法律体系。德国早在19世纪就制定了专利法，随后不断完善相关法律，形成了包括专利法、商标法、著作权法等在内的全面知识产权保护法律体系。这些法律不仅涵盖了各种知识产权类型，还详细规定了权利的申请、审查、授予和保护程序，为权利人提供了明确的法律依据。

其次，德国在知识产权执法方面表现出高效和严格的特点。德国设立了专门的知识产权法院，负责审理知识产权纠纷案件。这些法院配备了专业的法官和技术专家，能够迅速、公正地处理各类知识产权案件。此外，德国还设立了知识产权保护机构，如专利局和商标局，负责知识产权的申请和审查工作，确保了知识产权的高效管理。

再次，德国政府高度重视知识产权保护，积极推动相关法律法规的实施和改进。政府通过各种渠道宣传知识产权保护的重要性，提高公众的知识产权意识。同时，政府还加强了与企业的合作，鼓励企业加强自身的知识产权保护措施，提升企业的创新能力和竞争力。

最后，德国在国际层面上积极参与知识产权保护的合作与交流。德国是多个世界知识产权组织的成员国，如世界知识产权组织（WIPO）和欧洲专利局（EPO）。通过这些国际组织，德国与其他国家共同推动全球知识产权保护进程，分享知识产权保护经验。

总的来说，德国在知识产权保护方面的经验表明，完善的法律体系、高效的执法机制、政府的高度重视及国际合作与交流是确保知识产权充分保护的关键因素。

此外，随着人工智能技术的迅猛发展，德国政府高度重视人工智能在社会和经济中的应用，积极制定相关法律法规以确保其安全、可靠和符合伦理标准。继 2018 年发布《人工智能战略》后，德国继续在立法方面取得显著进展。2020年德国提出了《人工智能法草案》，旨在规范人工智能系统的开发和应用；2021年，欧盟发布了《人工智能法》提案，德国作为成员国之一，积极参与人工智能立法进程，对该提案进行了深入讨论并提出修改建议；2022 年，德国联邦议院通过了《人工智能教育和研究法》，旨在加强人工智能领域的教育和研究投入；2023 年，德国与其他国家共同发起了《全球人工智能伦理倡议》，旨在推动各国在人工智能领域建立统一的伦理标准和合作机制。该倡议强调尊重人权、促进公平竞争及保护环境等原则，呼吁各国在人工智能立法和监管方面加强交流与合作。总之，德国在人工智能立法方面采取了积极而审慎的态度，通过制定相关法律法规和参与国际合作，努力确保人工智能技术的安全、可靠和符合伦理标准。

二、中国知识产权保护现状

我国知识产权保护的现状可以从多个方面进行分析，包括保护成效、制度建设、审批登记、文化建设及国际合作等。

从保护成效来看，2020—2023 年，我国知识产权保护的社会满意度从 80.05分提升至 82.04 分（见表 1-3-1），连创历史新高。这一趋势反映了社会各界对知识产权保护工作的广泛认可和高度评价。特别是党的十八大以来，我国国内知识产权保护社会满意度由 63.69 分提升至 80 分以上，提高了近 20 分，充分展示了我国在知识产权保护方面取得的巨大进步。知识产权保护体系的不断完善和强化，为创新主体提供了更加有力的法律保障和市场环境，激发了企业和个人的创新活力。我国发明专利授权量呈现逐年增长态势（见表 1-3-2），但在人工智能研发方面，2014—2023 年，我国的生成式人工智能（AIGC）发明超过 38 000 件，是排名第二的美国的 6 倍。①

---

① 数据来源于 2024 年 7 月 3 日世界知识产权组织发布的《生成式人工智能专利态势报告》。

表 1-3-1　2020 年—2023 年我国知识产权保护的社会满意度得分

年份 / 年	知识产权保护社会满意度得分
2020	80.05
2021	80.61
2022	81.25
2023	82.04

表 1-3-2　2021 年—2024 年我国发明专利授权量 [1]

年份 / 年	发明专利授权量 / 万件
2021	69.6
2022	79.8
2023	92.1
2024（1—7 月）	65.0（预估全年将超过此数）

　　在制度建设方面，我国知识产权方面的基本法律有《民法典》《专利法》《著作权法》《商标法》《中华人民共和国刑法》（以下简称《刑法》）等；行政法规有《中华人民共和国专利法实施细则》（以下简称《专利法实施细则》）《中华人民共和国著作权法实施条例》《中华人民共和国商标法实施条例》《中华人民共和国知识产权海关保护条例》等；其他相关法律法规有《反不正当竞争法》等；部门规章有《专利审查指南（2010）》《商标审查审理指南》等，政策性文件有《关于强化知识产权保护的意见》等，这些法律、法规、规章、政策性文件涵盖了知识产权的民法保护、刑法保护和行政保护，共同构筑了一个全面的知识产权保护体系。同时，国家持续制订和修改相关法律法规，新修改的专利法实施细则于 2024 年 1 月 20 日起施行；商标法修订草案也已列入《国务院 2024 年度立法工作计划》，

---

[1] 数据直接来源于国家知识产权局官方发布的信息．

提请全国人大常委会审议。这些措施旨在细化和完善知识产权相关制度安排，确保法律的有效实施和执行。

在审批登记方面，我国知识产权局通过优化流程和提高效率，进一步提升了审查质量和速度。2023 年，我国综合运用多种审查模式，发明专利平均审查周期缩短至 16 个月，商标注册平均审查周期稳定在 4 个月，发明专利审查结案准确率达到 94.2%，专利审查满意度指数达 86.3，连续 14 年保持在满意区间，商标审查、异议、评审抽检合格率均达到 97% 以上，质量底色更加彰显①。这些数据反映了我国在知识产权审批登记方面成效显著。

在文化建设方面，我国政府和相关部门积极推广知识产权文化，增强社会公众的知识产权意识。例如，《二〇二三年中国知识产权保护状况》白皮书指出，通过多种渠道和形式开展知识产权宣传教育活动，提高了全社会对知识产权重要性的认识。"4·26"世界知识产权日、"专利周"等成为相关主体宣传知识产权法律法规和相关知识的重要时间点。

国际合作也是我国知识产权保护的一个重要方面。《知识产权保护体系建设工程实施方案》强调，"统筹推进知识产权保护领域的国际合作，积极参与全球知识产权治理"。我国努力在知识产权保护方面与其他国家和地区加强合作与交流。例如，我国与欧洲专利局、日本专利局、韩国知识产权局和美国专利商标局等机构共同发布专利统计数据，表明了我国在全球知识产权领域的影响力和参与度；2020 年 4 月 28 日，《视听表演北京条约》生效，成为中华人民共和国成立以来首个在中国缔结、以中国城市命名的国际知识产权条约，以北京命名该条约充分体现了国际社会对我国近年来知识产权事业发展的高度认可。

总体而言，我国在知识产权保护方面取得了显著进展，不仅在法律制度建设和审批效率上有所提升，在社会满意度和国际合作等方面也表现出色。随着《2024年知识产权强国建设推进计划》的实施，我国的知识产权保护工作将继续朝着更加完善和高质量的方向发展。

---

① 国家知识产权局.国家知识产权局局长申长雨在2024年全国知识产权局局长会议上的工作报告 [R/OL]（2024—01—05）[2024—09—02].https：//www.cnipa.gov.cn/art/2024/1/5/art_312_189566.html

第二章　人工智能对企业知识产权实践的影响

本章为人工智能对企业知识产权实践的影响，论述了人工智能在企业知识产权取得中的运用、人工智能在企业知识产权应用中的运用、人工智能在企业知识产权保护中的运用、人工智能对企业知识产权实践带来的挑战、人工智能时代企业知识产权保护存在的不足五个方面的内容。

第一节　人工智能在企业知识产权取得中的运用

一、知识创新信息的人工智能挖掘

（一）专利战略信息的人工智能挖掘

专利战略信息挖掘是一项系统性工作，它需要将分散的专利战略信息整合为系统化、数据化的资源，随后通过精细化的加工与分析，提取出有效、新颖、潜在价值高且易于理解的知识体系。专利战略信息挖掘常用的方法包括专利地图、专利分析及专利引证等，这些方法共同构成了企业专利战略信息挖掘的关键工具集。在专利战略信息领域，专利地图包括各种与专利相关的资料信息，它构成了一个多维度的分析框架，具体包括专利技术地图、专利权利地图及专利管理地图，它们分别从不同视角揭示了专利的战略价值与技术布局。而专利分析则进一步细化为专利地域、布局、诉讼及竞争对手分析。专利引证，就是指聚焦于专利间的相互依赖关系及产业影响。专利挖掘活动分为专利文本挖掘与专利数据挖掘两大方向。

传统的专利战略信息挖掘存在的问题比较明显。首先，专利信息的检索与挖掘专业门槛比较高。从业者需要具备深厚的专业知识和多年的实践积累，否则无法熟练运用布尔运算模式从海量的专利数据中检索到合适的对比文件。其次，专利文本的跨语言阅读障碍不易克服。专利文献的专业性强、语言表述复杂多样，加之不同国家文化背景的差异，极大地增加了国际专利挖掘与分析的难度。再次，挖掘效率低较为普遍。即便是经验丰富的专业检索人员，在处理无效检索、复杂专利分析等任务时，也需历经多次迭代检索与反复去噪过程，方能获得较为精确的检索结果或专利分析样本，这一过程耗时费力，效力偏低。最后，分析不够全面。传统方法对专利信息的分析难以准确捕捉最新的科技趋势、投资热点及市场动态，往往不够深入全面，限制了其在战略决策中的有效应用。

针对上述问题，人工智能技术的引入为专利信息挖掘提供了新的解决方案。比如，应用自然语言处理技术对专利说明书的摘要进行"数据采集、无结构文本分词、预处理、词性标注、抽取特征、分类、词嵌入等，然后基于高级语言模型运用机器学习的方法对自然语言进行处理"[①]，包括情感计算等，能够解决人工无法阅读和分析海量专利文献的问题，也能够解决专利信息挖掘门槛较高的问题。人工神经网络中的支持向量机、朴素贝叶斯和 K 最邻近算法则经常被用于专利的精确分类。其中，支持向量机可以发现全局最小值，能够有效规避分类算法的局部最优解问题，而朴素贝叶斯算法则能在稍稍降低分类性能的情况下有效去除噪声点。机器翻译技术的不断进步能够有效解决专利文献的跨语言阅读和分析障碍。K-Means 聚类、层次聚类、基于网格的聚类算法、多维度分析与自组织映射等主题聚类算法及融合聚类算法的应用，能够更好地揭示专利技术主题的分布和技术语义之间的关系，从而反映技术族群的特点和科技的发展趋势，为进一步开发应用指明方向。

从具体操作层面上讲，典型的应用人工智能进行专利文本挖掘的流程，包括人工智能的机器学习训练、建立数据库、语义结构分析、自然语言处理和聚类分析等。人工智能专利文本挖掘的机器学习训练通常涉及监督学习和无监督学习方法。人工智能专利文本挖掘的监督学习在开始阶段需要人为标注，将海量的专利文献中的大部分比例作为训练资料，其他作为验算资料，来检验机器分类和分析结果的准确性；无监督学习则由机器自己根据特定标准下专利相似与相异的程度

---

① 刘刚，曹雨虹，裴莹莹，等.基于专利摘要词嵌入分布式表示方法的改进 [J].信息通信.2019（4）：29-31.

进行归类。当然，在进行文本挖掘之前，需要建立一个包含专利信息的数据库，供人工智能进行文本挖掘的专利数据库的建设，需要先把各国专利局的官方文件进行格式转换和资料清洗，再经上述训练后的人工智能进行分类后统一建构。人工智能对数据库中专利文献的说明书文本通过词性标注的方法进行语义内容分析，判断其属于独立权利要求还是从属权利要求，进而参考较为成熟的语义词典，通过 SAO（主谓宾）结构提取等自然语言处理方法来分析不同专利之间的语义相似度。根据这种相似度，人工智能即可运用算法模型来评估不同专利之间在知识上或技术上的相似程度，最终形成"专利相似性矩阵"。

国内目前比较有代表性的专利智能挖掘系统是 2009 年 1 月上线的 Patentics 检索系统。该系统将专利文献的语义关系向量化，根据统一的模型进行相应的计算，在将检索条件向量化的基础上，从数据库中寻找近似专利，并按相关度进行排序。相关测试表明，Patentics 检索系统在国际专利分类表各部中的检出率为 40%～90%，其中 F 部的检出率最高。由此可以推论的是，人工智能的专利检索和挖掘至少在某一特定技术领域内大有可为。

虽然人工智能在识别和规范技术用语与日常生活用语的相似性、挖掘交叉技术领域的专利文本、判断专利技术关系背后的原因等方面还存在很大的缺陷，专门性的专利信息挖掘算法也有待进一步开发，但是它可以帮助人们在技术创新之前做好相对全面、快速的准备工作，这是不争的事实。此外，专利数据库中的海量大数据还具有评估专利组合价值、追踪竞争态势、洞悉市场潜在机遇、为专利战略决策提供建议等功能。人类只要在此基础上进行深度的挖掘、分析、判断和决策，不断完善可用于专利信息挖掘的人工智能技术、提升数据库质量即可。

（二）商标的人工智能检索与设计

相较于专利信息挖掘的复杂性，商标检索因聚焦于标志的直观相似性与否而显得较为简单、直接。尽管如此，商标检索却并非易事，主要由于商标存在多样的符号形态，包括但不限于纯文字、图形、图文结合、颜色组合商标、三维标志、声音及动态商标等，这些形式要求检索过程具备高度的灵活性与适应性。鉴于单一人工智能技术处理能力的局限性，商标检索领域积极采纳了自然语言处理、计算机视觉、语音识别等多维度技术的综合应用策略，旨在实现更为精准与全面的检索效能。

针对由单一元素构成的注册商标，图形商标在文字商标之外占据显著地位，研究图形商标的人工智能检索技术具有典型意义。针对图形商标的检索，现行方法主要有分类检索法、文本检索法、基于内容的检索及基于形状匹配的检索等。其中，分类检索法严格遵循世界知识产权组织（WIPO）发布的《建立商标图形要素国际分类维也纳协定》，通过对商标图形进行细致索引与编码，构建系统化的检索框架。该标准不断演进，最新版（2018 年 1 月实施的第八版）已细化为29 大类、逾百个小类及接近两千个细目，确保了相似图形能被精准归类至同一分类码下，即便是复杂多元的商标图形，也能通过分解其组成部分并赋予各自分类码，最终汇集成该商标独有的数字身份标识。文本检索法则另辟蹊径，利用自然语言处理技术将图形商标的视觉特征转化为描述性文本，捕捉并揭示其内在含义，然后建立索引，做好图形特征文字描述的关键词匹配，实现高效检索。而基于内容的检索方法则更为深入，它采用从底层到高层的图像处理与分析技术，直接解读图形内容，依据内容的相似性进行检索，极大地提高了检索的准确性和相关性。基于形状匹配的检索技术也展现出了巨大潜力，它通过图形分割技术精确识别并提取商标图形中的感兴趣目标，然后对其进行形状描述，随后应用与形状描述方法紧密适应的相似度量标准来实现高效的商标检索。四种检索方法中，除了第一种分类检索法，计算机视觉、图像理解、自然语言处理及模式识别等先进的人工智能技术在后三种检索方法中均占据了不可或缺的地位。即便是第一种分类检索法，在应对日益庞大的商标数据集时，也必须借助人工智能的力量来加速分类过程、优化编码策略并提升检索准确性，从而有效减轻人为认知偏差对检索结果的影响。

近年来，人工智能研究者对深度学习方法在图形商标检索中的意义已经达成了共识，并进行了诸多算法模型的开发。通常来讲，深度学习的商标图形检索方法需要先建立一个图形商标的分类数据库，然后利用该数据库训练形成相应的神经网络模型并构建商标图形特征库，通过神经网络模型提取输入深层语义特征并运用有关函数进行近似性程度判断。世界知识产权组织（WIPO）于 2019 年推出了人工智能驱动图形检索技术，该检索技术就是利用深度机器学习来识别图形中的概念组合，以此来发现注册过的近似商标，这项技术已经整合至全球品牌数据库搜索引擎。

现实生活中，由文字、图形、颜色、三维标志等要素组成的商标比比皆是，在客观上增加了商标检索比对的难度。若这些组成部分都各有显著性，则难以确定主要部分，此时比对难度更大。面对这种复杂的情况，人工智能技术的效用得以彰显。例如，TMScope 商标智能检索系统不仅收录了 33 个国家、地区和组织的商标数据，还实现了商标领域的"以图检图、图文混检"的智能检索，并提供商标管理、监测预警等多种功能。通过机器学习（特别是深度学习），建立由视觉近似性、语义近似性和文本近似性判断共同组成的矩阵，人工智能能够求得在每个维度上商标近似与否的最优解，从而在整体上提升商标检索的准确率。

人工智能不仅能够在商标检索方面发挥重要作用，还可以帮助经营者更好地进行商标设计。商标设计是一项需要综合考量法律、经济、科技、文化、艺术和心理等因素的复杂工作。惟其如此，才能设计出符合经营者产品特点、具有快速影响力和持久竞争力的显著性标志。与通信技术、媒体技术、材料技术等的发展变化一样，人工智能技术也是商标设计者必须时刻保持敏感度的新技术。在多种媒介深度融合、信息交互式传播的网络空间乃至未来万物互联的世界中，计算成像学、三维视觉、动态视觉、虚拟现实、增强现实等人工智能技术的应用，可以设计出具有强烈感官和心理刺激的商标。社会生活中已经出现了专门利用人工智能技术帮助用户设计和创建商标的平台公司，例如，GraphicSprings、AiLOGO 等，还有一些可以进行商标设计的 AI 软件系统，比如 Pixso、阿里鹿班、标小智等。只需要用户输入自己的公司名称或者选择自己喜欢的标志风格、颜色和符号，人工智能便会将它们作为设计商标的灵感，并在几分钟内生成若干个符合用户个人偏好的标志供其选择。用户可以单击任何一个智能生成的商标，通过更改颜色、文本字体、布局、符号、间距和大小等方式不断探索其变化的可能性，最终确定一个心仪的标识。

虽然人工智能在商标视觉信息抓取的丰富性、商标近似法律判断的准确性和商标设计的创造性等方面与人类还有很大的差距，并且在短期内很难达到乃至超越人类的水平，但是面对着海量的商标数据、复杂的商标构成要素和商标使用的网络环境，人工智能在商标检索和设计上仍然具有个人无法比拟的优势和光明的前景。

二、知识产权审查的人工智能应用

（一）世界知识产权组织（WIPO）体系下的智能审查

不论是知识创新的主体还是知识产权审查机构，均对人工智能在知识产权审查领域的应用抱有高度的期待与需求。世界知识产权组织（WIPO）作为这一领域的引领者，在其先进技术应用中心的主导下，已在三大关键领域显著加强了人工智能技术的开发与应用。

首先是机器翻译。WIPO Translate 凭借其前沿的神经机器翻译技术，已成为专利文献翻译领域的佼佼者。这一工具能够打破语言障碍，将高度专业化的专利文献精准地转换成包括中文、英语、西班牙语、日语及葡萄牙语在内的多种语言，极大地促进了全球范围内的知识产权信息共享与交流。用户既可通过PATENTSCOPE 数据库直接访问该服务，也可根据需求纳入各成员国知识产权局的系统之中。其次是商标智能检索。全球品牌数据库中的图片检索使商标所有人能够从数百万计的图片中找出视觉上相似的商标和其他品牌信息记录。最后是专利自动分类。专利自动分类系统是 WIPO 与日内瓦大学的人工智能专家合作，利用神经网络技术开发的应用系统，其可以帮助专利申请人和知识产权局审查员依照国际分类大类、小类、大组和小组，将专利申请自动分类归入相应技术部门。

WIPO 还专门成立了专利自动分类、XML 标准及其实施和 API 标准方面的工作组，旨在促成各知识产权局之间开展合作，实现整体一致的通信技术策略和知识产权大数据管理，并利用人工智能加强知识产权行政管理。据统计，澳大利亚、奥地利、巴西、加拿大、智利、中国、欧盟、芬兰、德国、日本、摩洛哥、挪威、菲律宾、韩国、俄罗斯、塞尔维亚、新加坡、瑞典、瑞士、英国、美国、乌拉圭等 WIPO 成员方都在一定程度上运用人工智能技术进行知识产权审查和管理工作，具体的应用形式包括版权登记、数据分析、数字化和流程自动化、审查（商标、专利）、帮助台服务、图片检索（商标、外观设计）、机器翻译、专利分类、专利现有技术检索及商标分类（商品和服务）等。

尽管现阶段知识产权审查中的人工智能应用大多还停留在可预测性和模式化的工作上，并且在准确率和可信赖性上还存在一些疑问，但其在节省成本和提高效率方面的优势还是显而易见的。WIPO 需要进一步做的工作是，使各国携手合作开展人工智能审查管理所需的语料库构建等技术开发工作，以及从制度和政策上对人工智能的自动审查进行规范引导和约束。

（二）美国、日本、欧洲的知识产权智能审查

1. 美国

美国专利商标局（USPTO）在审查专利申请时，采用了多种人工智能工具和方法，以确保专利审查的准确性和一致性。其一，USPTO 采用人工智能驱动的相似性搜索工具，以增强审查工作的效率和准确性。比如，USPTO 在其专利检索工具集 Patents End-to-End (PE2E) 中引入了名为 "Similarity Search" 的 AI 功能。Similarity Search 工具接收审查员选定的输入信息后，使用 AI 模型在几秒钟之内即可输出与正在搜索的专利申请相似的国内外专利文献列表。其二，USPTO 开发了一个门户网站，用来与电子图书馆的应用程序编程接口（API）集成，使审查人员能够访问超过 60 万本电子书、7.2 万份期刊和 40 个电子数据库，显著提高了审查人员检索和分析专利文件的能力。其三，USPTO 还利用人工智能来帮助建立知识产权系统。例如，IBM 与 USPTO 合作启动了一个示范项目，该项目利用 IBM Watson Assistant 的对话 AI 技术和 IBM Watson Discovery 的内容挖掘和引导导航解决方案，帮助用户更有效地发现和分析相关专利数据。其四，USPTO 还计划与利益相关者就人工智能和知识产权的交叉领域进行讨论，以了解人工智能在创新生态系统中的作用，并寻求解决人工智能发明权归属问题的建议。这些讨论和研究有助于进一步完善人工智能在知识产权审查中的应用。其五，USPTO 还采用了人工智能文本分析等方法来探索确定申请审查预期时间的替代方法。例如，USPTO 引入了一种创新的自动化算法，提高了审查质量和及时性，并改善了利益相关者的互动。

美国知识产权智能审查通过采用人工智能技术，不仅提高了审查效率和质量，还为申请人提供了更多的便利和支持。这些措施有助于确保专利审查的准确性和一致性，同时促进创新和知识产权保护。

2. 日本

日本在知识产权智能审查方面也采取了多种措施，这些措施包括利用人工智能技术、加速审查制度及现有的技术检索外包等。

（1）利用 AI 技术提高审查效率

日本专利局（JPO）自 2016 年起开始考虑将 AI 应用于审查专利、设计和商标申请，并于 2017 年公布了"使用 AI 技术的行动计划"。该计划包括准备清单、选择研究对象、考察 AI 技术应用的可能性及实行中间方检验等步骤。具体来说，JPO 与 FRONTEO（幅锐态科）技签订合同，利用其 AI 引擎"KIBIT"进行大数据分析业务，通过文本分析技术提高类似组代码的自动分配率，减少审查员的人工工作量。

通过引入人工智能，日本政府在审查工作上取得了显著的进展。AI 系统能够快速分析大量数据，识别出潜在的违规内容，从而大大缩短了审查的时间。根据 JPO 发布的报告，2023 年 JPO 受理发明专利申请量 30 万件，授权 20.9 万件；实用新型申请量为 4 949 件，授权 4 772 件；外观设计申请量为 3.2 万件，授权 2.7 万件，从申请到第一次审查结果通知的平均时间为 10 个月，平均授权周期为 14.7 个月，较 2022 年都有所缩短[①]。此外，AI 的引入还提高了审查的准确性，减少了发生人为错误的可能性。在处理网络内容、出版物及公共安全等方面，AI 技术的应用使得审查工作更加高效和精确。日本政府还计划进一步开发 AI 技术，使其能够适应更多种类的审查任务。例如，通过机器学习，AI 可以不断更新其数据库，以识别新的违规模式和趋势。这不仅提升了审查工作的实时性，也确保了审查标准能够与时俱进。同时，日本也在探索如何平衡技术进步与个人隐私保护之间的关系。在利用 AI 进行审查的同时，政府机构也在制定相应的法律法规，确保 AI 技术的应用不会侵犯公民的隐私权。通过这些措施，日本旨在建立一个既高效又公正的审查体系，以促进社会的和谐与稳定。

（2）实施多种加速审查制度以缩短审查时间

日本实施了多种专利加速审查制度。审查制度包括优先审查、快速审查和特快审查等，旨在为创新型企业提供更高效的专利申请流程。优先审查制度允许企业在提交申请的同时申请优先审查，前提是该技术或产品具有显著的创新性或对社会有重大贡献。快速审查适用于那些对国家经济发展具有重要意义的专利申请。特快审查针对那些在国际上已经获得专利授权，需要在日本快速获得相应保护的

---

① 泾县市场监督管理局. 海外知识产权风险预警之专利审查信息动态 [R/OL]（2024-05-15)[2024-9-11].https://www.ahjx.gov.cn/OpennessContent/show/3296480.html.

申请。通过这些措施，日本政府得以缩短审查时间，吸引更多的国内外投资，促进技术革新和产业发展。

（3）将现有技术检索外包给专业机构以提升审查质量

为了进一步提高审查效率，日本特许厅将原本由审查员执行的现有技术检索任务委托给已注册的检索服务机构，借助私营企业的专业能力加速专利审查进程。日本专利局发布的 2023 年年度报告显示，截至 2022 年，日本共有 9 家受委托进行现有技术调查的注册调查机构，这些机构在 2022 年的总调查数量约为 14.3 万件，约占总审查量的 58.9%（2022 年 JPO 共审查发明专利申请 242 626 件）。

外包服务能够确保审查结果的准确性。专业机构利用其丰富的数据库和先进的检索工具，能够快速定位相关技术资料，从而为审查人员提供有力的支持。此外，外包服务还减轻了审查部门的工作负担，使他们能够将更多精力投入核心审查流程中。日本的这一做法在业界引起了广泛关注，许多国家和企业也开始考虑采用类似的服务模式，以期达到提升审查质量的目的。随着外包服务的普及，审查工作的标准化和国际化趋势日益明显，这对于全球知识产权保护体系的完善具有重要意义。

3. 欧洲

欧洲知识产权智能审查主要涉及欧洲专利局（EPO）和欧盟知识产权局（EUIPO）的审查指南和审查流程。

欧洲专利局的审查指南是依据《欧洲专利公约》及其实施细则制定的，旨在指导欧洲发明专利的申请和审查工作。该指南每年更新一次，以反映最新的法律变化和实践指导。为了提供更明晰和时效性更强的实践指导，2024 年 3 月版的审查指南对内容进行了更新，特别关注了人工智能（AI）和机器学习（ML）领域发明的审查。

欧盟知识产权局（EUIPO）也发布审查指南，每年更新一次，以反映最新的欧盟条例、法院判例和申诉委员会的典型案例，旨在为申请人、代理人以及任何与欧盟商标和外观设计注册相关的人士提供清晰、明确和具有时效性的实践指导。该指南涵盖了从申请提交到审查、异议、无效及撤销等各个阶段的详细规定和程序要求。

欧洲专利申请的审查流程包括提交申请、形式审查、发出检索报告、公开申请、实质审查及授予专利等阶段。在提交申请阶段，申请人需要提交专利申请并缴纳审查费用。申请人需要在收到检索报告后答复，并在规定时间内提出实质审查请求。一般在1～2年内收到第一次审查意见，答复审查意见的期限为4个月。为了缩短审查时间，EPO提供了加快处理程序（PACE），"旨在缩短申请人收到检索报告、审查意见通知书和授权意向通知书所需的等待时间"[①]。

（三）我国知识产权智能审查

全球范围内知识产权审查智能化的大趋势日益显现，人工智能技术的特殊优势不断提升，我国国家知识产权局也正积极响应，致力于知识产权技术能力的强化与审查系统的革新完善。2018年7月19日，国家知识产权局组织召开了智能审查系统建设座谈会，聚焦于如何利用人工智能、大数据等前沿技术，优化专利、商标等知识产权的注册与审查流程，提升工作效率与质量。会议强调，应采取平台＋模块的建设模式，注重系统的整体性、兼容性、稳定性，使新系统在横向上覆盖专利、商标等多类型的知识产权业务，在纵向上贯穿申请、受理、审查、复审等全流程业务环节，在内涵上实现智能检索、在线翻译、图形识别、申请质量监控、审查周期精细化管理等核心功能，能够全方位、根本性地提高知识产权的审查质量和效率，使社会公众有更多获得感。

在商标智能审查领域，2019年1月25日，我国的"商标图形智能检索"功能正式上线，标志着我国商标审查从自动化向智能化的转变。智能检索技术的应用，实现了商标审查工作由纯人工检索向"以图搜图"智能检索的转变[②]，有效避免了人工判断可能存在的标准不一的问题，大幅压缩了商标近似比对数量，查看数量从原来的数万件商标图样减少到约5 000件，提高了审查效率。

在专利智能审查领域，2013年6月国家知识产权局推出了云专利审查试验系统，在此基础上，"云专利审查系统（CPES）"于2015年5月22日正式上线运行，该系统覆盖了多个国际机构的专利审查信息，提供了9种语言版本，并具备多语言翻译工具。2018年3月24日，国家知识产权局上线了智能化的"复审无效立案及流程管理系统"。该系统构建了一个集成化的审查作业平台，该平台通过智

---

① 孙迪. 欧洲专利申请加快审查程序概览 [N]. 中国知识产权报，2016-06-03.
② 张惠彬，王怀宾. 人工智能驱动知识产权审查变革：技术逻辑、价值准则与决策问责 [J]. 科技与法律（中英文），2021（4）：99-107.

能化手段优化了专利审查流程。具体而言，系统内置了自动化形式审查模块，能够直接由后台系统向符合条件的案件发送预先设定的通知文件，而对于需进一步人工评估的案件，则由专门负责形式审查的审查员在直观的用户界面上完成操作。该系统的核心是自动审查引擎，其能够对包括请求书、委托书及中间文件请求内容在内的多项文档内容实现高效审查；同时，还能够根据预设的审查规则及逻辑判断，自动生成审查通知书及其标准化表述段落，极大地提升了审查工作的规范性和效率。2023 年新版中国及多国专利审查信息查询系统正式上线，进一步提高了公众获取专利信息的便捷性。此外，"AI Pat+ 专利检索分析系统"于 2024 年 8月 23 日全新上线。"AI Pat+"是知网整合全球全量专利与科技文献数据，利用大数据、人工智能、信息安全技术应用于一体的新一代先进国产化专利应用系统，旨在提高专利工作的效率、准确性与安全性，为专利的创造、保护、管理、运用和服务提供更加全面、高效和智能化的支持。该系统由中国知网推出，基于大模型技术，汇聚了国内外海量的高质量专利与科技文献数据资源，提供全面、精准的专利服务体验。主要功能包括专利申请前评估、技术交底书辅助生成及专利情报分析等。

总体而言，我国应用人工智能进行知识产权审查的情况基本与我国的专利、商标申请量及人工智能技术的发展水平相适应，正在向建设世界一流知识产权审查机构的道路上迈进。当然，知识产权智能审查的准确性、可信赖性、应用范围的广泛性、数据的安全性等问题，也是我们需要时刻保持警醒的，需要不断加强技术研发和制度规范建设。

第二节　人工智能在企业知识产权应用中的运用

一、数字版权的人工智能交易

版权一经作品创作完成而产生的特点使其免去了授权审查的时间、金钱、信息和人力资源成本，但这一特性也在一定程度上削弱了权利的公示公信机制，对版权在市场中的转让、许可等交易活动构成了显著障碍。为应对此挑战，版权持有人可采取自愿登记策略，彰显其权利主体地位。同时，通过加强个人版权管理体系或依托著作权集体管理组织，进一步优化权利的许可流程。在网络环境下，这些努力均高度依赖于新兴信息技术的赋能，其中，人工智能强大的支持能力尤为引人瞩目。

当前，赋能数字版权管理和交易的人工智能技术，在理论和实践层面讨论比较多的是区块链技术。区块链作为一种融合了共识机制、点对点传输、分布式数据存储、加密算法等技术的新型应用模式[①]，正逐步展现出其在版权领域的革新力量。2017年5月，在阿姆斯特丹大学信息法研究所隆重召开的"区块链技术与版权保护论坛"上，与会学者围绕区块链技术如何通过创新的数字资产代币化机制，在网络环境中有效模拟并强化稀缺性特征展开了深入探讨。这一机制的核心在于，代币不仅作为版权作品数字化形态的象征性代表，更扩展至包含作品使用权、授权协议细节及收益分配等版权交易的核心构成部分，从而在虚拟空间中构建一套全面且精细的版权管理框架。区块链技术的核心竞争力在于其能够依托先进的"智能合约"技术，实现交易的自动化执行。智能合约作为一种自我履行、无须第三方干预的协议形式，可以极大地提高交易效率，还能够确保交易过程的可靠性和透明度。通过区块链平台，每一笔交易都被精准记录并永久保存，形成了一条不可篡改、公开透明的交易历史链。这一特性极大地激发了利益相关者的兴趣，包括版权所有者、集体管理组织、数字内容平台、基础设施服务商等，他们都看到了这种新型技术模式的发展前景，均积极探索基于区块链的解决方案，以期在其中选取某种更加适合且有利益的模式，在版权市场中占据有利位置。对于著作权群体而言，区块链技术为他们提供了一种前所未有的机会，即通过编码手段将诸如音乐作品等数字项目中的"智能信息"嵌入其中，这些信息涵盖了从所有权声明到使用许可、支付条件等全方位的版权管理要素。而对于终端用户来说，区块链技术则赋予了他们直接访问含有详尽使用规则、限制及价格信息的音乐作品的能力，从而实现了用户与著作权人之间信息的透明公开。

在版权交易的数字化转型进程中，区块链技术以其独特的登记确权、自动化交易与信息公示能力，显著降低了交易成本，缩短了交易周期，并实现了前所未有的公开透明与民主参与，对版权保护与市场机制产生了深远影响。首先，在版权登记领域，区块链构建了一个全球范围内可访问、防篡改的权利声明体系。对

[①] 许向东. 新技术在我国舆论场中的应用，影响和治理 [J]. 人民论坛，2022（13）：38-41.

于原生数字作品，区块链的时间戳功能直接充当了版权归属的即时证明；对于非数字作品，首次数字化时的真实权属信息通过区块链记录后，同样具备强大的证据力。2021 年 6 月 2 日中国版权链正式上线，这标志着中国在版权保护领域正式引入了区块链技术，中国版权链提供了版权确权、授权、交易、维权的一体化解决方案。区块链为每位版权所有者分配了独一无二的链上标识符，作为参与智能合约交易的身份凭证。基于这些标识符与预设条件，版权持有者能轻松与使用者达成许可或转让协议，实现灵活的版权交易。其次，区块链可以最大限度保障交易的安全。区块链上的版权交易信息是公开透明的，拥有相应私钥的个体都能追溯交易历史，可以有效遏制无权处分或未经授权许可的行为。此外，区块链的去中心化架构与分布式存储模式冲击了传统出版商主导的发行体系及著作权集体管理的垄断地位，赋予了版权人更广泛的自主权。在区块链版权交易过程中，版权人可以根据自己的需求实现对作品的定价、数量、即时收益等的自由控制，还可以减少中间环节成本（如集体管理组织的管理费用）的支出。区块链版权交易促进了版权经济价值实现的公平、公开与民主化。

自 2014 年起，区块链技术在版权交易领域的商业应用逐步兴起，相关项目在全球加密货币市场中的地位逐年提高，表明该行业逐步走向成熟与稳定。目前，区块链版权交易范围不断扩大，从版权作品本身扩展至版权衍生品交易、内容社区建设及分发策略等方面。比如，基于版权未来收益的资产证券化、收益权众筹，以及通过区块链记录的内容创作、下载、评价等行为激励优质内容的生产与传播。

全球范围内具有代表性的区块链版权交易平台覆盖了文字、音乐、图像、影视等多个领域。例如，德国的 Ascribe 平台利用区块链技术实现了音乐作品的版权交易，用户可以通过平台操作流程完成歌曲的发布与购买；美国的 Binded 平台专注于图片版权管理和交易，可以轻松实现图片与推特和照片墙等社交网络账户的链接；中国的亿书平台聚焦于知识组合与分销，通过智能合约自动分配基于内容创作的报酬，为用户提供多样化的版权交易选项，包括内容、研发、广告、存储及运营挖矿等[1]。

综上，区块链技术以其独特的技术优势，为版权领域带来了深刻的变革，不仅有助于克服版权自动生成机制下的公示公信难题，还促进了版权交易活动的透

---

[1] 李宗辉.论人工智能对知识产权应用的影响 [J]. 中国发明与专利，2020，17（6）：14-19.

明化、高效化与智能化发展。未来，随着区块链技术的不断成熟与普及，其将在版权保护与利用领域发挥更加重要的作用。但是，在探讨区块链技术在数字版权交易领域的应用时，仍需直面其作为一种创新模式所蕴含的多重挑战，这些挑战既涉及技术领域，也包括事实与法律方面的问题。

首先，从技术维度审视，首要障碍聚焦于哈希算法和哈希值。哈希算法能够将某段信息转换成一个固定长度的二进制字符串，然后抽取其数据特征，最终生成哈希值。由于不同信息文件的类型、大小、创作者、时间等不同，且对输入信息的微小变动极为敏感，仅仅改动信息文件中的某一个微小元素，所生成的哈希值也是不同的。也就是说，通过转换信息为固定长度的唯一哈希值，确保了数据的唯一性和不可篡改性。然而，这一过程计算密集，成本高昂，这使得在缺少大型机构技术支持的背景下，区块链版权交易中各种动态信息的哈希值处理显得尤为困难且不稳定。

其次，系统局限性构成了区块链版权交易技术推广的第二重技术壁垒。当前的区块链版权交易平台都具有时空局限性，比较封闭，其内部的哈希值比对与智能合约的订立与执行均受限于单一区块链生态，难以实现跨区块链互通[①]。这在很大程度上限制了版权交易的全球化扩展与效率提升。跨区块链技术的滞后，不仅阻碍了信息的无缝流通，也制约了区块链技术在更广泛版权管理领域的应用潜力。

再次，版权信息存储容量的急剧增长为区块链版权交易带来了又一重大挑战。随着区块链网络中的数据量逐年倍增，如何有效且经济地存储版权信息成为亟待解决的问题。一方面，直接在链上存储虽能确保数据的完整性与不可篡改性，但高昂的存储成本可能令创作者望而却步；另一方面，若用户一开始采用链下存储方案，虽能降低成本，但可能会牺牲元数据的真实性与区块链技术的核心优势——去中心化与无中介性，从而偏离了区块链版权交易体系的初衷。

最后，区块链版权交易还面临着市场接受度与参与度的挑战。尽管区块链技术以其去中心化、公开透明等特性赢得了技术爱好者的青睐，但对于广大网络用户与版权创作者而言，这一新兴事物对他们来说仍比较陌生，难以迅速参与进来，市场化程度不高。由于缺乏足够的用户基础与经济上的"网络效应"，区块链版权交易在推动版权自治、促进版权经济健康发展方面面临诸多限制。

---

① 谢欣，彭丽霞. 区块链与数字版权反思：困境与重述 [J]. 青年记者，2019（6）：90-91.

另外，区块链技术在版权交易领域的应用，还可能遭遇传统中心化版权管理体系的阻力与挑战，这在一定程度上制约了其发展的步伐。从法律维度审视，区块链版权交易中引入的加密货币与智能合约等新技术，其法律属性及合法性边界尚存广泛争议。例如，在加密货币方面，部分国家已采取明确措施加以禁止。中国自 2017 年起便禁止了本土加密货币交易所的运营，并在 2021 年 9 月由中国人民银行等十部门联合发布了《关于进一步防范和处置虚拟货币交易炒作风险的通知》，该通知不仅重申了虚拟货币不具备法定货币属性的声明，还进一步收紧了对所有加密货币相关活动的监管政策。这些法律与监管举措，无疑对区块链版权交易模式的广泛推广与普及构成了不同程度的阻碍，相关参与者在探索与发展过程中需更加审慎地考量法律合规性与市场适应性。

二、专利技术的人工智能运营

专利技术的人工智能运营是一个综合性的领域，涉及多个方面，主要包括技术实现、业务运营、运营管理、知识产权管理等方面。

（一）技术实现

专利技术的人工智能运营架构建立在坚实的技术基础之上，其核心构筑依赖于前沿的算法框架与定制化模型体系，这些技术组件均需深度植根于专利技术的沃土中。企业在构筑专利技术的人工智能运营架构时，需要掌握并精通自然语言处理、机器学习、深度学习等尖端人工智能技术，并将它们与专利技术深度融合，形成符合企业特色的定制化模型与算法体系。通过定制化研发路径，融入独有的专利算法与模型，构筑既紧贴企业个性化需求又具革新性的人工智能系统，从而大幅跃升系统的智能化层次，巩固并强化技术独特性。

（二）业务运营

不论在哪一个企业之中，业务都是十分重要的。专利业务运营的好坏直接决定企业的命运。企业的专利业务运营涉及专利申请、专利布局、专利维护、专利商品化、专利诉讼等多方面内容。人工智能的介入可以显著提升业务处理的效率、准确性和决策质量。在专利业务运营中，人工智能的辅助主要体现为专利技术的智能检索、专利数据智能分析、专利文档的智能撰写、智能专利布局、智能侵权检测、专利智能评估等方面。人工智能的引入，优化了传统业务操作模式，实现了专利业务流程的自动化与智能化跃进，为企业注入了持续创新的动力源。

（三）运营管理

人工智能系统建立成功之后，为确保人工智能系统的持续稳定运行与高效产出，需要企业建立一套囊括整个流程、人员及系统管理的全方位、多层次的运营管理体系。首先，企业要组建一支专业的运营团队，使他们专注于人工智能系统的日常运维、性能监控及持续优化工作，确保系统始终在最佳状态中运行。其次，企业要建立严格的管理规范制度，实施标准化作业流程，以减少操作失误，提升管理效能与运营效率。另外，企业还要强化对系统安全性与稳定性的把控，采取安全防护措施，构筑坚实的数据保护屏障，有效抵御潜在的数据泄露与非法侵入风险。

（四）知识产权管理

在专利技术人工智能化运营中，知识产权管理的好坏会直接影响专利技术运营的效果。人工智能融入知识产权的管理环节可以大幅提升管理的质量。比如，运用智能专利管理系统实现专利的申请、维护、转让和许可等流程的自动化管理。何时申请专利、何时缴纳专利年费、如何发现侵权线索、如何确定专利许可费等问题都可以从知识产权智能管理中找到答案，为企业的决策提供有价值的参考。在日益激烈的市场竞争中，高效的、智能化的知识产权管理能够提升企业的技术创新能力和市场竞争力，能够促进企业创造更多的商业价值，推动企业专利技术进行许可、转让等商业化运作，实现知识产权的增值和变现。智能化的知识产权管理已经得到很多企业的青睐，也有一些企业从中嗅到商机，打造出许多典型的知识产权智能管理系统。比如奇智创达智能化知识产权管理系统、智慧芽知识产权管理系统等，可以为企业量身定做，从而打造专属的知识产权管理系统。

三、数据资产的人工智能利用

（一）企业数据的界定

"企业数据是指企业通过自身有创造性或无创造性的劳动行为获取的原始数

据、数据资源或数据产品"①。2022年12月，《中共中央 国务院关于构建数据基础制度更好发挥数据要素作用的意见》（以下简称《数据意见》）对外发布，文件明确将数据确立为新时代下的一种核心生产要素，并强调要深刻认识及充分利用其蕴含的经济价值与经济潜能。为实现这一目标，《数据意见》从四个维度——数据产权界定、流通交易机制、收益分配原则及数据安全治理体系，进行了开创性的制度架构与规划，并将数据资源细分为公共数据、企业数据及个人数据三大类别，倡导构建一套层次分明、类别清晰的数据确权与授权制度框架，旨在通过精细化的管理策略，促进数据资源的有效配置与合理利用。《数据意见》的出台，标志着我国在数据治理领域迈出了具有里程碑意义的一步，为全球数据要素市场的规范化发展提供了宝贵的实践范例与理论启示。

　　《数据意见》作为数据类型划分的指导性文件，为相关领域提供了关键性的参考框架，其权威性不容忽视。然而，该划分体系在实际应用中出现若干逻辑上的局限性与操作性问题，难以全面满足企业数据保护的现实需求。具体而言，在分类标准的设定上，公共数据、企业数据与个人数据三类数据的定义方法不一致，这使得类型划分逻辑不周延。对公共数据采用"主体限定＋形成过程限定"的定义方式，对企业数据采取"主体限定＋反向排除"的定义方式，对个人数据采取"主体限定＋内容限定"的定义方式。这种定义策略虽各有侧重，但整体显得比较杂糅，未能清晰界定三者之间的内涵与外延界限②。

　　理论界关于企业数据的分类主要有两大主流观点。第一种观点是基于数据的来源或产生机制，将企业数据分为原始数据与衍生数据。其中，原始数据通常是指未经任何形式处理的、直接来源于社会发展和个体社会活动的基础数据，它们保持着原始状态，未经筛选或分析。衍生数据则是通过对原始数据进行深度加工和精细处理，并经过个人信息脱敏后形成的数据产品，这些产品具备高度的商业应用价值和明确的实用导向。二者的核心差异体现在对特定事实或现象的精准反应能力不同，保护力度也不同。对于衍生数据，由于融入了创造性劳动（如数据加工和处理流程），存在知识产权保护的空间。但由于欠缺对创造性劳动的具体判断标准，给实施差异化的数据保护策略带来了困难。同时，衍生数据的"脱敏"

① 习胜先，吴乐.企业数据的知识产权保护路径探索[J].重庆科技学院学报（社会科学版），2024（4）：44-54.
② 同上.

特性，将个人信息排除在外，直接以商业价值作为定义标准，其合理性及适用性仍有待深入探讨。第二种观点侧重于企业在获取数据过程中所投入的劳动量，将数据划分为原始数据、数据资源及数据产品三类。原始数据是指企业直接通过自身活动获取或经转让获得且未经任何形式加工的数据；数据资源则指企业利用技术手段对原始数据进行初步处理或资源化加工后得到的数据，或是通过转让获得的已被资源化加工的数据；数据产品是对数据资源进行深入加工后产生的衍生数据及其进一步衍生出的产品形式，通常表现为直观的可视化成果或详尽的分析报告。这一分类体系以企业加工深度为标尺，沿着数据加工不断深入的逻辑主线展开，不仅揭示了企业从原始数据到最终数据产品转化过程中的内在联系，还在分类逻辑上展现出了更高的连贯性和一致性。然而，尽管这一分类框架在理论上具有显著优势，但在实际操作层面，"资源化加工"与"实质性加工"之间的界限仍显模糊，且对数据产品内在特性的差异化分析不够充分，这在当前的法律框架下可能对数据的有效保护构成一定挑战①。

（二）大数据与知识产权的关系

步入数字经济时代，大数据与知识产权之间的关系日益紧密，互为支撑。大数据是推动知识产权领域业态革新的技术引擎，也是知识产权成果广泛应用的肥沃土壤。二者具有资源与工具的双重属性，相互促进，相互融合，形成了资源共享、技术共融的良好局面。大数据技术的介入，有效打破了知识产权信息与应用之间的壁垒，构建起了一个信息畅通、资源共享的新业态模式，覆盖知识产权保护的各个环节及创新发展的各个领域。另外，大数据中的数据类型繁多，结构化、非结构化、半结构化类型的数据相互混合，每一类数据都蕴含着不可估量的价值，在未来潜在的应用场景中均可能展现出巨大潜力。这一认知转变深刻影响了企业对数据资产的评估方式和应用方式，促使企业对其进行重新审视并优化，影响深远，意义重大。

（三）大数据中的人工智能利用

在大数据背景下，人工智能在数据处理与利用方面能力卓越，它在个性化

---

① 刁胜先，吴乐.企业数据的知识产权保护路径探索[J].重庆科技学院学报（社会科学版），2024（4）：44-54.

推荐、精准营销、品牌监控等商业应用场景中发挥着不可替代的作用，其深度挖掘与分析用户行为、偏好等大数据的能力，为企业的市场拓展与品牌建设提供了强有力的技术支持。大数据的智能化应用不仅提升了商业决策的精准度与效率，还为企业在数字经济时代中的竞争优势奠定了坚实的技术基础。在当前互联网生态中，这种营销类大数据应用因其清晰的商业模式与强劲的市场需求，已成为炙手可热的存在，广泛渗透于互联网广告、电子商务、社交媒体及视频内容分发等多个领域，凭借其独特的价值定位，成为行业标杆，其中，亚马逊公司所推出的 Amazon ML 项目便是一个典型例证。该项目深谙监督学习的机器学习方法，能够巧妙利用历史数据中的规律与趋势，精准预测未来市场动向。Amazon ML 项目能够基于过往信用卡交易记录中的购买行为与不良使用信息，评估用户的消费习惯与信用状况；同时，结合用户性别、年龄等基本信息及在线行为、购买历史与地理位置等多维度数据，为电子商务个性化推荐系统提供强有力的支持。

　　数据如同一座未被完全挖掘的宝藏，蕴藏着无数潜在的创新应用可能。这些创新潜力，在人工智能技术的赋能下，逐渐浮出水面。第一，数据的二次利用。以用户搜索关键词为例，其原始目的仅在于推动相关商品或服务的推广，但经由智能分析，这些数据能够进一步揭示消费者群体的短期偏好趋势，为商家提供更精细化的市场洞察。这一发现不仅激发了数据交易市场的活力，还促进了人工智能技术公司与大型数据控制公司之间的深度合作与共赢模式。第二，数据的重新组合。当数据以新颖的组合方式呈现时，往往能激发出超越原始形态的新价值与经济潜力。在海量数据面前，人工智能凭借其高效的筛选与重组能力，迅速生成具有深度洞察力的研究报告，为决策制定提供科学依据。第三，数据的可扩展性增强。谷歌街景项目便是此方面的典范，它不仅记录了街道景象，还集成了 GPS信息、地图校验数据乃至无线网络名称等多源数据，这一创新实践不仅极大地丰富了地图服务的内容与精度，更为自动驾驶等前沿技术的研发、应用铺平了道路。第四，数据的智能折旧与更新。随着时间的推移，部分数据可能会失去其初始价值，但通过智能算法的处理，这些数据仍能以新的形态或用途重获新生，为数据生态注入源源不断的新鲜血液。这一过程不仅是对数据资源的高效利用，还是对未来数据价值挖掘的深远布局。在当前技术迭代迅速的背景下，持续依赖过时数据非但无益于提升价值，反而可能侵蚀新生成数据所蕴含的潜在价值。鉴于此，行业巨头如亚马逊等，已率先采用先进的人工智能技术，构建出错综复杂的算法模型，旨在精准区分数据海洋中的宝藏与沉渣，实现数据的最大化利用。第五，数据废气的价值挖掘。数据废气，这一概念形象地描绘了用户在搜索或网络互动过程中，因未直接获得所需信息而留下的"副产品"，包括但不限于访问的网页序列、页面停留时长、鼠标轨迹的细微差异及输入内容的多样性等。这些看似微不足道的数据碎片，实则蕴含着提升智能服务性能的宝贵资源。具体而言，数据废气成了驱动众多智能化服务进行机器学习不可或缺的营养素。在语音识别领域，当用户纠正系统对其指令的误解时，这一反馈机制实质上是在主动"教导"系统优化算法，使其能更准确地理解人类语言；在垃圾邮件过滤方面，用户的举报行为同样在悄然之中训练着分类模型，提高其识别与拦截垃圾信息的能力；而在翻译领域，用户反馈也推动着机器翻译技术的进步，使之更加贴近自然语言习惯。

数据的价值表现明显，应用空间广泛，为了更好地发挥数据的价值，企业需先行构建一套标准化的数据资产管理智能平台。平台的首要任务是广泛搜集并融合企业内、外部的技术和业务信息，包括业务运营数据、交易记录、系统日志以及与业务相关的第三方数据等，进而构建一个高效的数据存储架构。在此基础上，平台将致力于确立并维护数据匹配标准，深入剖析数据的品质特性（如完整性、规范性、一致性、精确性、时效性及唯一性），追踪数据的流转路径，评估数据的使用活跃度，并解析数据间的相互关系，完成数据清洗流程。此外，借助平台内嵌的先进搜索功能，能够实现数据的自动化标记与智能检索，进而绘制出类似专利布局图的数据资产全景图。在数据智能化应用中，数据本身、数据使用与交易的商业模式以及数据分析处理的技术与成果，均可能成为知识产权保护及授权的关键要素[1]。

---

① 李宗辉.论人工智能对知识产权应用的影响 [J]. 中国发明与专利，2020，17（6）：14-19.

第三节 人工智能在企业知识产权保护中的运用

一、人工智能赋能企业知识产权保护

（一）人工智能在企业知识产权保护中的角色与价值

1.提高知识产权管理效率

在当代社会，人工智能技术的飞速发展正深刻地重塑着各行各业，特别是在知识产权管理领域，其影响力尤为显著。AI 工具的出现，极大地提高了企业知识产权管理的效能，实现了前所未有的效率提升与成本控制。先进的 AI 工具为企业提供了一种强有力的手段，用以高效检索、分析及管理各种专利、商标和版权作品。这一变革不仅极大地缩减了人工处理的时间与成本，还显著提升了检索结果的准确性和质量。以智慧芽公司为例，其专利数据库的全面升级，提高了检索、浏览、标注及撰写等主要功能的智能化水平，使知识产权管理变得更为高效与精准，同时还为企业快速地获取、分析知识产权信息提供了便利，有利于企业的科学决策，极大地提升了市场竞争力。

2.促进合规与风险管理

在数据合规与安全管理领域，人工智能技术同样展现出不可或缺的价值。面对日益严格的法律法规要求，企业迫切需要一种高效的工具来确保数据的合规性与安全性。AI 技术的引入，特别是生成式 AI 在数字水印技术中的应用，为版权保护提供了创新方案，不仅明确了内容的权属关系，还有效遏制了未经授权的使用等侵权行为，进一步强化了知识产权的保护屏障。

面对生成式 AI 技术的迅猛发展及其引发的监管挑战，国际社会正积极行动，致力于构建一个既促进技术创新又符合伦理和法律标准的良好生态。2023 年 7 月，包括亚马逊、谷歌、Anthropic、Inflection、Meta、微软和 OpenAI 在内的全球七大 AI 领军企业共同签署了一项重要协议，承诺实施一系列自愿监管措施，涵盖透明度、公平性、隐私保护等多个维度，以引导生成式 AI 技术健康、可持续发展。这些举措不仅彰显了企业对建立安全、负责任 AI 应用环境的高度重视，也确保了企业和用户合法权益，为全球范围内 AI 技术的合规治理树立了典范。

3. 推动知识产权保护制度更新

在人工智能技术日新月异的时代背景下，传统的知识产权保护体系正遭受着严峻考验。为此，企业界与法律专家须携手并进，持续深耕并探索符合新时代技术生态的知识产权保护新策略与新路径。例如，中国社会科学网在其相关报道中深刻剖析了人工智能领域内侵权行为的界定与应对机制存在的显著缺陷，强调了体系提升与完善的紧迫性。这一进程不仅聚焦于技术层面的革新突破，还要求法律法规的与时俱进，推动知识产权保护制度不断更新，以适应人工智能的发展需求。

4. 支持创新与研发

人工智能技术的蓬勃兴起不仅深刻重塑了商业模式，还为各行各业的发展提供了广阔的市场空间。它驱动着技术持续创新发展，从而不断变革着企业的工作方式。通过深度融合人工智能工具，企业得以实现文档创作、PPT 制作及图片设计等一系列工作任务的自动化与智能化转型，极大地提升了工作效率与生产力。这一转变不仅有效减轻了员工的工作负荷，还为企业的研发活动按下了加速键，使其在竞争激烈的商业环境中能够更加灵活地把握机遇，稳固并拓展自身的市场优势地位。

（二）人工智能在企业知识产权监测与预警中的应用

1. 实时监控与预警功能

在数字化转型的浪潮中，人工智能技术正深刻改变着企业应对知识产权侵权行为的策略与成效。企业能够依托先进的 AI 技术，实现对互联网环境中潜在侵权活动的即时监控与预警，从而构建更为坚实的知识产权保护防线。以中国专利信息中心为例，该机构携手百度大脑的尖端 AI 技术，包括通用光学字符识别（OCR）、短文本相似度比对、相似图像检索及高精度图像分类技术等，成功研发了全国知识产权侵权假冒线索智能检测系统。此系统能够自动化地分析用户提交的商品数据，迅速与庞大的专利数据库进行交叉比对，精准识别潜在的侵权行为，并即时向用户推送侵权线索，显著提升了侵权检测的响应速度与准确性。此外，行业巨擘如 Adobe 公司的实践进一步印证了人工智能在知识产权保护中的核心价值。据 Adobe 公司官方数据披露，2019 年，Adobe Sensei——Adobe 的智能 AI 平台，成功检测并处理了约 49 亿起侵权事件，其中高达 35 亿次操作完全由系统自主完成，彰显了 AI 在提升知识产权监测效率、降低人工干预成本方面的巨大潜力。这种实时监测与预警系统不仅有效加速了侵权行为的识别与应对流程，还极大地降低了因滞后处理而可能引发的风险与损失。

2. 数据检索与全景分析

人工智能还可以帮助企业在庞大的数据中快速检索和分析相关信息。Questel 的研究表明，人工智能技术在知识产权检索、全景分析等方面具有巨大优势，能够为企业提供全面的数据支持。2024 年 4 月 22 日，北京首个区级知识产权公共服务平台——石景山区知识产权公共服务平台上线，人工智能知识产权官"上岗"，新平台集合了知识产权数据检索、数据展示、运营管理及保护等功能，可以运用人工智能、大数据、云计算等新一代信息技术，有效链接服务科技型企业[①]。

3. 智能化管理与自动化流程

人工智能技术的深入应用不仅优化了知识产权保护的工作流程，提升了效率与精准度，还为企业构建了更加完善的知识产权管理生态系统，为创新驱动发展战略的深入实施提供了坚实的技术保障。特别是智能模板的生成与智能回复的撰写，展现出了巨大的发展潜力，极大地提高了企业的工作效率，减少了员工的工作量。以 Questel 为例，作为知识产权管理领域内的领航者，该公司推出的"专利审查工作流程自动化工具"，正是人工智能技术赋能传统业务模式的典范。该工具巧妙地将海量的专利数据与纷繁复杂的文档整合至一个高度集中、协作顺畅且安全的数字工作平台中，借助先进的 AI 助手，能够自主地进行深度数据分析，即时响应常见的查询请求，并高效地准备所需的法律函件。该自动化工具赋予了IP（知识产权）专业人员前所未有的便捷性，使他们能够依托一个统一且持久的交互界面，全面掌控并高效推进专利审查的整个生命周期，从根本上推动知识产权管理与服务向更高效、更智能的方向发展。

4. 风险评估与计算模型

人工智能技术在知识产权风险评估方面扮演着越来越重要的角色。当前，市

---

① 首个区级知识产权公共服务平台上线 人工智能知识产权官"上岗" [R/OL]. 北京日报 .2024-04-23. [2024-09-01]https://www.ncsti.gov.cn/kjdt/yqdy/yqdt/202404/t20240423_154467.html

场中涌现出众多知识产权风险评估服务的平台与机构，它们借助前沿科技实现了风险评估效能的显著提升。尤为瞩目的是，深度学习模型，特别是人工神经网络（ANN）的应用，为贷款风险预警系统提供了强大的技术支撑。这类模型通过模拟人类大脑的神经网络架构，有效存储与处理各种数据信息，实现了对知识产权风险水平的精准研判，进而为制定具有针对性的防控策略奠定了坚实基础。比如，睿观平台作为跨境电商领域的佼佼者，其侵权风险检测服务借助人工智能的智能匹配技术，实现了对潜在侵权风险的快速识别。目前，睿观侵权雷达系统已成功助力 200 余万商品有效规避了临时禁止令（TRO）及因侵权导致的店铺关闭风险，充分展现了人工智能在风险评估方面的高效性与可靠性。

5.多元化解决方案与政策支持

针对生成式人工智能领域所带来的知识产权挑战，构建一个综合性的制度框架与多元化解决方案显得尤为重要。2023 年发布实施的《生成式人工智能服务管理暂行办法》，不仅明确了指引性原则与操作清单，还为企业有效识别与应对知识产权风险提供了坚实的法律基础。与此同时，政府层面正积极促进专利基础信息资源的开放共享，并通过构建人工智能公共专利池，强化在线知识产权公共服务平台的建设，以进一步促进信息共享与协同保护。

综上，人工智能的应用正深刻改变着企业知识产权监测与预警的模式。通过引入人工智能技术，企业不仅显著提升了知识产权监测的效率和精确度，还开辟了知识产权保护的新路径。在技术和国家政策的支持下，人工智能将在知识产权保护领域发挥出更加重要的作用和价值。

（三）人工智能在企业知识产权分析与评估中的支持

1.数据处理与分析

在知识产权数据处理与分析方面，人工智能技术优势明显。它能够高效地完成专利、商标、版权等核心信息的采集、整理与分类工作。在自然语言处理与机器学习技术的支持下，人工智能系统能够自动识别和提取技术特征、市场价值、权利要求等关键信息，从而极大地缩短了数据处理和分析时间，显著提高了知识产权管理与保护的精准性和高效性。

在具体应用场景中，人工智能系统能够快速审阅并解析大量知识产权文档，精准捕捉其中的关键信息。针对专利领域，AI 技术可智能识别专利文件中的技术特征与创新要素，助力企业和研究机构把握最新技术动态与发展趋势。在商标管理上，AI 技术则能自动对商标信息进行归类整理，为企业注册商标名称和标识提供便利。基于版权领域，AI 技术则能有效追踪版权作品的传播与使用情况，为创作者提供强有力的版权保护手段。

值得注意的是，人工智能系统借助机器学习算法，有效提升了其数据处理与分析的准确性和可靠性。在处理知识产权文件时，AI 通过大量样本的训练与学习，逐渐掌握了这些文件特有的结构特征与内容逻辑，大大提高了 AI 在面对新型或复杂数据时的灵活应变能力。

2. 技术趋势预测

在充分分析历史数据和技术发展成果的基础上，人工智能具备强大的前瞻性，能够预测未来技术领域的发展趋势与市场需求动向。这为企业提供了洞悉自身知识产权市场潜力与竞争态势的宝贵视角，具有不可估量的战略价值。基于这些信息，企业能够制定更为精准的知识产权战略，从而在市场竞争中脱颖而出。也就是说，人工智能依托其强大的大数据处理能力和先进的机器学习算法，能够敏锐捕捉市场与技术进步的潜在模式与趋势，从而帮助企业及时洞察信息技术的更新发展和市场需求的变化，使得企业能够未雨绸缪，灵活调整研发方向，不断提升产品与服务质量，甚至超前部署，抢占市场先机。

3. 价值评估与决策支持

人工智能在知识产权管理中的应用还体现在其全面的价值评估与决策支持的功能上。人工智能技术能够综合考量市场数据、技术发展动态、竞争态势等多维度因素，为企业知识产权的经济价值提供科学、客观的评估，为企业制订战略规划提供坚实的数据基础与决策依据。以"AI Pat+ 专利检索分析系统"为例，其通过自动化的专利申请前评估功能，极大地提升了企业决策的科学性与效率。同时结合具体的评估结果，人工智能还能为企业提供知识产权转让、许可使用及投资决策等方面的建议，既确保了知识产权资源的合理利用，又实现了商业价值。

4. 自动化流程与协同工作

人工智能具备与企业资源规划系统、客户关系管理系统等其他系统深度整合的能力，实现了知识产权管理流程的高度自动化与协同化。这种无缝集成不仅提高了知识产权管理的效率与准确性，还促进了企业内部资源的优化配置与信息共享。通过自动化处理知识产权的申请、监控、维护与更新等任务，人工智能为企业构建了一个高效、智能的知识产权管理体系，并大幅度减少了因人为因素导致的不准确或遗漏现象。比如，面对庞大的专利申请与复杂的商标注册业务，人工智能技术能够实现信息的自动识别与精准分类，大幅减轻工作人员的负担，避免了人为疏漏与错误。

（四）人工智能在企业知识产权维权与诉讼中的辅助

随着时代的发展和科学技术的进步，人工智能在企业知识产权维护与诉讼中的辅助作用也日益凸显。借助强大的数据处理能力与深度学习算法，人工智能为企业应对侵权行为、保护自身知识产权提供了技术保障。

首先，人工智能可以帮助企业及时发现侵权行为。通过深度挖掘与分析海量网络数据，人工智能系统能够实现对潜在侵权行为的即时监测与预警，这一能力不仅提高了企业的响应速度，还显著降低了维权过程中的资源消耗。以亚马逊为例，其研发的基于机器学习技术的商标侵权检测系统，实现了对平台内商品页面的自动化扫描，每日覆盖数十亿页面，精准识别数百万起潜在商标侵权行为。这一创新应用极大地增强了企业维权的时效性与有效性，为知识产权的维护提供了坚实支撑。

其次，人工智能可以帮助企业收集和分析证据。面对知识产权诉讼中繁琐复杂的证据收集和整理工作，人工智能凭借其自然语言处理技术的强大能力，能够迅速从海量法律文档、电子邮件等资料中筛选关键证据，极大地简化了证据收集流程。同时，结合区块链技术的不可篡改性，人工智能还能实现证据的可靠固定，为诉讼过程提供强有力的证据支持。更进一步地，通过模拟法庭程序，人工智能还能辅助企业预测诉讼结果，制定更加精准有效的诉讼策略，从而显著提升诉讼的成功率。

最后，人工智能可以为企业提供全面的知识产权法律服务。在知识产权侵权案件的审理过程中，企业需要熟悉知识产权法律法规，需要理解法律的适用情况，需要向法院提交法律文书，需要预知案件的裁判结果，等等，这些都可以寻求 AI 大模型的帮助。国内比较成熟的法律法规大模型有通义法睿、AlphaGPT、得理、智拾 GPT 等。比如，通义法睿能够回答用户提出的法律问题，具有推理法律适用、推送裁判类案、辅助案情分析、生成法律文书、检索法律知识等功能。AlphaGPT能够提供合同审查、文书写作、法律咨询、阅读和案情分析等服务。这些大模型运用，可以帮助企业在知识产权诉讼中做好全副武装，积极应对。

（五）人工智能在企业知识产权培训与人才培养中的应用

1. 个性化定制培训方案

在企业知识产权培训与人才培养领域，人工智能个性化定制培训方案展现出了巨大的优势与广泛的应用前景，极大地提高了企业培训方案的精准性和高效性，可以显著增强员工对知识产权的认知能力与保护意识。

借助深度学习算法和大数据分析能力，AI 技术能够深入洞察每位员工的学习习惯与现有能力水平，量身定制最适合个人成长需求的培训方案。以 SAP 旗下的智能助手 Joule 为例，它能够依据用户的独特需求，动态生成个性化的培训计划，并实时追踪学习进度，直观展示学习成效，极大地促进了培训效率与质量的提升。

当然，AI 在个性化培训领域的应用远不止于此，它还涵盖了智能课程的精心设计与精准推荐，以及实时反馈与高效评估机制的构建。这些功能相互协同，共同确保了企业培训计划的精准定位与高效执行，有效提升了培训成果的转化率。以知学云 AI 平台为例，该平台不仅能够制定个性化的培训方案，还能筛选与呈现最适宜的培训内容，同时构建一套即时的反馈与评估系统，全方位助力员工学习成效的飞跃。

AI 技术的融入为企业提供了前所未有的精准化与个性化的培训方案，促进了企业知识产权培训效能的提升。企业可依据员工在知识产权领域的现有知识水平及个性化需求，灵活设计多样化的培训课程模块，包括知识产权基础理论、企业知识产权运营管理的基础与进阶、风险防控策略、战略规划布局及专利信息检索等。通过 AI 技术的帮助，企业能够精准评估员工对知识产权知识的掌握情况，并据此制定高度个性化的培训方案，确保培训效果的最优化。

2. 智能教学系统

首先，人工智能教学系统通过构建高度仿真的虚拟场景，为案例分析和模拟演练提供了便利。利用虚拟现实（VR）与增强现实（AR）技术，人工智能教学系统可以生动再现知识产权纠纷处理、专利申请等复杂业务情境。此类互动式学习模式显著提升了员工的参与热情与学习兴趣，使他们能够在接近真实的情境中锤炼技能，深化知识。

其次，人工智能教学系统可以辅助企业的学习培训。为持续赋能企业员工，人工智能教学系统内置了智能问答模块，该模块能够即时、精准地解答员工关于知识产权的各类疑问。这一特性不仅能有效解决员工在日常工作中遇到的难题，还培养了他们形成自主探索和学习的习惯。

最后，针对人才培养需求，人工智能教学系统精心整合了在线课程、电子书籍、视频讲座等多元化学习资源。通过智能推荐算法，系统能够智能分析员工的学习偏好、能力水平和学习进度，为每位员工量身定制最适合的学习路径和内容，帮助其逐步构建全面、系统的知识产权知识体系。

基于企业知识产权培训与人才培养，人工智能教学系统不仅可以提升培训效果，还能为企业打造一批具备高层次知识产权保护意识和能力的人才。在科学技术的加持下，人工智能展现出了极为广阔的发展空间。

3. 虚拟知识产权法庭

虚拟知识产权法庭在企业知识产权培训和人才培养方面也发挥着重要作用。当前，虚拟知识产权法庭已经超越了单纯的审判模拟范畴，转而成为一个集教育性、互动性与实践性于一体的高级学习平台。借助先进的人工智能技术，企业能够构建一个沉浸式的知识产权学习平台，使员工在高度仿真的虚拟场景中深入探索知识产权，显著提升员工的法律素养与企业整体的知识产权保护能力。

首先，虚拟知识产权法庭通过营造逼真的法律环境，为员工提供了原告、被告、辩护律师及法官在内的多种角色。这极大地丰富了员工的学习体验，促使他们不仅能够从理论层面理解知识产权法的复杂性，还能够通过实际操作深入了解知识产权的细微之处。例如，员工可以在虚拟环境中模拟知识产权侵权诉讼的全过程，从起草诉讼文件、组织法庭辩论到应对对手的抗辩策略，全方位锻炼其法律实务操作能力，加深对知识产权保护的理解与掌握。

其次，人工智能可以为虚拟知识产权法庭提供实时反馈和评估。通过分析员工在模拟审判中的表现，系统可以提供个性化的建议和改进措施。例如，如果员工在法庭陈述中表现得不够自信，系统可以建议其加强公共演讲培训。这种实时反馈机制有助于员工快速提升自己的专业技能。

再次，虚拟知识产权法庭还可以通过案例库来丰富培训内容。人工智能可以根据员工的岗位和需求，推荐相关的经典案例和最新案例，帮助他们了解知识产权法律的最新动态和实际应用。例如，研发人员可以通过虚拟法庭了解最新的专利侵权案例，从而在设计产品时避免潜在的法律风险。

最后，虚拟知识产权法庭还可以与其他培训工具相结合，形成一个综合性的知识产权培训体系。例如，企业可以将虚拟法庭与在线课程、互动问答、模拟谈判等培训方式结合起来，使员工可以在学习环境中全面提升知识产权保护意识和能力。

二、人工智能对知识产权技术保护的强化作用

在科技迅猛发展的进程中，知识产权的保护范围与权利内容发生了变化。在这一背景下，一系列技术措施被广泛应用于权利保护领域，其产生和发展既具有合理性又具有历史必然性。首先，当法律落后于技术发展步伐的情况下，它们赋予了权利人及时且自主的救济路径；其次，通过预防性控制措施，有效遏制了侵权损害的发生，规避了后续繁琐的救济流程；再次，此类技术弥补了传统法律救济存在的不足，加大了保护力度；最后，它们从技术层面降低了救济成本，显著提升了救济的效率与效果。基于此，关于知识产权保护，特别是版权保护的技术措施，不仅在国际法律框架内获得了广泛认可，也成了多数国家国内立法的重要组成部分。

人工智能技术的融入，为知识产权保护开辟了多维度、多环节、多形式的技术保护路径，具体有以下四种类型。

（一）智能加密技术

智能加密技术作为一道坚实的防线，有效控制着他人对作品、商业秘密等核心知识产权的非法访问。而知识产权保护的关键技术涵盖数据加密、数字签名、身份与信息认证，以及公开密钥基础设施（PKI）安全技术。此外，数字水印和数字指纹技术的出现，进一步丰富了知识产权保护的手段，其完整性验证、所有权验证及内容认证等功能，均以密码学原理为基石[1]。

---

① 李宗辉. 论人工智能对知识产权应用的影响 [J]. 中国发明与专利，2020，17（6）：14-19.

人工智能对加密技术的贡献尤为显著，尤其是在区块链技术的应用场景中。通过哈希算法，人工智能助力知识产权客体信息在区块链网络中进行加密传输，确保数据的安全与不可篡改。具体过程是，权利人利用哈希算法将知识产权客体转化为固定长度的哈希值，并结合私钥进行签名，生成独特的数字签名。此签名与客体信息一并传输至接收方，接收方在收到信息后，首先利用发送方的公钥对数字签名进行解密，还原出原始的哈希值。随后，对接收到的知识产权信息进行同样的哈希处理，通过比对两个哈希值，以此确认信息的完整性与来源的可信度。这一过程既验证了数字签名的有效性，也确保了传输信息的真实性与完整性，从而在区块链这一高度透明化的平台上，实现了知识产权客体信息的保密性与公开透明性的巧妙平衡。

（二）权限描述技术

权限描述是指在特定条件或情境下，对行为人在知识产权客体信息上所享有的权利范围进行明确界定和表述的过程或结果。这一描述通常涵盖四大核心要素：主体（即权利人或行为人）、客体（即知识产权所指向的具体内容或对象）、条件（即权利行使的特定情境或限制）及权利（即行为人在符合条件下可以对客体信息采取的特定行为或享有的特定利益）。权限描述的目的：确保知识产权的合法使用与保护，通过明确权利边界，协调各方利益，促进知识的有效传播与创新。

人工智能技术的融入，为权限描述技术的应用开辟了新维度。首先，提升了技术兼容性与用户体验。人工智能能够助力实现知识产权客体信息与各种软件（如阅读器、播放器等）及智能终端设备的兼容。这一兼容性拓宽了知识产权内容的传播渠道，用户可以在不同的设备和平台上实现无缝访问和使用。其次，人工智能能够根据用户对知识产权客体使用方式、时空范围、费用等需求的不同组合，智能匹配相应的许可模式。确保用户在符合许可条件的前提下，以最合适的方式使用知识产权内容，并通过技术手段控制内容的使用，防止侵权行为的产生。再次，人工智能还能够通过智能监测和分析，及时发现并应对潜在的侵权风险，确保知识产权的安全和稳定。最后，人工智能在权限描述技术中的应用还体现在优化权限管理流程和提高决策支持方面。通过智能分析和预测，人工智能可以帮助权利人更合理地分配和管理权限，降低管理成本和提高效率。同时，人工智能还能够提供数据支持和决策建议，帮助权利人制定更为科学、合理的权限管理策略。

（三）身份识别技术

身份识别技术是指通过特定的方法或手段，对个体身份进行验证和确认的技术。在知识产权领域，身份识别技术可以作为一种知识产权保护策略，用来确定知识产权的权利归属。数字水印是该技术领域中最常见的技术之一，它通过在数字资产中嵌入隐蔽标识，不仅可以明确标记权利的归属，还能有效监测内容是否被篡改，从而确保了知识产权保护的防伪追踪能力。有研究显示，在1994—2017年的二十多年间，美国、日本、英国、法国、德国、俄罗斯、韩国、澳大利亚及欧洲专利局、世界知识产权组织（WIPO）的专利申请中，"自适应多媒体数字水印关键技术"领域具有显著活力，其年度专利申请量在连续六个年份内均突破千项大关。自适应算法作为该领域的核心技术突破，依托小波变换域内的视觉感知模型，精细调控水印的嵌入策略，确保其在保持隐蔽性的同时，亦能抵御外界干扰。进一步地，神经网络技术与小波分析的融合应用，为海量信息中高效嵌入数字水印开辟了新路径。此方案不仅显著增强了水印的抗攻击能力，还兼具成本低廉、实现便捷及高度自适应性的优势，极大地拓宽了数字水印技术的适用场景与效能边界。

在身份识别技术领域，生物特征识别技术占据着举足轻重的地位。由于其具有唯一性、稳定性和可观测性等特点，生物特征识别技术为知识产权保护领域引入了革命性的高科技支撑，显著提升了知识产权的安全防护级别与管理效能。该技术通过身份验证与数据加密两大核心机制，为知识产权的保护构筑起坚不可摧的防线。

1. 身份验证

生物特征识别技术已成为保障信息安全的关键手段，通过这一技术，可精准核实用户身份，只允许授权用户访问重要信息或资源。比如，在数字版权管理领域，通过声纹识别等生物特征可以确认用户合法性，因声纹识别技术具有难以被伪造和窃取的特性，显著提升了知识产权数据的安全性能，为信息保护构筑了坚实的屏障。再比如，在专利研发领域，利用指纹、虹膜及面部识别等尖端的生物信息扫描技术，将身份信息转化为独特的数字代码，储存在严密的系统中，这样只有经过精确授权的人才可以访问专利文档、研发资料及技术机密等重要信息。

2.数据加密

结合生物识别技术和加密算法，可以对数据进行加密保护，以防止未经授权的访问和篡改。这种方法不仅提高了数据的安全性，还增强了系统的整体安全性。

当然，生物特征识别技术本身及其相关设备和方法也可通过专利形式获得保护。例如，苹果公司提出的生物识别技术专利涵盖了多种生物识别方法，并且这些方法已在多个国家或地区获得批准。在使用生物特征识别技术时，如果专利申请涉及生物材料，需要特别注意其遗传信息和自我复制能力。

随着生物特征识别技术的广泛应用，隐私保护成为一个重要议题。各国和地区已制定了一系列法律法规来规范生物特征信息的收集、存储和使用。例如，中国的信息通信研究院等机构联合发布的研究报告强调了多生物特征融合技术的发展趋势，并提出了隐私保护的相关建议。为了确保生物特征识别技术的安全性和可靠性，国际和国内都制订了相关的标准和规范。例如，我国2021年发布的《信息安全技术生物特征识别信息保护基本要求》，详细规定了生物特征识别系统的操作流程、信息安全保护要求及数据库记录的安全管理。

（四）侵权预警技术

在知识产权保护的框架内，主体识别的核心目的在于限制非法主体对受保护知识产权客体的接触、使用及侵害，而信息识别则为权利人构筑了一道监控网，有效监测市场上的盗版、仿冒及其他侵权行为，并据此采取精准的法律应对措施。

当前，人工智能领域中的图像识别技术进步显著，不仅革新了人们对图像信息的处理方式，还为知识产权保护带来了革命性的变化。通过深度学习算法和海量数据的训练，融合智能搜索与大数据挖掘，图像识别技术能够精准地识别和分析在线内容中的图形元素，包括商标、外观设计、图形艺术及美术作品等，使在线监测知识产权侵权情况变得高效和精准，为权利人提供了一种强有力的保护手段。国际范围内已涌现出诸多成功案例。例如，芬兰赫尔辛基的商标即刻公司，推出了一款智能商标管理系统，该系统以网络为基础，极大地提升了企业、法律服务机构及商标代理机构在处理商标搜索与侵权分析上的效率与精准度；澳大利亚的商标愿景公司，凭借其深度学习驱动的逆向视觉搜索平台，能够在全球范围内捕捉并分析相似商标，有效保护用户的商标权。

此外，区块链技术通过其不可篡改的特性，在产品的分销管理中也构建了一个高度透明且安全的信息追溯系统，从原材料采购到最终销售的每一步都被精确记录，可以增强消费者信任，有效打击了假冒伪劣产品。在此基础上，人工智能侵权预警技术还可以利用其强大的图像识别能力，自动检索和分析互联网上的图像内容，比对区块链上记录的产品信息，快速准确地识别出潜在的侵权行为。这种结合应用不仅提升了预警系统的精度，还实现了对侵权行为从监测到响应的快速流程。一旦检测到侵权行为，人工智能系统立即触发预警机制，向权利人提供详细的侵权信息和证据，同时结合区块链上的智能合约，自动执行预设的维权措施，如停止侵权、索赔等，实现对知识产权的高效保护。

当然，人工智能还能够针对特定主体的需求，自主监控企业生产、国家安全等重要领域中的知识产权敏感点，即时抓取知识产权创造或注册的最新资讯。借助其强大的数据处理与汇总能力，实现信息的动态传递和预警报告的快速、准确生成，帮助主体精准把握市场趋势，作出更加明智的战略决策。

三、人工智能对知识产权司法保护的辅助作用

严格来讲，知识产权的法律保护并不局限于司法保护，但考虑到司法保护在程序正义上所具有的充分代表性和保护效力上所具有的意义，本书仅以知识产权的司法保护来说明人工智能所能发挥的辅助作用。值得注意的一点是，由于司法程序所具有的共性特点和要求，人工智能在其中所发挥的辅助作用具有普遍适用性，并不局限于知识产权保护案件。

2022 年 12 月，《最高人民法院关于规范和加强人工智能司法应用的意见》的颁布，为人工智能与司法审判工作深度融合提供了政策依据。全国各地多个法院纷纷开发和推出了各类辅助办案的智能系统、机器人和数据平台等。2024 年 7 月党的二十届三中全会通过《中共中央关于进一步全面深化改革推进中国式现代化的决定》，提出"科技赋能司法审判工作"的要求。深圳市中级人民法院率先开展"一张网"试点改革，自主研发的首个司法审判垂直领域大模型人工智能辅助审判系统于 2024 年 6 月 28 日正式上线。该系统全面覆盖立案、阅卷、庭审、文书制作等审判业务的 85 项流程，实现"人工智能 + 审判"的深度融合[1]。虽然迄今为止尚没有专门应用于知识产权案件的人工智能司法辅助系统，但综合其他智

---

[1]　何奎 . 司法人工智能时代，来了 [N]. 人民法院报，2024-08-29（01）.

能司法工具的应用情况，可以将人工智能在知识产权司法保护中的辅助作用主要概括为以下三个阶段。

（一）案件审理前的人工智能辅助

1. 智能诉讼服务

任何一个案件从立案到开庭审理都有很多的准备工作要做，知识产权案件在这方面更是展现出了一定的特殊性和复杂性，智能诉讼服务系统可以给予当事人很好的引导，并保障后续审判工作的顺畅运行。具体而言，智能诉讼服务系统可以包括以下四个方面：（1）智能咨询系统。对于一些知识产权人尤其是作品的作者而言，尽管他们发现了侵权行为或者感觉自己的版权受到了侵害，并且有维权的意愿，但并不清楚应当如何起诉，需要提交哪些证据材料，而智能咨询系统则可以对这些类型化和格式化的问题进行回答，并将更为复杂的问题导向法官，由法官为咨询者解答。（2）在线立案平台。在知识产权侵权诉讼中，侵权行为地和被告住所地与原告住所地相距甚远的情形比较常见。传统的现场立案和邮寄立案方式，并不能满足当事人及时追究侵权行为的需求。在智能化的在线立案平台上，只要符合立案的基本形式要件即可立案，然后再由当事人在法定或指定期限内补充提交完整的立案材料，有利于知识产权的快速有效保护。（3）智能保全系统。知识产权案件往往会涉及诉前和诉中的行为保全、财产保全和证据保全问题，对保全申请中所涉及的一些量化因素，比如，是否提供了担保、所提供担保财产的价值、保全错误可能造成的损失数额、证据可能灭失的时间等，先由人工智能按照特定的算法予以大概计算，再由法官结合法律的规定予以判断和裁定。（4）智能送达系统。通过接入企业登记主管部门和政府相关部门的数据库，以及汇集司法系统本身的数据，法院会对绝大多数案件当事人的送达地址有一个准确的定位，从而减少不能送达和不得已而采用公告送达的情形。

2. 案件智能分配

我国法院传统的案件分配方式主要有庭长分案、轮流分案和电脑随机分案等三种。庭长分案存在时间过长、主观随意性大和公正性易受质疑等问题；轮流分案会导致"平均主义"和法官缺乏提升办案质效的动力；电脑随机分案则存在无法识别案件难易度和区分法官司法能力高低的缺陷，同样不利于调动法官办案的积极性。虽然我国通过设立专门的知识产权法院、地方知识产权法庭及实行集中管辖和技术类案件的飞跃上诉制度，已经尽可能地使知识产权案件的审理由专业水平较高、审判经验较为丰富的法官队伍来完成，但"案多人少"的矛盾仍然存在。具体到每一审级和每一个案件的审理来说，终归存在着如何进行案件分配的问题。

知识产权案件的分配不应该单线条地仅考虑"案件"本身的"繁简分流"，而应是"案件、人力、技术和管理"多元视角的综合权衡。具体而言，案件智能分配系统需要对案由、标的、原被告人数、证据数量、起诉与答辩中事实和理由的陈述情况、案件涉及的技术问题及其复杂程度、案件与先前案件的关联性、案件对未来潜在诉讼的影响，以及法官是否承办过类似案件、法官的知识结构与案件的匹配度、法官以往办案总数与效果、法官驾驭新类型案件或案件中新问题的能力、法官当下的办案数量和工作压力、法官承办此类案件的积极性等因素进行数值量化，并根据调查研究的结果设置权重、形成计算公式或算法模型，最终将案件分配到最合适的法官团队手中。

3. 卷宗智能生成

卷宗是反映案件全貌和处理全过程的一系列文件和材料的汇编。2018 年，最高人民法院出台了《关于进一步加快推进电子卷宗随案同步生成和深度应用工作的通知》，推动案件卷宗尽快电子化并上传办案系统，为法官全流程网上智能办案、审判管理人员网上精准监管创造了条件。

电子卷宗的智能生成还对审判及其决策方式产生了一定的影响。首先，电子卷宗的智能生成使办案人员在二审、再审程序中可直接查阅卷宗以了解案情，实现依据卷宗的书面审理。其次，电子卷宗的智能生成使审判委员会可以主要依据卷宗而不仅仅是合议庭的口头汇报来进行决策。最后，电子卷宗的智能生成使合议庭成员在合议之前可以随时同步查阅卷宗，增强了合议的基础和共同参与度，使讨论更加充分，提高了合议的效率和质量。

知识产权案件的电子卷宗智能生成过程与其他类型的案件在整体上是相似的，但在个别环节上会有更高的技术要求。首先是将数字格式的文件直接上传到电子卷宗系统，然后，将非数字格式的文件和证据材料，通过扫描、拍照、录音录像等方式进行数字化转换，存储到电子卷宗系统。由于知识产权客体的无形性、表现形式的多样性，除文字外还经常涉及图形（图形作品、美术作品、发明和实用新型附图、外观设计、图形商标等）、声音（音乐作品、录音制品、声音商标等）、立体造型（实用新型、立体商标等）和动态画面（电影、录像制品、动态商标等），所以在电子卷宗文件的分类中，会应用到标题或关键词的语义理解，以及计算机视觉、语音识别和机器学习等多种人工智能技术。完成卷宗文件的存储和分类后，系统可以在后台自动匹配的基础上识别核心卷宗，并根据案件要素库实现对核心卷宗的要素抽取。系统通过词法分析提供分词、词性标注、命名实体识别，继而在卷宗中抽取出要素，并通过人工修订确保要素信息准确，为后期明确诉讼请求、事实理由、抗辩主张、查明事实预归纳、争议焦点预判断等提供基础要素支撑。

（二）案件审理中的人工智能辅助

1. 事实智能查明

前文已经描述过区块链的时间戳所具有的公开透明、分布存储和不可篡改等技术特点和公示作用。基于区块链的电子证据的证据效力也得到了我国的承认。

在司法实践层面，运用区块链电子存证的案例不断涌现。杭州互联网法院于2018 年审结的"杭州华泰一媒文化传媒有限公司诉深圳市道同科技发展有限公司侵害作品信息网络传播权纠纷案"[1]，在全国范围内首次对区块链电子存证的法律效力进行了认定，该案因此也被称为"中国区块链电子存证第一案"。该案法院指出，区块链作为一种去中心化的数据库，是一串使用密码学方法产生的数据块，具有难以篡改、删除的特点，在确认诉争电子数据已保存至区块链后，其作为一种保持内容完整性的方法具有可靠性。

北京互联网法院审理的"北京微播视界科技有限公司与百度在线网络技术（北京）有限公司著作权权属、侵权纠纷案"[2]一案中，也涉及了区块链取证技术的使用，并得到了法院的认可。同期，北京知识产权法院审结的"北京大公网科技有限公司与深圳市美丽视界文化传播有限公司侵害作品信息网络传播权纠纷案"[3]"北京京东叁佰陆拾度电子商务有限公司与中文在线数字出版集团股份有限公司侵害作品信息网络传播权纠纷案"[4]等也采用了区块链存证。鉴于区块链技术

---

① 广州互联网法院（2018）浙 0192 民初 81 号民事判决书.
② 北京互联网法院（2018）京 0491 民初 1 号民事判决书.
③ 北京知识产权法院（2018）京 73 民终 1999 号民事判决书.
④ 北京知识产权法院（2018）京 73 民终 2163 号民事判决书.

对于互联网法院有着天然的适用土壤，三大互联网法院相继上线了官方的司法区块链。2018 年 9 月 18 日杭州互联网法院司法区块链上线；2018 年 12 月 22 日北京互联网法院"天平链"发布；2019 年 3 月 30 日广州互联网法院"网通法链"上线。互联网法院"区块链平台"的全部上线对数字版权审判工作产生了深远影响。

时至今日，越来越多的案件涉及区块链存证技术。以"民事""判决书""区块链存证"为关键词，在智拾法律数据库中检索到 2019 年至 2024 年间（截至 2024 年 9 月 8 日）共计 1 053 件案例在审理时涉及区块链存证，其中多数为知识产权领域的案件。可以预见的是，在将来的知识产权尤其是数字版权司法保护案件中，区块链存证将成为一种常见的取证和举证方法。

除了区块链存证，人工智能所具有的海量数据处理能力和不受主观心理影响的特征，使其比任何自然人更适合充当知识产权立法上所拟制的"本领域普通技术人员"和"相关公众"等主体角色，从而有助于法官不偏不倚、全面公正地查明案件相关事实。

2. 法律知识图谱

人工智能对知识产权案件审理工作的辅助作用既体现在事实查明阶段，也体现在法律适用阶段，代表性的工具就是法律知识图谱。法律知识图谱是"由法律专家对法律法规、司法观点、案件数据等法律知识进行模块化处理，建立结构化法律知识库，用可视化的图谱方式描述法律主体、客体和法律关系及各种主观、客观要件、裁判规则的概念层次和逻辑推理关系"[①]。法律知识图谱中的"关系"是各种法律关系，实体则包括主体、客体、事实和法律规定等多方面的"知识"。

案件事实清楚、法律关系明确的知识产权案件，通过传统的基于规则进行推理的知识图谱就可以辅助法官完成审理。复杂、疑难的知识产权案件则需要应用基于神经网络的推理或者混合推理的知识图谱。与传统民事案件尤其是物权案件具有很强的固有性和本土性不同，知识产权案件的法律知识库相对容易进行统一的标准化建构。这是因为：首先，有 TRIPs 协定、《巴黎公约》《伯尔尼公约》及 WIPO 管理下的其他国际公约作为范本乃至制度源头，减少了知识图谱中有关

---

① 叶锋.人工智能在法官裁判领域的运行机理、实践障碍和前景展望 [C]//《上海法学研究》集刊（2019 年第 5 卷 点第 5 卷）.上海：上海高级人民法院，2018：20.

法律概念"实体"的分歧，使人工智能可以集中解决其他"实体""关系"的抽取、赋值和量化计算；其次，知识产权客体受法律保护的要件（如作品的独创性，专利的新颖性、创造性和实用性，商标的显著性及合法性等），以及侵权判断适用的方法（如作品实质性相似判断的"抽象—过滤—比对"方法，对专利字面侵权判断的全部要素原则，专利等同侵权判断的"方式＋功能＋效果"比对方法，商标近似判断的隔离比对、整体比对和主要部分比对等），决定了其与抽取"实体"特征进行知识图谱构建的方法有较强的契合性；最后，"权利基础—主体资格—侵权主张—抗辩事由—反驳抗辩"的知识产权侵权案件审理思路同样展现出与知识图谱的契合性。

当然，要设计一个能够为绝大多数知识产权案件精准描绘知识图谱的人工智能系统并非易事，需要对已有大量知识产权案件进行标注和监督学习训练，需要对半结构化和非结构化的数据进行有效清洗，需要进行案件要素和特征提取后的人工审核和再加工……这些工作都需要技术专家和法律专家通力合作、共同努力。

3. 庭审智能记录

应用语音识别技术进行智能化的庭审记录是目前应用较为成熟的辅助审判方法。相较于传统的人工记录方式，庭审智能记录具有以下三方面的优势：一是提高庭审记录的全面性和准确性。传统的人工笔录受限于书记员的速度、理解能力及个人状态（如疲劳）等因素，在快节奏的庭审或复杂案件中可能难以全面捕捉到所有细节，导致记录内容存在误差。相比之下，智能记录系统凭借其先进的语音识别技术，能够实时捕捉并高精度地将法官、当事人、律师的所有发言，不论是正式陈述还是即兴辩论，都可以转化为文字并完整记录，提高庭审信息的完整性与准确性。二是加快庭审节奏，充分保障当事人质证和辩论的权利，促进审判的公正高效。智能记录系统在庭审中通过快速生成庭审记录，大幅减少了书记员整理笔录的时间，使庭审得以更加流畅地进行，有效避免了因等待笔录完成而中断庭审的情况。当事人有足够的时间就案件的每一份证据、每一个争议焦点充分发表质证和辩论意见，保持逻辑思维和语言表达的连贯性，而不用担心随时会被法官打断发言。《法治日报》相关报道显示，语音识别系统的应用使庭审时间平均缩短了20%～30%，复杂庭审时间可缩短超过50%。三是提升法官增强庭审驾驭能力。智能记录系统的应用要求法官在庭审中的言行更加规范、清晰，不断提升自身的法律素养、庭审技巧和语言表达能力，以确保庭审的高效与质量；智能记录系统还为法官提供了强大的庭审管理工具，帮助法官更好地掌控庭审节奏，合理分配时间，驾驭案件审理的方向，确保庭审的规范性、合法性，引导庭审有序进行。

庭审智能记录的优势在知识产权案件中更能得到充分体现，并且在某种程度上还更凸显其必要性。例如，知识产权保护案件中经常会涉及复制者和传播者、制造者和销售者、网络用户等多主体共同侵权的情形，每一方主体都需要在庭审中发表自己的意见，采用人工记录方式必然耗费更多的时间，造成司法资源的浪费。在知识产权客体与被控侵权客体的比对方面，也经常存在大量需要比对的信息和非常复杂的技术方案，人工记录庭审内容既会使记录者疲惫不堪，也会使其面临对很多技术用语、专业表述不熟悉的困境。智能语音识别系统则可以比较轻松地解决这些问题。

4. 文书自动生成

案件审理过程中的各类文书都是高度格式化的法律文件。例如，裁判文书通常包括案由、当事人信息、诉辩主张、事实与理由、事实认定、法院说理和判决结果等固定内容。基于此，智能系统通过收集与预处理现有的法律文书数据，运用语义识别与理解技术解析文本内容，提取关键特征并构建模板，在逻辑推理的基础上自动生成包括传票、应诉通知书、判决书等在内的各类法律文书。比如，深圳中院的大模型人工智能辅助审判系统，在各个环节点均设置审核、确认、决定选项和提示，AI 根据智能比对排查情况提示法官对疑问之处作出判断，根据法官决定的判决结果辅助生成裁判文书。

实质意义上的知识产权案件裁判文书自动生成系统，应当是与类案智能推送、法律知识图谱等其他智能审判辅助工具紧密联系在一起的，是保证类案类判和司法公正的终极体现。不仅如此，自动生成裁判文书的智能系统充分尊重了法官的自主决策权，能够按照预设算法展现出技术理性，防止了"机器判案"，可以始终保持客观中立的陈述和前后一致的表达，避免逻辑的错误、情绪的偏激和矛盾的激化，最终辅助法官制作出优秀的知识产权裁判文书。

（三）案件裁判后的人工智能辅助

1. 案件智能归类

人工智能对知识产权案件审判的辅助是以对司法大数据的全面分析和不断学

习为基础的。这一过程不仅涵盖了数据的深度挖掘、精细整理、复杂运算、多维分析、系统总结及高效处理，还促使我们精准洞察审判管理中的内在规律、演变趋势及普遍性问题。基于此，人工智能得以指导我们策划出更具针对性的策略、方案及实施措施，从而有效降低审判管理失误的风险，提高其工作效能。从这一视角出发，每一起知识产权案件，均是司法大数据的重要组成部分，都需要进行深入的分析与处理。智能系统对数据的初步归纳和加工是深入开展应用与研究的重要前提。清远市检察机关的智能类案检索系统及案例库、法信平台的"法信 2.0 智推系统"便是案件智能归类的生动实践。这些创新举措不仅极大地优化了司法工作流程，提升了决策的科学性与精确性，还为法律从业者提供了智能化、精细化的辅助手段，促进了智慧司法体系的纵深发展。

2. 案件智能评估

案件智能评估作为司法创新的重要一环，通过将智能化技术融入传统人力评估体系，实现了对案件程序、实体内容及法律文书的全面、高效评估。这一过程依托于预先设定的多维度评估指标，不仅拓宽了评估的广度，还在提升评估精准度上实现了质的飞跃。案件智能评估的实施，不仅是对案件处理质量、效率及公正性的一次全面升级，还是司法领域智能化转型的标志性成果。

事实上，关于案件质量评估问题，最高人民法院在 2008 年 1 月就发布了《关于开展案件质量评估工作的指导意见（试行）》，初步建立起人民法院案件质量评估体系，并确定北京、四川、福建、吉林、内蒙古、贵州等地 11 个高级人民法院为案件质量评估重点试行单位。2011 年 3 月，最高人民法院下发了《关于开展案件质量评估工作的指导意见》（以下简称《案件质量评估意见》），对已经试运行 3 年的人民法院案件质量评估指标体系做了调整完善，并决定在全国各级人民法院正式开展案件质量评估工作。《案件质量评估意见》指出，"案件质量评估"是按照人民法院审判工作目的、功能和特点，设计若干反映审判公正、效率和效果各方面情况的评估指标，利用各种司法统计资料，运用多指标综合评价技术，建立案件质量评估的量化模型，计算案件质量综合指数，对全国各级人民法院案件质量进行整体评判与分析。

《案件质量评估意见》将评估指标体系划分为审判公正、审判效率、审判效果 3 个二级指标。二级指标由 31 个三级指标组成。其中，审判公正指标 11 个，由立案变更率、一审案件陪审率、一审判决案件改判发回重审率、二审改判发回重审率、二审开庭审理率、对下级法院生效案件提起再审率、生效案件改判发回重审率、对下级法院生效案件再审改判发回重审率、再审审查询问率、司法赔偿率和裁判文书评分组成。审判效率指标 10 个，由法定期限内立案率、一审简易程序适用率、当庭裁判率、法定审限内结案率、平均审理时间指数、平均执行时间指数、延长审限未结比、结案均衡度、法院年人均结案数和法官年人均结案数组成。审判效果指标 10 个，由一审服判息诉率、调解率、撤诉率、实际执行率、执行标的到位率、裁判自动履行率、调解案件申请执行率、再审审查率、信访投诉率和公众满意度组成。

《案件质量评估意见》指出，在评估中，可以运用数量研究方法，通过专门计算机程序编制案件质量评估综合指数、二级指数和三级指数，以及诉讼和执行各环节，刑事、民事和行政各部门审判的类型指数。《案件质量评估意见》还特别强调，要加快数据积累，建立以案件质量评估指标体系为核心，反映审判工作、队伍建设、司法保障等基本情况为主要内容，涵盖社会、政治、经济和文化各方面情况的计算机数据库，为评估提供数据支持。评估实行信息化管理，评估指标的数据采集、整理、传输和指数编制由计算机自动完成和实时更新，避免和减少人为因素对评估的干扰。评估计算机管理软件由最高人民法院统一开发。

虽然上述评估指标有一些是否真正属于与案件质量相关的因素还值得商榷，在实际应用中也不能僵化照搬，但至少反映出，在新一代人工智能技术兴起之前，最高人民法院已经在信息化建设的过程中认识到以计算机程序设定的算法模型来评估案件审判质量的可行性。在实质意义上，案件审判质量的评价主要看其是否达到了法律效果与社会效果的统一，知识产权案件也不例外。

从宏观层面来看，案件智能评估系统能够以预设的量化指标和计算方法，对知识产权案件的审判是否兼顾了法律的普遍性与案件的特殊性、法律的稳定性与社会关系的变动性、法律的封闭性与案件所涉问题的开放性，以及是否在价值中立的基础上又有一定的价值导向等作出评价。比如，入选 2024 政法智能化建设建设技术装备及成果展的武昌区人民检察院的"案件质量评查智能辅助系统"，该系统旨在解决传统人工评查中覆盖面窄、效率低下、标准不一的问题，通过数字赋能和智能化技术，实现了案件评查的全面覆盖和高效运行。案件智能评估系统还能够就全国或一定地区范围内某段时期的知识产权司法，是否与技术、商业和文化发展的趋势及诉求相吻合作出判断。从微观层面来看，案件智能评估系统则可以向承办法官揭示哪些要点内容需要向当事人进行判后释疑，促进当事人服判息讼，增强司法的公信力，维护社会的稳定。在当事人对裁判结果的信服程度及后续安排、专业人士的评价、社会公众的反应等相关数据可以合法取得、转换和融合的情况下，案件智能评估系统还设有动态的追踪机制，使案件质量的评价能够与时俱进，并为后来的类案提供真正有意义的分析结果。

第四节　人工智能对企业知识产权实践带来的挑战

一、企业知识产权侵权风险加大

在人工智能的演进历程中，其核心动力源自对海量数据的深度学习和对算法模型的持续优化，以期实现性能与准确性的双重飞跃。这一功能的实现必须以大量的数据为基础。然而，这些数据并非孤立存在的，而是承载着专利、版权、商标乃至商业秘密等复杂的知识产权信息，面临潜在的侵权风险。企业若想在人工智能的应用中游刃有余，就必须审慎对待数据的收集、处理与应用，以免踏入知识产权侵权的禁区。面对这一挑战，企业须以相关法律法规及知识产权保护条款为指导，确保数据使用的每一步骤均不逾越法律红线，尊重并维护他人的合法权益。否则，企业可能会面临知识产权侵权诉讼和高额的赔偿责任，对企业的市场信誉与竞争力产生负面影响。因此，建立健全的数据使用法律审查与风险评估机制，确保数据合法合规，成为企业规避潜在法律风险、稳健前行的必要之举。

二、企业知识产权战略调整频繁

随着人工智能的日新月异，技术迭代周期显著缩短，迫使企业不得不加快调整其知识产权战略，以应对快速变化的市场环境。究其原因，主要有以下三个方面。

第一，人工智能加速了技术的创新发展，重塑着市场竞争格局。AI技术以其强大的数据分析能力、模式识别能力及创新设计潜力，极大地提高了产品研发的效率，使研发周期大幅缩短。因此，企业必须敏锐观察市场发展动态，动态审视并灵活调整其知识产权战略布局，确保在激烈的市场竞争中占据先机。尤其是面对 AI 技术创新出的新型产品或服务时，企业需快速响应，评估其知识产权保护的可行性，积极开展专利申请、版权登记及商标战略等，以精准匹配市场需求。

第二，人工智能生成内容的原创性争议，促使知识产权战略不断深化调整。在生成式 AI 快速发展的背景下，其生成作品的原创性界定问题日益成为社会关注的焦点。它涉及技术、法律、社会认知、伦理等多个层面的内容，复杂性不容小觑。在国际方面，世界各国尚未对 AI 生成作品的知识产权归属、保护标准形成一致意见，这无疑成为企业知识产权战略制订和调整的不确定性因素。企业要想降低法律风险，实现经济效益的最大化，就必须密切关注国际法律动态，积极参与相关活动，并不断调整自己的战略部署，从而有效保护自身权益。

第三，全球知识产权法律环境的快速变化也是促使企业知识产权战略调整频繁的关键因素。随着国际贸易的加深和跨国合作的增多，各国在知识产权保护方面的合作与竞争日益激烈。为了应对国际贸易壁垒、保护本国产业利益，各国政府不断修订和完善知识产权法律法规，这为企业带来了前所未有的挑战与机遇。企业须紧跟国际法律趋势，及时调整其全球知识产权布局，以适应不同国家和地区的法律要求，维护其在全球市场中的竞争优势。比如，2023 年 6 月欧盟的《统一专利法院协议》生效之后，专利的申请、确权和维权产生重大变化，专利研发和专利许可协议中的知识产权条款都进行了修正，专利申请人和权利人必须采取积极行动，审核其专利组合，决定未来的保护策略，并考虑新体系带来的众多可能性和不确定性以平衡利弊。

三、企业伦理和社会责任受到拷问

人工智能的发展深刻改变着人们的工作和生活，法律秩序的冲突挑战着人类赖以维系的伦理标准与社会秩序。企业需要关注人工智能对社会带来的各个层面的影响，对自己的战略布局作出及时调整。

基于伦理层面考虑，企业作为技术应用的主体，需作出积极反馈。随着人工智能技术的广泛渗透，一系列前所未有的伦理问题逐渐显现，要求企业必须正视并妥善解决。以自动驾驶汽车为例，当车辆面临突发交通事故时，是优先保障车内乘客安全，还是优先考虑行人与其他道路使用者的权益，这种道德决策成为亟待解决的新课题。这一决策过程不仅存在于技术层面，更触及深层次的道德判断与伦理考量。同时，关于是否可以赋予机器一定的自主权，以及是否可以允许机器在特定情况下超越人类指令的议题，也引发了广泛而激烈的讨论。诚然，赋予机器自主权能显著提升其灵活性，更好地服务人们的工作和生活。但随之而来的可能是一系列难以预测甚至颠覆人类道德认知的后果。当机器决策与人类社会普遍接受的道德准则发生冲突时，企业如何处理、如何平衡技术进步与伦理道德之间的关系，成为摆在其面前的重大挑战。

在社会责任方面，企业需承担更重的责任。人工智能技术的发展极大提升了生产效率和创新能力，潜在的就业替代效应可能会导致就业市场发生巨大变革。企业在关注人工智能带来的巨大经济效益的同时，应主动承担起社会责任，应对就业变革。比如，企业要关注技术转型期内的劳动力安置与再培训，减轻失业压力；积极参与社会对话，制订前瞻性政策与规划，引导技术健康发展。此外，人工智能在数据处理和分析方面的强大能力，也可能对个人隐私权和社会安全构成威胁，这就需要企业在利用人工智能处理和分析数据的同时，严格遵守隐私保护法规，建立健全数据安全管理体系。

综上，人工智能对企业知识产权实践所带来的挑战是多方面的，需要企业作出积极回应。企业不仅需要在技术创新和法律规定之间找到一个平衡点，还需要在保护自身知识产权的同时，应对来自竞争对手的挑战，确保其在激烈的市场竞争中能够立于不败之地。这不仅需要企业加强内部管理，建立健全的知识产权保护机制，还需要企业密切关注相关法律法规的变化，及时调整策略，以应对不断变化的市场环境。

第五节　人工智能时代企业知识产权保护存在的不足

一、企业知识产权管理和保护意识不足

人工智能的发展深刻重塑着知识产权的创造、运用、保护与管理模式。面

对这些变化，一些企业未能迅速响应，而暴露出其知识管理与保护意识不足的问题。首先，知识产权侵权现象频发。例如，光伏行业内的专利侵权行为被业内人士认为是该行业乱象的根源之一，严重阻碍了光伏产业的高质量发展。尤其是随着网络空间的不断扩张，已成为知识产权违法行为的温床。其次，受限于传统认知框架，一些企业并未发掘新型知识资产的作用和价值，这直接导致其知识产权布局存在盲区，保护范畴相对狭窄，难以全面覆盖新兴技术领域的创新成果。最后，AI技术的快速发展亦伴随着一系列算法偏见、跨领域侵权等复杂的法律难题，这要求企业必须拥有专业的法律团队与灵活的应对策略。然而，现实情况是，许多企业，尤其是中小企业，因资源有限、规模较小，难以构建高效的法律支持体系，加之维权成本高，使他们不得不选择放弃维权。这种情况下，企业应有的合法权益得不到保障，这使得他们在激烈的市场竞争中处于不利地位，甚至面临生存危机。

二、企业信用体系建设缺失

人工智能系统的算法十分复杂，尤其是"黑匣子"式的决策过程，显著降低了信用评分依据与结果的透明度，对用户而言如雾里看花。这不仅加剧了企业对信用状况评估结果的不确定感知，同时也削弱了知识产权保护体系的时效性与防护力。然而，我国企业信用体系建设尚不完善，未能形成一个以"红黑名单"制度为核心，包含人工智能技术在内的企业诚信激励与失信惩戒机制。这不仅阻碍了AI技术提升信用评估的效率和效果，而且加深了信息的不对称性，引发了更为严重的信任危机，不利于企业知识产权的保护。面对AI技术驱动的侵权行为，企业往往束手无策，难以借助有效的信用查询和评估手段来规避风险；由于企业信用体系尚不健全，使得企业在维权时会遭遇证据收集难、侵权主体难以明确等各种困难，严重影响维权的进程。此外，信用体系的不完善及AI技术的复杂性和跨界特征，还会导致其难以清晰界定企业财产与个人财产，从而严重影响或威胁企业的安全，对企业的创新发展和市场竞争力产生负面影响。

三、企业专业人才和系统化管理机制缺失

随着人工智能的飞速发展，企业专业人才与系统化管理机制的缺失已成为制

约企业知识产权管理效率的因素。由于缺乏精通专业知识与实践经验的人才支撑，企业在知识产权的申请、保护及利用等环节会遭遇层层障碍，既阻碍了运营效率的提升，也无形中放大了企业在知识产权领域的潜在风险。

专业人才缺口直接影响到企业在专利、商标、著作权等核心知识产权领域的战略规划与执行效果。企业在这些关键领域的申请工作往往因缺乏专业性指导而难以构建出既高效又合规的策略，不仅延长了申请周期，还可能因策略不当而导致申请失利，进而在市场竞争中占据不利地位。同样，知识产权维护阶段也会因专业人才的缺失而略显薄弱，面对侵权行为，企业往往难以及时有效地采取应对措施，其合法权益面临严重威胁。

另外，系统化管理机制的缺失也严重影响着企业知识产权的保护。由于内部管理机制的不完善，企业在知识产权的全生命周期管理中缺乏有效的协同与监督框架，使资源配置不当与效率低下，最终导致企业在知识产权的保护中处于不利地位。具体而言，申请阶段协调机制的缺失易引发重复劳动与资源浪费；维护过程中监督机制的缺失可能导致关键维护措施不到位，从而削弱了保护强度；而在运用阶段，管理的碎片化则阻碍了知识产权的推广和商业化进程，限制了其作为战略资源的经济效益转化。

四、相关法律规定存在不足

（一）法律主体资格问题

在现行法律框架下，人工智能尚未获得法定主体资格，因此在知识产权法中无法担任作者、商标权人或专利权人的角色。这一现状引发了关于人工智能生成物能否成为知识产权客体的广泛争议。特别是在讨论人工智能生成物的知识产权地位这一问题时，面临着法律与道德的双重挑战。以著作权法领域为例，由于人工智能尚未被赋予法律主体资格，其生成的文本、图像、音乐等作品的属性、保护路径及权利界定等成为社会广泛关注的热点。尽管如此，大多数学者仍对人工智能生成物的作品属性持积极态度。比如，吴汉东教授认为，机器生成内容具有作品的思想表现形式和人格主义要素，应受著作权保护[①]。也有学者认为，虽然人

---

① 吴汉东.人工智能生成作品的著作权法之问 [J].中外法学，2020，32（3）：653-673.

工智能已经可以生成在外观上和人类创作的作品几乎没有差异的内容，但人工智能生成的内容只是应用某种算法、规则和模板处理信息所直接产生的结果，不可能符合独创性的要求[①]。

（二）法律和政策迭代问题

随着人工智能的快速发展，现有的知识产权法律与政策需要及时更新与调整以适应这一新变化。然而，法律的制定与修订流程十分冗长，法律规定的更新速度难以跟上技术发展的步伐，造成两者之间存在一定程度上的脱节。AI 技术的崛起使诸多崭新的商业模式和应用场景逐渐兴起，这些新兴领域广泛涉及数据的采集与利用、算法的保护，以及创新成果权益归属等复杂议题。在此背景下，现行的知识产权法律与政策体系显得捉襟见肘，要么在相关问题上缺乏具体明确的规范指引，要么既有的规定难以直接应用于这一全新的技术生态之中。例如，前文提到的"人工智能生成的作品是否应该受到版权保护，以及如何保护这些作品"等，都是当前法律需要解决的问题。

此外，人工智能技术的发展还带来了跨境数据流动、隐私保护等新的法律挑战。各国在制定相关法律和政策时，需要考虑到国际法律的协调和合作，以确保在全球范围内形成统一的法律框架，从而更好地应对技术变革带来的挑战。

为了适应人工智能技术的快速发展，各国政府和国际组织需要加快知识产权法律和政策的更新步伐，加强法律框架与技术变革之间的协调，以确保法律能够有效地保护创新成果，促进技术的健康发展。同时，也需要加强国际合作，共同应对跨境法律问题，确保在全球范围内形成一个公平、合理的知识产权保护环境。

（三）国际立法进展缓慢问题

尽管在一些国家和地区，已经着手制定与人工智能相关的法律法规，以期规范和引导这一新兴技术的发展，但从整体上看，国际立法的进展仍然显得缓慢且不尽如人意。人工智能的发展可以追溯到 20 世纪中叶，距今已经有 70 多年的历史。但是，全球首部综合性人工智能治理立法——《人工智能法案》在 2024 年 3 月才得以发布；联合国首个关于人工智能的全球决议——《抓住安全、可靠和值得信赖的人工智能系统带来的机遇，促进可持续发展》，也是在 2024 年 3 月才得

[①] 王迁. 著作权法 [M].2 版. 北京：中国人民大学出版社，2023.

以通过。美国、英国等发达国家的人工智能立法至今迟迟未能出台。虽然中国在
2023 年 8 月通过了《生成式人工智能服务管理暂行办法》，成为世界上首个为生
成式大模型立法的国家，但在人工智能立法的进程中尚未找到技术创新与保障社
会伦理、公共利益之间适当的平衡点或妥协点。这意味着，尽管中国在人工智能
领域的发展速度迅猛，但在立法层面，如何在促进技术创新与保障社会伦理、公
共利益之间寻求平衡，仍然是一个亟待解决的问题。这不仅关系到国内的科技发
展与社会秩序，也影响到中国在全球人工智能竞争中的地位和影响力。

第三章　人工智能时代企业知识产权保护策略

本章为人工智能时代企业知识产权保护策略，讲述了人工智能时代企业知识产权保护策略概述、人工智能时代企业专利保护策略、人工智能时代企业商标保护策略、人工智能时代企业著作权保护策略、人工智能时代企业商业秘密保护策略五个方面的内容。

第一节　人工智能时代企业知识产权保护策略概述

一、人工智能时代企业知识产权保护策略的意义

企业知识产权保护策略是指企业在其日常业务运营和市场拓展过程中，为了确保和维护其创新成果、品牌价值及商业利益不受侵犯，采取的一系列法律手段和管理措施。随着科技的飞速发展，人工智能在各领域的应用已经深入人心，企业间的竞争也愈发白热化。在这个日新月异的时代背景下，知识产权保护策略已经成为企业发展的重要支柱和保持持续竞争力的关键。

首先，知识产权保护策略能够在法律层面有效保护企业在人工智能领域的创新成果。对于人工智能技术的研发工作，企业需投入大量的资金和时间成本，更需要长期的技术积累。有效的知识产权保护策略能够防止企业创新成果被竞争对手复制或仿制。企业借助申请专利、商标和版权等途径，可有效保护其创新成果，从而在激烈的竞争中脱颖而出，获得持续的竞争优势。

其次，健康、规范的商业环境离不开知识产权保护策略的支撑。只有建立健全知识产权保护体系，企业才能获得安全感，才能积极开展技术交流与合作，才能促进整个行业的创新发展。这样，企业可以减少因侵权纠纷而产生的经济损失和法律风险，从而营造一个公平、公正的市场竞争环境，有效遏制侵权行为的发生。

再次，知识产权保护策略对于企业抢占国际市场发挥着重要作用。在经济全球化的背景下，企业纷纷走向国际市场，积极参与国际竞争。对于这些企业而言，制定合理的知识产权保护策略是其在国际市场上站稳脚跟的关键。通过了解和适应不同国家和地区间的知识产权法律制度，企业可以更好地保护其在国际市场上的合法权益，降低因知识产权问题而造成的各种风险。

最后，知识产权保护策略对于企业提升品牌价值和市场竞争力具有重要意义。企业的品牌是其技术实力和创新能力的集中体现。通过强有力的知识产权保护策略，企业可以更好地维护自己的品牌声誉，防止其被滥用或仿冒。同时，企业积极积累并运用知识产权有利于塑造良好的企业形象，提高综合竞争力。

总之，企业应正确认识知识产权保护策略在企业发展和人工智能等方面的作用和价值，并制定行之有效的保护策略，以保护自身的合法权益，提高其市场竞争力。

二、人工智能时代企业知识产权保护策略的作用

（一）维护企业的创新成果

在人工智能时代，企业知识产权保护策略成为捍卫其创新成果的重要保障。尤其是企业在算法、数据集及高级模型等方面的创新成果，不仅科技含量高，而且商业价值巨大，直接关系着企业的发展命脉。为了有效防止其被竞争对手复制或者盗用，企业可通过申请专利、版权及商标等手段有效维护自己的创新成果，从而在市场竞争中占据有利地位。

（二）提高产品市场附加值

新时代，技术的飞速发展与深度融合极大提升了企业创新成果的市场价值。强化知识产权保护有助于提升产品市场附加值。AI 技术赋予了产品前所未有的智能化与个性化特性，而企业通过完善知识产权保护策略，可以确保其创新成果在市场中具有独特性和排他性，从而获得竞争优势。这一方面提高了消费者的购买热情与忠诚度，另一方面还赋予了产品更多的定价权，最终实现了产品市场附加值的显著提升。此外，在健全的知识产权保护体系下，市场环境更加稳定且具有可预测性，有利于企业巩固其竞争优势，实现整个社会的创新发展。

（三）保障研发投入的安全

企业在进行科研工作时，可依托先进的人工智能技术，深度挖掘并高效利用知识产权信息库，实现对所在领域知识产权现状的即时洞察。这一举措能帮助企业精准规避潜在的侵权风险，避免在不知情中触碰他人知识产权雷区，从而预防无效研发的情况发生。无效研发不仅是对人力资源的极大浪费，还是对企业财力与物力资源的无谓消耗，含对企业发展造成重大损失。而通过预先的知识产权状况评估，企业能够精准布局，有效规避法律风险，确保研发活动的合法性与成果的有效性，最终实现研发效率与成功率的攀升。

（四）提升企业的经济效益

在人工智能的赋能下，企业知识产权的妥善保护与高效利用，已成为推动经济效益跃升的关键引擎。企业通过知识产权的许可、转让及合作开发等多元化途径，将其宝贵的无形资产转化为可观的经济回报。随着技术迭代周期的急剧缩短，人工智能的迅猛发展不仅加速了市场格局的重塑，也为企业提供了强大的工具，以更敏锐的洞察力捕捉市场先机。这一举措不仅极大地缩短了资金回笼周期，更为后续的科研创新活动注入了资金源泉，有助于企业的创新发展。

第二节 人工智能时代企业专利保护策略

一、加强企业专利市场化发展

（一）做好专利布局，立足企业本身

对于企业而言，应将专利与知识产权管理体系深度融入企业的发展战略中。企业要想做好专利布局，系统性的专利信息分析必不可少，这需要深度挖掘专利文献的价值，敏锐洞悉竞争对手的专利布局，将技术创新的突破点作为专利申请的核心。借助人工智能技术强化目标分析环节，明确专利申请的目的、所属行业的特性以及企业在市场竞争中的长远目标，进而确保专利布局与企业战略高度契合，促进资源优化配置，提升整体运营效能与专利资产的价值转化效率。

（二）制订合理的发展规划

在人工智能蓬勃发展的时代背景下，为企业量身打造一套科学且具有前瞻性的发展规划非常关键。人工智能技术的广泛应用，既为企业开辟了前所未有的发展空间，也带来了复杂多变的挑战。因此，制订合理的发展规划对于企业的健康发展意义重大。

首先，企业在规划过程中需深入洞察当前人工智能技术的成熟水平及其未来演进趋势。对于人工智能的创新成果，企业需保持高度的敏感性，并将其积极融入发展规划之中。此外，企业还需结合不同国家和区域的宏观政策环境及市场需求，制订科学、合理的发展目标和策略。

其次，在制订发展规划时，应重视人才的培养和引进。在人工智能时代，高素质人才队伍对于企业的长远发展具有决定性意义。企业在制订发展规划时，应将人才培养与引进作为战略重点，明确人才培养的目标与路径，深化与高校、科研机构的产学研合作，培养一批具有国际意识、创新思维及人工智能知识体系的专业人才。同时，拓宽国际人才引进渠道，通过优厚的待遇与完善的激励机制，为企业的技术创新与产业升级提供坚实的人才保障。

再次，在制订发展规划时，应积极促进各个学科、领域间的深度融合。人工智能具有综合性和复杂性的特点，不仅融合了计算机科学、统计学、数学等学科，还涉及社会学、心理学等领域。因此，企业在规划时需积极促进这些学科间的融合互补，鼓励跨学科的合作与交流，共同谋求创新发展。

最后，在制订发展规划时，要注重伦理和法律问题。人工智能技术的应用会引发一系列伦理和法律问题，如数据安全、责任归属、隐私保护等。因此，企业在规划中要明确相关的伦理和法律，以责任促规范，确保企业的健康发展，避免引发社会问题。

当前，国家鼓励企业通过开展专利导航项目为产业发展或企业运营规划方向，并提供政策、资金等方面的支持，已取得显著成绩。在国家层面，国家知识产权局已经在全国范围内遴选出多个成效突出、有代表性的专利导航优秀成果，比如江苏省石墨烯电子器件产业专利导航、宜昌市水利水电产业专利导航等，这些优秀成果广泛涉及新能源、环保、大数据、医疗等众多领域；在地方层面，各级政府积极布局建设国家级和省级专利导航服务基地，依托市场监督管理局，助力地方企业开展专利导航项目，帮助企业做好发展规划。

总之，在人工智能时代，制订一个合理的发展规划是推动社会进步和经济发展的重要保障。只有充分考虑技术、学科、人才和伦理法律等多方面因素，才能制订出一个科学、全面且具有前瞻性的规划，为企业的发展指明方向。

（三）整合市场资源，拓展海外市场

步入人工智能的新纪元，企业若想实现长远发展，整合市场资源并积极开拓海外市场已成为不可逆转的潮流。此举不仅能够巩固企业的市场地位，还能够提升企业的国际竞争力。人工智能技术的引入，能够帮助企业高效解析市场数据，助力企业抢占市场先机。基于技术领先性的评估，企业可筛选出高质量的企业专利，从而构建良好的核心技术生态链，促进产业链各环节的均衡发展与整体升级。同时，将人工智能融入供应链管理中，可实现成本结构的优化与运营效率的提升，提高企业的综合竞争力。

除此之外，人工智能还助力企业跨越文化与地域的界限，通过大数据分析与机器学习模型的精准运算，深入了解并适应不同国家和地区市场的独特需求与消费者行为模式。基于此，企业能够定制化推出符合当地市场需求的产品和服务，加速海外市场的渗透与拓展，实现全球化战略的稳步前行与市场份额的显著增长。

二、完善企业专利运营的保障体系

（一）加快新旧专利转化

当前，企业立足市场需求与技术进步的新变化，正以前所未有的速度推动其专利技术的迭代升级。这一过程不仅仅是对现有专利技术的简单更新，更是一场深层次的革新与优化。这种新旧专利技术的深度融合与转化，不仅有利于提高企业的竞争力，还驱动了整个产业向技术创新的更高层次迈进。首先，人工智能技术大大提高了原有专利产品的智能化水平，优化了其功能和效果。值得一提的是，得益于机器学习算法的广泛应用，一些制造业企业成功地优化了生产流程，实现了生产效率与产品品质的双重飞跃，推动了企业的转型升级。其次，跨界合作成为企业突破创新边界的重要途径。不同领域专利技术的深度融合，催生了众多跨界创新成果。为此，企业需保持高度的市场敏感性与技术前瞻性，灵活调整专利

转化策略，确保紧跟时代步伐。最后，在推动专利技术转化的同时，知识产权的保护成为不可忽视的关键环节。企业需建立健全知识产权保护体系，确保技术转化合法有效，为技术创新的持续繁荣提供坚实的法律保障。

（二）调动企业各种资源

在人工智能高速发展的背景下，企业需深刻意识到资源整合对于企业持续发展与创新的重要作用，积极调动各种资源，充分发挥人工智能的作用。

首先，在数据资源方面，企业应加强数据积累与管理。人工智能的发展高度依赖于数据。通过构建完善的数据处理与分析体系，企业能够精准把握市场动态，为智能模型的训练与优化提供强有力的数据支撑。

其次，企业应高度重视硬件资源和软件资源的投入。高性能计算设备与存储设施等硬件资源的引入，为复杂的人工智能算法运行提供了强有力的支持，保障了数据处理与模型训练的稳定性与高效性。此外，软件资源的开发与利用同样重要，这些资源可助力企业快速构建并部署智能应用，加速技术创新成果的转化与利用。

再次，企业还需要重视人才资源的培养和引进。人工智能技术的发展离不开专业人才的支持，因此企业应当加强与高校和研究机构的合作，培养具有人工智能背景的复合型人才。同时，通过引进具有丰富经验的人工智能专家，企业可以加速技术的创新和应用。

最后，企业应当注重跨部门和跨行业的资源整合，打破信息孤岛，实现数据和知识的共享。比如，企业可以通过定期召开跨部门会议、设立项目沟通平台；优化跨部门的工作流程，减少不必要的环节和重复工作；与合作伙伴共同建立信息共享平台或数据库，实现信息资源的互通有无；等等。通过整合内外资源，企业可以构建更加完善的智能生态系统，提升整体运营效率和市场竞争力。

（三）优化多元专利运营方案

企业优化多元专利运营方案，具体可从以下四个方面入手。

第一，积极进行专利数据库建设。专利数据库的内容应全面系统，既涵盖企业自身和竞争对手的专利信息，又要包括行业技术发展动态。借助大数据与人工智能的强大功能，企业能够深度挖掘专利的潜在价值，精准预测技术发展趋势，为制订高效的专利战略奠定坚实基础。

第二，培养一支既精通人工智能技术又深谙专利法律与市场运作规律的复合型人才队伍。这支队伍将成为企业专利战略实施的中坚力量，通过持续的专业学习与实践锻炼，不断推动企业专利管理体系的完善与创新，为企业创造更多的价值，并使其处于行业领先地位。

第三，企业应加强与外部专业专利服务机构的合作。专利服务机构往往具备丰富的专业知识和实践经验，可以为企业的专利管理运营提供强大的支持。比如，通过专利服务机构采取专利许可、转让、联合研发等多元化策略，有效盘活专利资产，将其转化为实实在在的经济利益。同时，企业应积极拓宽国际视野，加强国际专利合作，通过全球化的专利布局策略，有效维护自身在全球竞争格局中的市场地位和利益。

第四，人工智能本身的专利保护与运营策略同样不容忽视。企业应高度重视在人工智能领域的专利申请与权益维护工作，以保障自身在技术创新与市场竞争中的领先地位。此外，企业还应积极探索人工智能在专利运营领域的创新应用，例如，利用 AI 辅助工具优化专利检索流程、强化专利监控与风险评估能力，以及提升专利数据分析的精度与效率，从而推动专利运营管理的智能化转型。

（四）做好专利维护

专利维护涉及专利申请、审查、保护等诸多环节，是一项复杂且多元的综合工程。对于企业而言，将专利的效能评估融入企业的整体运营管理体系中是一项重要策略。一旦专利资产落后，或市场上涌现出更为先进的技术，企业可在专利有效期届满前主动放弃专利权或者转让专利权。若专利利用潜力较大，企业则需要在专利权的有效保护期内积极利用专利年费减免政策等降低专利维护成本。比如，开放许可实施期间，专利年费可减免 15%。符合条件的企业还可以提出专利权期限补偿请求，延长申请、审批环节耽误的期限。因此，在人工智能快速发展的时代背景下，企业必须具备敏锐的洞察力与决策能力，及时利用政策优势，加强专利的维护与管理，从而有效提升专利的利用效果与企业的核心竞争力。

第三节　人工智能时代企业商标保护策略

一、及时注册商标

商标只有注册后才能获得法律的全面保护。企业想要保持品牌永远立于不败之地，就需要不断强化商标保护意识，放弃被动保护模式，在人工智能技术的辅助下主动出击，及时注册商标。为避免不必要的商标冲突，企业在进行商标注册前应先进行商标查询与检索工作。同时，企业应充分考虑自身的业务范畴及长远战略规划，精准选择商品与服务类别进行注册，从而预防潜在的法律争议与经济损失，达成商标的全面保护目标。此外，积极响应《商标国际注册马德里协定》及其议定书的精神，推进商标的国际注册进程，对于防控跨国侵权风险具有重要意义。

二、建立完善的商标管理制度

首先，为了确保商标的合法合规使用，企业应当制订一套详细的商标使用规范。具体来说，该规范应明确界定商标在各类产品包装、宣传材料、广告及商业活动中的正确使用方式，比如字体、颜色等方面的具体要求，以强化商标的辨识性与统一性，突出商标的关键特征。

其次，企业应建立健全商标档案管理机制。该机制应全面记录商标的注册详情、应用历程、维权案例等关键信息。充分发挥人工智能技术在识别与检索商标信息中的关键作用，定期审查商标状态，尤其对商标注册日期、有效期、续展期，以及对法律法规的适用性进行细致检查与监控，确保商标始终符合法定要求且有效。通过上述精细化的管理与维护举措，企业能为品牌的发展提供坚实的法律保障，从而维护企业的品牌价值和市场地位。

三、强化线上商标保护

企业要强化线上商标保护力度，借助先进的人工智能技术，实现对网络环境的实时监测，同时要关注《商标公告》的相关内容，高效识别并及时响应各类商标侵权行为。通过持续不断的网络数据分析与监控，企业能够敏锐洞察各种侵权行为，并迅速部署应对策略，确保侵权行为在萌芽阶段即被有效遏制，为后续的法律维权行动奠定坚实的证据基础。

在人工智能的支持下，企业能够精准定位并识别潜在的商标侵权行为。一旦发现侵权迹象，企业应立即启动取证流程，采集侵权内容的屏幕截图，记录并保存侵权网页的访问链接，精确标记侵权发生的时间点等核心证据。这些详尽的证据链可以强化企业对侵权事实的举证能力，为后续的法律诉讼提供帮助，有力捍卫了权利人的合法权益。

为进一步加大对网络侵权行为的打击力度，企业应积极寻求与主流电商平台的深度合作。通过共享信息、协同排查等机制，双方能够高效识别并下架侵权商品，迅速净化网络交易环境。这既保护了消费者的合法权益，又为商家创造了更加公平、有序的市场竞争空间。在多方的共同努力下，可以有效遏制侵权行为，促进网络市场的健康发展。

四、加强员工培训与宣传

为了从根本上提升企业的商标保护能力，企业必须加大对员工培训与宣传的力度，深化其对商标知识的理解，激发其对商标的保护意识，从而将潜在的法律风险和经济损失降到最低。

企业应定期开展商标知识普及活动，提升员工对商标法律法规的认知水平，以及正确使用和保护公司商标的技能。同时，通过讲述商标背后的品牌故事与价值理念，增强员工对商标文化的认同感与责任感，使他们在日常工作中自觉维护商标的合法权益。除此之外，企业还应调动员工参与商标维权工作的积极性，建立健全商标保护机制，拓宽员工参与渠道，鼓励员工积极举报侵权行为，积极参与维权行动，形成全员参与、共同维权的良好氛围，有效打击各种侵权行为。

五、寻求法律支持与协作

构建与顶尖知识产权律师事务所的深度战略联盟，是强化商标保护体系、确保法律支撑坚实稳固的关键路径。在此合作框架内，企业能够全面享受定制化的法律咨询服务、高效顺畅的商标注册流程，以及在遭遇侵权时强有力的法律维权支持，从而全方位、多层次地捍卫其商标权益。此外，积极融入行业协会或相关组织，是推动行业内商标权益共同维护的又一重要举措。通过此平台，企业不仅能洞悉行业最新动态，更能与同行交流维权心得，凝聚行业力量，形成协同效应，有效遏制和打击商标侵权行为。同时，对于市场上任何侵犯企业商标权益的行为，企业应秉持零容忍态度，迅速行动，及时向工商行政管理部门、市场监督机构等官方渠道举报，并附上确凿证据，通过政府的高效介入，实施有效打击，保障企业合法权益不受侵害。

六、加强品牌建设与管理

（一）加强品牌宣传

为进一步提升品牌的市场知名度和影响力，企业应实施多元化的品牌传播和推广策略。比如通过线上线下渠道，进行精准广告投放；利用社交媒体开展创意营销活动；借助公关事件策划，提升品牌形象；深化与合作伙伴的互利共赢关系，拓宽品牌影响力范围。这样一来，企业既能获得消费者和投资方的好感，又能提升品牌形象和竞争力。值得一提的是，在人工智能技术的赋能下，品牌传播迎来了前所未有的机遇。企业应抓住机遇，通过大数据分析洞察消费者需求，实现精准营销；借助 AI 驱动的全链条营销解决方案，从品牌触达到用户互动，再到销售转化，实现全程优化，构建闭环式品牌管理体系，不断巩固并提升品牌的市场地位与美誉度。

（二）建立专业团队

在人工智能时代，现代企业正积极利用 AI 技术实现智能化的团队配置与资源整合。其中，设立专门的商标管理保护部门成为一项关键举措，旨在全面捍卫企业商标的合法权益。该部门的核心任务在于构建一套严谨高效的商标管理制度，覆盖商标注册、日常应用、维权保护等各个流程。通过实施精细化分类管理策略，能够精准监控每一类商标的使用状况，有效预防并打击任何潜在的商标侵权行为。此外，该部门的另一重要职责是强化商标评估量化工作。借助科学的方法，对商标进行深入的价值剖析与量化评估，实现品牌价值的最大化与市场拓展的精准化。

七、灵活应对新挑战

面对日新月异的科技环境，尤其是人工智能及新兴技术的不断涌现，企业应密切关注技术革新对商标保护格局的影响，灵活调整保护策略，以应对可能出现的新型侵权形态。同时，企业应加强与其他企业的合作与交流，相互分享商标保护领域的成功经验与独到见解，从而有效应对新技术带来的风险与挑战，促进整个行业的可持续发展。

综上，人工智能赋予了企业商标保护工作新的使命与挑战。企业应坚定不移地将商标保护置于战略高度，灵活并综合运用以上多种商标保护策略，全方位、多角度地守护企业品牌形象与市场价值，有效保护自身的合法权益，确保企业在人工智能高速发展的浪潮中稳健前行。

第四节　人工智能时代企业著作权保护策略

一、增强著作权人自我保护意识

在人工智能技术飞速发展的今天，著作权人面临着前所未有的挑战。随着机器学习和深度学习技术的普及，创作作品的复制和传播变得异常容易，这无疑增加了著作权保护的难度。因此，著作权人必须增强自我保护意识，采取有效措施来维护自己的权益。

首先，著作权人应当了解和掌握基本的著作权法律知识，明确自己的权利范围。这不仅包括需要了解作品的构成要件、著作权登记程序、权利归属规则，还要了解著作权的许可、著作权的限制、著作权的管理等制度，以及著作权侵权行为的构成和法律责任的承担等问题。通过系统地学习相关法律知识，著作权人可以更好地识别和防范潜在的侵权风险。这不仅有助于保护自己的合法权益，避免因无知而遭受不必要的损失，还能在面对侵权行为时，采取有效的法律手段进行维权。了解这些法律知识，可以使著作权人在与他人合作或授权时更加自信和从容，确保自己的作品得到合法、合理地使用和传播。

其次，著作权人应当积极采取技术手段保护自己的作品，提升对人工智能技术的理解，以便更好地利用这些技术来保护自己的作品。例如，通过嵌入数字水印技术，在作品中加入不易察觉的标识，可以在一定程度上防止未经授权的复制和传播；利用加密技术对作品进行保护，确保只有获得授权的用户才能访问和使用作品，可以增强作品的安全性；利用各种工具和平台定期监控网络环境，可以及时发现并处理侵权行为，以维护自身的合法权益。

再次，著作权人应建立良好的版权管理机制。既需要与使用者签订详尽的版权许可协议，又需要在协议中明确双方的权利和义务，确保双方在作品使用过程中能够清楚地了解各自的职责和责任。此外，著作权人还应详细规定在作品使用过程中可能出现的各种版权问题及其解决方案，以便在发生纠纷时能够迅速有效地应对。通过规范化的版权管理，著作权人可以有效地减少因版权纠纷所带来的经济损失和法律风险。这不仅有助于保护自身的合法权益，还能为使用者提供一个更加稳定和可预测的使用环境。良好的版权管理机制还能够促进作品的合法传播和使用，从而推动整个文化产业的健康发展。

最后，著作权人应当积极参与各种版权保护的社会活动，与同行业的其他创作者建立良好的沟通和协作关系。通过行业协会、版权保护组织及其他相关平台，著作权人可以分享各自的经验、交流有价值的信息，从而共同推动版权保护工作的不断进步和发展。这样的合作不仅有助于提升个人的权益保护意识，还能增强整个行业的版权保护氛围，形成一个更加健康和有序的创作环境。

总之，人工智能时代为著作权保护带来了新的挑战，但同时也提供了新的保护手段。著作权人必须增强自我保护意识，积极适应新技术环境，才能在保护自身权益的同时，促进知识创新和文化繁荣。

二、加强法律建设

随着人工智能技术的日新月异，机器创作逐渐进入大众的视野，这一趋势对传统著作权法律体系提出了挑战。为此，亟须强化著作权法律制度的构建力度，通过持续的制度更新与完善，全面捍卫创作者的合法权益，同步推动技术创新与应用的健康发展。

首先，妥善解决人工智能生成内容的权利归属问题。不论是理论界，还是实务界，对于这一问题均存在着广泛的争议。有的人认为著作权应直接授予人工智能；有的人认为应归属于相关设计人员；还有的人认为应归属于拥有该智能系统的自然人或法人……鉴于当前弱人工智能阶段的实际情境，多数创作成果实为人工智能工具与人类智慧深度融合的产物，《著作权法》需要对此作出积极回应。

首先，在符合作品独创性的前提下，承认人工智能生成内容的作品属性。其次，创新性地探索权利归属模式，将署名权与著作权适度分离。为平衡法律传统与技术创新之间的矛盾，应突破目前立法中将署名作者视为著作权人的规定，将署名权赋予人工智能工具本身，作为作品来源的明确标识，将著作权归属于实际操控该创作过程的自然人、法人或组织，更多关注作品的使用和经济利益。这一方案不仅打破了传统著作权法中"署名即著作权人"的固有观念，还为解决人工智能创作物的权利归属问题提供了新视角。以微软的人工智能"小冰"所著《阳光失了玻璃窗》及腾讯"Dreamwriter"自动生成的新闻稿为例，二者均采取了署名权与著作权相分离的做法。小冰虽为署名作者，但其著作权实际由微软公司享有；同理，"Dreamwriter"的新闻稿往往会有"由腾讯机器人 Dreamwriter 自动撰写"的标注，旨在清晰表明腾讯公司的主导角色及责任担当。此类实践不仅展示了署名权与著作权相分离模式的可行性，也有效区分了人类创作与人工智能创作，为企业利用 AI 技术进行内容生产提供了法律上的激励与保障。

其次，明确机器学习中训练数据的获取和使用的合法性问题。人工智能创作依赖于前期的数据训练，机器学习中训练数据包括受著作权法保护的作品。机器学习阶段的大数据"喂养"能否在"合理使用制度"或"法定许可制度"中找到一席之地，也是争论颇多的一个问题。"在人工智能时代，文本数据存储、挖掘的著作权例外，已成为一些国家的制度安排。[①]"为了激励人工智能技术的发展和促进文化艺术的繁荣，在现阶段，我国法律的回应可以选择的路径有二：其一，在著作权合理使用制度中增加一项合理使用情形，明确"为了 AI 学习、创作使用版权作品"纳入合理使用的范围内；[②] 其二，在合理使用法定列举情形之后增加开放式兜底性条款，由法院在司法实践中根据案件具体情况援引兜底性条款，将人工智能对作品的利用认定为合理使用。[③]

再次，明确人工智能创作物的侵权问题。在人工智能"作品"的创作过程中，

---

① 吴汉东.人工智能生成作品的著作权法之问 [J].中外法学，2020，32（3）：653-673.
② 林秀芹.人工智能时代著作权合理使用制度的重塑 [J].法学研究，2021，43（6）：170-185.
③ 同①。

可能出现人工智能创作物涉嫌抄袭、剽窃等问题，对此法律也要进一步定性。在未得到在先作品权利人许可的情况下，如果人工智能在结果输出阶段形成的新表达与在先作品构成实质性相似，会侵犯在先作品的复制权；若保留在先作品的部分基础表达，则侵犯在先作品的改编权。比如，热播剧《锦绣未央》作者秦简曾被指控涉嫌使用"写作软件"抄袭219部作品，该案历经两年多的诉讼，北京市朝阳区人民法院最终判决12位作家全部胜诉。该案说明，作品的著作权受到法律的严格保护，即便是人工智能创作，也不能超出法律保护的边界，一旦涉及对他人数据库与网站数据的非法获取或擅自使用，就有可能构成侵权。在现有的法律框架下，由于人工智能本身还难以成为新的侵权责任主体，所以人工智能创作物的侵权责任主体可能涉及人工智能的开发者、使用者或所有者。如果人工智能仅仅是作为工具被使用，开发者通常不承担责任，除非他们知道或应当知道该工具会被用于侵权行为。但如果人工智能在自行创作过程中实施了侵权行为，那么实际管理人和投资人可能需要承担责任。

最后，注重各国法律的协调与统一。人工智能创作具有全球性，不同国家和地区的法律差异可能会导致保护标准不一，从而影响全球市场的健康发展。比如，"英国、新西兰等国家已将人工智能创作的内容纳入版权法的保护范围"[①]；日本在《知识财产推进计划2016》中提出，除非能够明确证明某一"作品"完全由人工智能"自动"生成，否则应当将其与人类创作的"作品"同等对待，享受相应的保护；美国版权局严格把控"人格要素"这一条件，对于不是人类创作的作品将拒绝版权登记请求；我国著作权法并未对AI创作物的版权保护问题作出回应。各国对待人工智能创作物的态度差异会导致跨境版权纠纷增多，引发不公平竞争等不利影响。因此，加强各国的法律协调，形成统一或兼容的著作权保护标准，对于促进人工智能技术的健康发展和合理利用至关重要。

三、加强技术措施保护

技术措施就是著作权人为了防止他人非法使用和传播自己的作品而采取的技术保护和防范措施，比如设置密码、增加数字水印等。AI技术的广泛应用不仅提高了作品的创作效率，也加剧了作品被非法复制、篡改和传播的风险。因此，加

---

① 杨柳，宿广田，李梦欣.AI创作物该受法律保护吗[J].方圆，2020（1）：68-69.

强技术措施保护，成为企业在 AI 时代维护自身著作权的关键策略。

企业需要明确技术措施保护的重要性。技术措施的保护可以有效预防侵权行为，对于提高维权效率，激发技术创新，维护市场秩序，提升公众著作权意识，全面保障企业的合法权益等具有重要影响。企业在著作权保护中应主动掌握先进技术手段，实现对自身权益的有效防护，并密切监控作品的流通与使用状况，及时应对数字技术的开放性和快速传播给著作权人的人身与财产权益保护带来的巨大挑战。

著作权人可采取的技术措施种类繁多，依据技术措施的功能、目的及实施方式的不同，著作权技术措施可分为以下四类：一是访问控制技术，该类技术限制未经授权的用户访问受著作权保护的作品，可以通过身份验证、IP 地址限制、防火墙与入侵检测系统等方式实现；二是使用控制技术，该类技术限制用户对作品的使用方式，防止作品被未经授权地复制、分发、篡改或滥用等，可以通过数字权利管理系统、数字水印、加密技术等方式实现；三是安全保护技术，该类技术确保作品在存储、传输和使用过程中的安全性，防止数据泄露、篡改或损坏，可以通过数据加密、备份与恢复机制、安全审计等方式实现；四是接触跟踪技术，该类技术可以记录和追踪用户对作品的访问和使用情况，为著作权人提供侵权证据和维权支持，可以通过日志记录、网络监控、数据分析等方式实现。当前，我国法律允许的技术保护措施包括反复制设备、数字水印或数字指纹技术、追踪系统、访问控制技术及数字权利管理系统等多个方面。这些措施可以相互补充，交叉融合，共同维护著作权人的合法权益。

加强作品的技术措施保护，还需要不断努力。一方面，持续升级技术措施。持续升级技术措施是应对当前数字技术和互联网技术快速发展带来的版权保护挑战的关键。技术快速进步使作品的传播方式、范围及地域界定等变得难控制、难界定，给作者身份的认定带来了困难，只有技术不断进步，才能实现相关信息的准确认定；另外，破解技术的升级对技术保护措施提出更高要求。技术保护措施并非无懈可击。随着技术的发展，一些破解技术也在不断升级，试图绕过或破坏这些保护措施，这就要求著作权技术保护措施不断更新和升级以保持其有效性。另一方面，提升技术措施的法律保护力度。著作权人采用技术手段保护其作品时，需要得到法律的认可与支持，否则将难以有效遏制和惩罚那些蓄意破坏或解密作品的行为。目前，美国和欧洲一些国家已经建立了或正在构建相应的技术措施保护制度，而我国也明确规定了技术措施保护的相关问题。根据 2020 年《中华人民共和国著作权法》对技术措施的规定，未经权利人许可，任何组织或者个人不得故意避开或者破坏技术措施，不得以避开或者破坏技术措施为目的制造、进口或者向公众提供有关装置或者部件，不得故意为他人避开或者破坏技术措施提供技术服务。这为保护著作权人的技术措施提供了有力的法律支撑，但受保护的技术措施类型相对有限，又由于《中华人民共和国刑法修正案（十一）》并未完全采用 2020 年《中华人民共和国著作权法》的相关表述，在字面上限缩了可入罪的规避技术措施的行为类型，在实践中可能导致对规避技术措施行为的刑事制裁力度不足。

当然，加强技术措施保护的同时还要维持技术保护和公共利益的平衡。有学者在其研究中指出，技术措施版权保护是"超版权"的法律机制，必须有超越合理使用的限制途径①。实施并强化技术措施的保护策略，固然能够为作品提供强有力的防护，但这一举措不可避免地会对信息的自由流通构成某种程度的制约。从社会公共利益视角出发，理想的版权保护机制应当寻求一个微妙的平衡点：既要充分保障创作者的合法权益，有效防止作品被非法复制或滥用；同时，也要避免过度限制信息的自由流通，以免阻碍知识的传播与共享。这意味着，在构建版权保护体系时，必须深思熟虑地权衡创作者权益与公众利益之间的关系，确保两者能够相辅相成，和谐共生。

四、加强版权集体管理体制

首先，建立健全版权集体管理法律法规体系。版权集体管理组织在维护创作者的合法权益方面发挥着举足轻重的作用。这些组织通过加强版权集体管理体制，为创作者搭建起一个便捷高效的平台，确保其从创造性劳动中收获相应的经济价值。为深化版权集体管理效能，首要任务是建立健全相关的法律法规体系，促进日常工作的透明化、规范化，并强化创作者的自主决策权与表达空间，从而保障其权益的充分实现。

其次，促进版权集体管理组织间的深度合作与信息共享。通过制订并执行统

---

① 梅术文.论技术措施版权保护中的使用者权 [J].知识产权，2015（1）：16—20；44.

一标准与交互接口，可以提升组织间的业务协同效率，优化用户体验，为版权作品使用者提供更为顺畅的服务流程，进而激发版权内容的合法流通与广泛传播。

再次，提升全民版权意识。版权意识的提升是加强版权集体管理工作的关键。借助系统性教育及广泛宣传，增强公众对版权价值的认知，强调尊重和保护版权对于激发创新活力、促进文化繁荣的深远意义。同时，激发创作者群体参与版权集体管理活动的积极性，依托集体力量，共同捍卫自身权益。

最后，实现集体管理的智能化。版权集体管理组织应充分利用人工智能、大数据等先进技术，突出版权监测与管理的智能化特点。此举将有效增强对版权作品使用情况的监控能力，有效遏制各种侵权现象的发生，从而净化创作与收益环境，促进文化产业的健康发展。

五、打造全面融合的数字出版生态链

近年来，随着经济的蓬勃发展、互联网领域的快速迭代及人工智能技术的日新月异，数字出版产业如同插上了翅膀，展现出惊人的发展速度与潜力，开辟出广阔的市场空间与无限的经济可能。然而，在这股迅猛发展的浪潮之下，产业链的脆弱性也逐渐浮出水面，其规模经济效益尚未充分显现，存在着一系列亟待解决的问题。在产业链的上游，作品来源分散且质量不一，数字化进程缺乏统一的标准与规范，呈现出各自为政的局面。同时，著作权交易的重要性被忽视，未能得到应有的重视与保护。在产业链的中游，销售网站与图书馆之间的竞争加剧，网站销售模式过于依赖 B2C，缺乏系统性的营销策略，实体书店在数字出版和数字阅读的冲击下，难以找到有效的转型之路。在产业链的下游，终端设备供应商的产品更多倾向于娱乐化，忽视了阅读的文化内涵，读者作为最终用户，缺乏有效的反馈机制，整个消费环节缺乏必要的引导。此外，电子化文档在数字空间的便捷传输也带来了侵权行为的频发，给版权保护带来了严峻挑战。为了推动数字出版产业的持续健康发展，必须致力于构建一个标准化、生态化的产业模式，打造一条全面融合的数字出版生态链。只有这样，才能确保产业在激烈的市场竞争中立于不败之地，实现数字出版产业的跨越式发展与长远繁荣。

第一，深化产业融合，共创生态繁荣。数字时代，内容创作、渠道拓展、用户连接及数据分析共同构成了数字出版的运营生态，而版权管理、内容创新、产品开发、市场营销及数据洞察则串联起一条完整的数字出版产业链。这条链上的每一环都蕴含着独特的资源与优势，唯有通过深度整合，才能实现资源的优化配置与利益的共享，进而打造出稳固且充满活力的产业链条。出版社应深刻洞察数字出版的发展趋势，把握其商业模式的精髓，提升自身的谈判与经营能力，并据此制订长远的发展战略。从内容采集到版权管理，再到内容的数字化处理与策划营销，每一步都应实现无缝衔接与高效运作。同时，加强出版企业、技术服务商、网络平台及阅读设备制造商之间的协同合作，共同推动内容资源的深度整合与共享，从而开创一个互利共赢、生态繁荣的新局面。

第二，倡导绿色出版理念，重塑产业生态。数字出版要秉持绿色出版的理念，这不仅仅意味着企业要关注环境保护，通过减少资源消耗、提高生产效率，来营造一个绿色、可持续的产业环境；更重要的是，在内容创作与传播上，企业必须坚守绿色健康的底线。面对当前内容质量良莠不齐、低俗化趋势蔓延的现状，出版企业应当勇于担当，从源头上进行净化，坚决剔除劣质、低俗的内容，让文学作品回归教育人、鼓舞人的本质。为此，出版企业应积极倡导并践行绿色出版，提升员工的法律素养与版权保护意识，增强社会责任感；尊重作者与读者的权益，维护著作权的正当传播与经济利益，协助构建一个公平、公正、透明且高效的版权交易体系。通过绿色出版，不仅能够净化出版环境，提升内容质量，还能够为青年一代的成长与社会文化的繁荣贡献积极力量。

第三，构建和谐内容与技术的生态平衡，警惕技术至上的误区。相较于传统出版，数字出版的鲜明特色在于其深度融合了技术的力量，使得从创作到传播的每一个环节都深深烙印着技术的印记。在这条充满活力的数字出版产业链上，汇聚了多元化的参与者：上游汇聚着创意无限的作者、深耕内容的出版社、提供数字化工具和版权交易服务的关键角色；中游则连接着销售导向的网站、广泛传播信息的网络平台及知识存储的图书馆；下游则延伸至阅读设备的制造商、广大的读者群体及促进内容再传播的网站。产业链上的每一个主体都在不断探索和采用新技术，以期在激烈的市场竞争中占据先机。然而，相关主体必须警惕一个潜在的陷阱——过度依赖技术的革新，而忽视了内容的核心价值。技术的迭代固然重要，但"内容为王"的原则不应动摇。相关主体应当将读者的体验置于首位，重视他们的反馈，不断优化服务质量，确保每一份内容都能触动人心。

第四，强化政府扶持与监管，护航数字出版稳健发展。数字出版的健康发展离不开政府的大力支持，要充分发挥政府的公信力，通过制定相关政策和规划，为行业发展提供政策指引和战略规划；通过设立专项资金，对数字出版精品项目、优质平台、示范单位等给予资助，鼓励社会各界参与数字出版产业发展，拓宽投融资渠道等。同时还要强化政府的监管。首先，通过发行统一的出版编号加强对出版企业和服务商的监督管理；其次，强化网络监管，确保数字出版内容的合法合规；另外，建立完善的版权保护体系，严厉打击侵权盗版行为，保障权利人的合法权益；最后，采用预防为主的制度，对侵权行为提前预警、提前干预，避免诉讼周期长且具有滞后性的不利影响。

第五，深化合作共治，强化行业协会与民间团体的引导与教育功能。加大对"尊重知识、尊重创作者、捍卫知识产权"这一主题的宣传力度，通过多样化的传播渠道和形式，深入普及相关知识，提升整个行业的自律意识。这意味着相关主体要携手行业协会，共同强化著作权人合法权益的保护意识，确保每一份创作都能得到应有的尊重与回报。同时，鼓励民间团体积极参与，通过举办论坛、研讨会、公益讲座等活动，增强社会各界对知识产权重要性的认识，促进形成尊重原创、鼓励创新的良好风尚。在此基础上，还应倡导并实践法律法规，提升利益相关方的社会责任感，使尊重版权、合法经营成为行业共识。通过深化合作共治，可以有效遏制侵权行为，激发创作活力，为数字出版行业的繁荣发展注入不竭动力。

第五节　人工智能时代企业商业秘密保护策略

一、企业商业秘密保护的实用策略

当前企业正步入一个前所未有的智能化转型时代。在这个时代，商业秘密作为企业的核心竞争力，对其进行保护显得格外重要且复杂，否则一旦泄露就会给企业带来巨大损失，甚至是灭顶之灾。人工智能的应用不仅极大地提升了企业的生产效率和市场响应速度，也为企业商业秘密的获取、存储、处理及传输带来了前所未有的挑战与机遇。企业在充分利用 AI 技术提升竞争力的同时，构建一套高效、智能且适应未来发展的商业秘密保护体系，可以确保其在激烈的市场竞争中立于不败之地。

（一）实施商业秘密保护策略的基本原则

第一，预防为主，防患未然。商业秘密的核心价值在于其保密性，预防泄密成为其首要任务。在人工智能技术广泛应用的今天，商业秘密的泄露风险显著增加。因此，企业应致力于构建前置性防护体系，力求在源头上消除泄密隐患，而非仅仅依赖事后补救措施来减轻损失。第二，整体布局，系统推进。商业秘密的保护需贯穿于企业技术与经营管理的各个环节，并与外部环境保持高度协调。这要求企业从人员配置、制度建设、业务流程管理等多个维度出发，实施全面、系统的保护措施，确保商业秘密保护工作的长期性和连贯性。第三，突出重点，分级管理。鉴于企业商业秘密的重要程度各有不同，保护策略应有所侧重。企业应明确界定重要商业秘密与一般商业秘密，对关键性、核心的商业秘密实施更为严格的保护措施，确保资源的有效配置和重点防护目标的实现。

（二）明确企业商业秘密内容，确定商业秘密等级

企业商业秘密的内容广泛且复杂，涵盖了大量未公开的敏感信息。为有效管理这些信息，企业须对商业秘密进行细致分类，并依据其重要性和敏感度设定不同的保护等级。具体而言，企业可将商业秘密划分为以下四个等级：一是关键性商业秘密，包括独特的生产工艺、配方、设计图纸，企业的长期发展规划、市场策略、竞争方案等，这些是企业竞争力的核心所在，须采取最为严格的保护措施；二是重要的商业秘密，涵盖设计图纸、商品设计方案等对企业运营有着重要影响的信息，其保护力度虽略低于最高等级，但仍须给予高度重视；三是一般性的商业秘密，指那些虽具有一定商业价值，但重要性相对较低的商业秘密，如客户名单、客户购买记录、进货渠道、销售渠道、财务报表、财务预决算报告等；四是其他商业秘密，这部分信息虽不属于严格意义上的商业秘密，但企业仍须注意其合理使用与保管，避免不必要的泄露风险。

（三）拟定企业商业秘密保护方案

在激烈的市场竞争中，企业的商业秘密作为核心竞争力的关键组成部分，直

接关系到其生存与发展。因此，拟定企业商业秘密保护方案至关重要。这一方案的重要性主要体现在：它能帮助企业主动识别并预防商业秘密泄露的风险；有助于企业保持独特的技术优势和市场地位，有效防止竞争对手通过不正当手段获取敏感信息，巩固并提升企业的竞争优势；是企业履行保护商业秘密的法律义务，确保商业秘密的使用和管理符合相关法律法规要求的关键；能够增强企业员工的保密意识，营造全员参与、共同维护商业秘密的良好氛围，为企业的稳健发展奠定坚实基础。企业商业秘密保护方案涉及商业秘密的识别与分类、保密制度的建立与完善、人员管理与培训、物理与网络安全措施、商业秘密的利用与许可、应急响应与预案及法律合规与维权等多个方面的内容。根据丹尼斯·昂科维克勾画的内容，人工智能时代企业商业秘密保护方案内容如下。

①在指定范围内分离并确定属于商业秘密的具体资料。

②确定保护商业秘密的责任及其监护。

③对属于商业秘密的文件实施统一标记。

④设立保护商业秘密的机械安全系统。

⑤处理好保护商业秘密与雇员之间的关系。

⑥如何以较低的风险向企业外部人员在某种程度上展示某些商业秘密。

⑦妥善处理向企业主动提供的专项商业秘密资料及鼓励雇员个人发展。

⑧定期更新商业秘密的内容。

昂科维克的这些观点和建议至今仍对商业秘密保护具有重要的指导意义。企业应根据自身的实际情况，结合法律要求和内部管理需要，制定一套符合人工智能时代特色的、全面的商业秘密保护方案。首先，明确保护目标与原则。企业需要明确商业秘密保护的目标，如防止技术泄露、维护市场竞争优势等。同时，制定保护方案时应遵循合法、合理、必要和最小化原则，确保商业秘密的保护措施既符合法律法规要求，又不侵犯员工的合法权益。其次，评估商业秘密风险。企业应全面评估商业秘密面临的风险，包括内部泄露风险、外部窃取风险及技术更新带来的风险等。通过风险评估，企业可以了解商业秘密保护的薄弱环节，为制订具有针对性的保护措施提供依据。再次，完善内部管理制度。企业应在内部设立商业秘密保护专门机构或指定专人负责，明确其职责和权限，确保商业秘密保护工作的有序开展；企业应制订详细的商业秘密保密制度，包括商业秘密的定义、分类、保护措施、保密期限、保密责任等，为全体员工提供明确的指导；企业应加强对员工的教育和培训，提高员工的保密意识和能力。同时，建立严格的保密纪律和奖惩机制，对违反保密规定的行为进行严肃处理。另外，结合人工智能技术提升保护水平。利用人工智能技术实现对商业秘密的智能监控和预警、智能加密与解密、智能审计与追溯。最后，加强法律合规与应对。应严格遵守国家相关法律法规和行业标准，建立应对商业秘密泄露的应急预案、聘请专业律师团队应对可能出现的法律纠纷。

（四）与本单位员工订立商业秘密协议

企业内部员工，尤其是掌握核心商业秘密的员工，是泄露风险的主要来源。所以与本单位员工订立商业秘密协议具有必要性和紧迫性。多数国家和地区的法律法规都允许并鼓励企业与员工签订保密协议，以保护企业的商业秘密。所以，企业应重视加强对接触商业秘密人员的管理，提前与之订立保密协议。

在具体的实施策略上，企业需要做好以下四个方面的工作：首先，在签订保密协议前，企业应明确商业秘密的具体范围，有针对性地签订保密协议。其次，根据员工职位和接触商业秘密的程度，分层签订保密协议，重点关注掌握核心商业秘密的员工，签订更为严格和详细的保密协议。再次，保密协议应定期更新，以确保协议的时效性和有效性。最后，要建立完善的监督机制和效果评估体系，以确保保密协议的有效执行和企业的商业秘密安全。当然，需要明确的是，即便未明确签订保密协议，员工依据雇佣关系及职业道德，仍负有保守企业商业秘密的默示义务。从维护企业权益的角度出发，针对离职、离休、退休的人员同样有签订保密协议的必要，以延续对商业秘密的保护。

（五）与非本企业人员订立商业秘密协议

随着经营活动的拓展，企业可能需要将商业秘密适度地向外部人员开放，以适应诸如企业间合作、联合运营、股权变更、研发委托、科技项目外包、技术服务等多种业务场景。在这些情形下，企业商业秘密的保护范畴已不仅局限于内部员工，外部人员也有机会接触并运用企业的商业秘密。如果企业未能在外部人员接触到商业秘密前与之签订保密协议，那么这些外部个体在法律上并不负有保护该企业商业秘密的责任。一旦商业秘密泄露，后果将不堪设想。鉴于此，当企业预见到外部人员可能触及本企业的商业秘密时，应提前与其签订保密协议。保密协议的签订，不仅体现了企业作为商业秘密持有者已采取了必要的保密措施，同时也为企业在法律层面对外部人员形成了有效的行为约束，在发生商业秘密争议时，企业能够占据更为有利的法律地位，从而更好地维护自身的合法权益。

丹尼斯·昂科维克所著的《商业秘密》一书较详细地介绍了针对非雇员以保护商业秘密的保密协议的主要内容。

①确定商业秘密的内容。应签署一个附件，详细列出将被披露对方的商业秘密情报的种类。

②文件披露范围。协议应明确文件披露的目的，它与外部人员披露秘密文件的范围直接相关。

③秘密文件披露的期限。期限届满时，对方应归还所掌握的商业秘密文件并销毁复印件，还要规定一个期限，到期必须归还商业秘密。

④外部人员对拥有商业秘密所有权的公司的明确义务。如要求所有秘密文件、资料在外部人员雇用期届满时归还。

⑤要求对方雇员签订个人保密协议。在保密协议中，商业秘密所有人还要明确是否与对方雇员签订个人保密协议，作为向对方移交商业秘密的前提条件。

⑥要求所有有关各方执行保密协议。

⑦规定违约赔偿金的作用。

⑧明确协议的有效期。

上述要点为现代企业与非本企业人员订立商业秘密协议提供了一个基本框架，帮助企业明确非本企业人员保密的范围和责任，减少因商业秘密泄露而带来的风险。在当今商业环境中，随着合作方式的多样化和信息流动的加速，这些内容依旧具有很高的实用价值。企业可以根据自身情况，制订或调整与非本企业人员保密协议的内容，以适应不断变化的市场需求和技术进步。

（六）积极维权，追究商业秘密侵权人的责任

企业应首先确保自身商业秘密保护体系的健全与完善，一旦发现侵权行为，立即启动内部调查程序，收集并固定侵权证据，随后依据相关法律法规，如《反不正当竞争法》和《刑法》等，通过民事诉讼、行政投诉乃至刑事报案等多途径，坚决要求侵权人停止侵害行为、赔偿经济损失，并视情节严重性追究其行政责任乃至刑事责任，以此彰显企业维护自身合法权益的决心，同时警示潜在侵权者，构建健康有序的市场竞争环境。

二、网络环境下企业商业秘密的保护策略

在当前人工智能与数字技术日新月异的背景下，加强对企业网络环境下商业秘密保护策略的研究也有一定的紧迫性。网络环境日益复杂开放，不仅加剧了黑客攻击、网络钓鱼等安全威胁，还使得商业秘密面临前所未有的泄露风险。同时，人工智能技术的广泛应用虽然为企业带来了效率与洞察力的提升，但其强大的数据处理能力也可能成为泄露商业秘密的潜在途径，凸显了平衡技术创新与保密需求的紧迫性。此外，云计算、大数据、物联网等数字技术兴起，虽然推动了商业模式的变革，却也增加了商业秘密在存储与传输过程中的脆弱性。企业必须积极应对，制定并实施全面、有效、专门针对网络环境的商业秘密保护策略，以确保商业秘密在复杂多变的市场环境中得到妥善保护。

首先，企业需要在商业秘密保护制度中增加针对网络环境的专门条款，明确网络环境下商业秘密的定义、分类和保护标准。定义和分类是商业秘密保护的基础。在网络环境下，商业秘密的形式和载体可能发生变化，如电子文档、云存储中的数据等，因此，企业需要在商业秘密保护制度中明确这些新型商业秘密的定义和分类，以便对其进行有针对性的保护。保护标准是商业秘密保护制度的核心。在网络环境下，商业秘密的保护需要考虑到技术的特点和发展趋势，如加密技术、访问控制技术等。企业需要在商业秘密保护制度中明确这些技术的使用标准和要求，以确保商业秘密在存储、处理、传输和共享等各个环节中的安全性和保密性。

其次，针对人工智能技术的广泛应用，企业应建立一套与人工智能技术相适应的保密机制。人工智能时代，生成式 AI 有自我学习的特性，对企业商业秘密威胁巨大。企业要及时出台对策加以应对。第一，限制 AI 访问。对于可能泄露商业秘密的生成式 AI 应用程序，企业应采取限制访问和使用的措施，禁止员工将商业秘密输入这些应用程序中，或者设置严格的访问权限和审批流程。第二，加强监管。对允许访问的生成式 AI 应用程序，应加强使用情况的监控和审计，确保商业秘密在使用过程中不被泄露或滥用。第三，及时更新企业商业秘密保护政策，明确员工在使用生成式 AI 时的保密义务和法律责任。

最后，面对数字技术如云计算、大数据、物联网等带来的存储与传输风险，企业应制订详尽的数据保护措施。例如，在存储和传输过程中，企业应采用先进的加密算法和密钥管理策略，确保商业秘密在各个环节中的安全性；定期更新加密算法和密钥，以应对不断变化的威胁环境；建立数据备份和恢复机制，以防止数据丢失或损坏；完善数据访问审计制度，追踪和记录数据的使用情况，及时发现并处理潜在的安全威胁。

三、企业商业秘密保护中的竞业禁止策略

在企业商业秘密保护中，竞业禁止也是一种重要的策略。竞业禁止是为了防止员工或离职员工在离开企业后，利用在职期间获取的商业秘密从事与原企业相竞争的业务，从而损害原企业的利益。

（一）订立竞业禁止协议

竞业禁止一般通过协议的方式体现。竞业禁止协议，又称竞业限制协议，是企业与员工之间在协商一致的基础上达成的协议，约定员工在离职后一定期限内，不得从事与原企业具有竞争关系的业务，也不得泄露、使用或允许他人使用原企业的商业秘密。其表现形式既可以是劳动合同、聘用合同等合同中的竞业禁止条款，也可以是单独的竞业禁止合同。竞业禁止协议的内容通常包括禁止期限、禁止范围、违约责任等条款。禁止期限是指员工离职后需要遵守竞业禁止义务的期限，一般根据商业秘密的保密期限、员工在原企业的工作年限等因素确定。禁止范围则是指员工不得从事与原企业具有竞争关系的业务的具体领域和地域。违约责任则是指员工违反竞业禁止协议后应承担的法律责任，包括赔偿损失、支付违约金等。竞业禁止协议能够在法律层面为员工提供明确的行为准则，为企业商业秘密的保护提供有力的法律支持。

（二）执行国家有关竞业禁止规范

企业必须严格遵守和执行国家关于竞业禁止的相关法律法规，以确保其商业秘密得到有效保护。这意味着企业在与员工签订劳动合同时，应当明确规定员工在职期间和离职后一定期限内不得从事与本企业业务相竞争的工作，从而防止商业秘密的泄露和滥用。通过这种方式，企业可以维护自身的竞争优势，确保其知

识产权和核心竞争力不被竞争对手轻易获取。同时，这也为员工提供了明确的指导，使他们在离职后能够合理规划自己的职业发展路径，避免因违反竞业禁止条款而引发法律纠纷。

（三）健全企业规章制度

企业为了确保商业秘密的安全，需要健全一系列详细的企业规章制度。这些规章制度将涵盖从员工入职到离职的各个环节，确保商业秘密在各个环节中得到有效保护。首先，企业在员工入职时，应与其签订保密协议、竞业禁止协议等，明确告知员工哪些信息属于商业秘密，要严格履行合同义务。其次，企业应设立专门的保密部门，负责监督和管理商业秘密的保护工作，定期对员工进行保密培训，增强员工的保密意识。此外，企业还应制订严格的文件管理制度，对商业秘密文件进行分类、标记和存档，并限制其查阅和使用范围。同时，企业应加强对办公设备和网络系统的管理，防止商业秘密通过电子方式泄露。最后，企业还应建立应急预案，一旦商业秘密泄露，能够迅速采取措施，最大限度地减少损失。通过这些详细的规章制度，企业可以有效地保护其商业秘密，规范员工的行为，确保其在激烈的市场竞争中保持竞争优势。

第四章　企业知识产权保护战略模型

本章为企业知识产权保护战略模型，论述了技术领先型企业的知识产权保护战略模型和技术追随型企业的知识产权保护战略模型两个方面的内容。

第一节　技术领先型企业的知识产权保护战略模型

一、技术领先型企业知识产权开发及其法律风险管理

（一）权利预先分配机制

1. 权利预先分配机制内涵

权利预先分配在技术领先型企业的知识产权战略中占据着至关重要的地位，它指的是企业依据现行的法律法规及企业内部的制度性文件，对预期开发的知识产权所涉及的各项权能和权利进行明确的界定和划分，在着手进行知识产权开发之前通过法律规定、内部规定、合作协议等法律工具对知识产权进行权利分配，对知识产权开发完成后相关权利主体可能获得的经济利益和使用权益进行预先安排。权利预先分配机制旨在确保在权利的分配过程中，能够实现公平与效率的双重目标，同时明确各方的责任与义务，因此这一机制的设定必须考虑到伦理、法律、风险管理和知识产权保护等多重因素。

在实际操作中，权利预先分配的策略需要企业法务部门与研发团队紧密合作，确保每一项权利的分配都符合企业的长远利益，并且与合作方的利益相协调。同时，企业还需考虑到知识产权的国际保护问题，确保在全球范围内对知识产权的权益进行有效维护。在企业内部，权利预先分配的过程涉及对潜在创新成果的早期识别和评估。通过这一过程，企业能够确保在知识产权开发完成之前就明确各

方的权利义务关系，这种前瞻性管理方式有助于避免未来可能出现的纠纷，确保知识产权的主体得到合理界定，从而为企业的长远发展奠定坚实的基础。此外，权利预先分配还涉及与外部合作伙伴之间的权利义务划分。在技术领先型企业与其他企业或研究机构进行合作时，明确各自的权利归属是合作成功的关键。因此，技术领先型企业必须在知识产权战略的制订过程中，对权利预先分配给予充分的重视。

对于技术领先型企业来说，权利预先分配机制是企业知识产权战略管理的一项重要内容，是技术领先型企业知识产权战略的一项重要制度，也是该类型企业在知识产权开发过程中法律风险管理的基础性制度之一，是技术领先型企业知识产权保护战略模型的基本要素之一。建立合适的企业知识产权开发的权利预先分配机制，能够有效地避免技术领先型企业知识产权开发中可能产生的法律纠纷，防范因知识产权开发中对参与知识产权开发的各方权利义务约定不明而导致的法律风险。

我国《专利法》《专利法实施细则》等法律法规对知识产权开发中的权利预先分配进行了规定。但是这些法律法规的具体条款还不足以使知识产权开发过程中权利预先分配完全避免相关法律纠纷和法律风险。因此，技术领先型企业还有必要在法律法规的框架内，根据技术领先型企业的实际情况，建立适合自己的权利预先分配机制。

2. 技术领先型企业建立权利预先分配机制应遵循的原则

第一，合法和合理原则。在构建权利预先分配机制的过程中，技术领先型企业必须严格遵守法律法规，深入分析企业自身的经营状况、市场定位及知识产权研发相关方的具体需求和利益点。此外，企业还应确保权利预先分配机制在实际操作中也具备合理性与公平性，从而为企业的长期发展奠定坚实基础，有效地促进技术创新，激发研发团队的活力，同时确保技术成果的合理分享，进而推动企业技术的进步与广泛应用。

第二，自愿、有偿原则。权利预先分配机制要求权利相关方在遵守相关法律法规的基础上通过制度安排和协议安排对各方的利益进行预先分配。技术领先型企业构建权利预先分配机制时，必须严格遵循自愿和有偿原则。这意味着各方当事人应在平等自愿的基础上，通过有偿的形式，将各自的权利和义务明确下来，这种做法有助于避免未来可能出现的法律纠纷，并且能够通过明确的合同条款确保各方利益的平衡。由此来看，权利预先分配机制不仅是一种法律风险管理工具，还是一种促进合作、保障各方权益、推动行业进步的重要机制。

第三，公平、效率原则。在当今科技飞速发展的时代，技术领先型企业正致力于将人工智能技术融入其研发的核心环节，但是这些企业在追求技术突破的同时，应深刻认识到人工智能系统设计和训练的公正性对于社会的重要性，人工智能系统的应用必须避免任何可能的偏见，确保技术的公平性和道德性。权利预先分配机制通过详细阐述人工智能系统的决策逻辑，可以提升系统的透明度，增强可解释性，确保所有利益相关方的权利与义务达到平衡，有助于用户深入理解人工智能的决策过程，从而建立起对人工智能系统的信任和信心。此外，权利预先分配机制还可以降低技术领先型企业知识产权开发及应用阶段的预期成本，它通过确保人工智能系统从设计到运行的各个阶段都严格遵照法律法规，防止由于不规范操作而可能引发的效率损耗。

第四，风险管理原则。风险管理应该是技术领先型企业知识产权开发权利预先分配制度的应有之义，权利预先分配机制首要的作用就是规避将来可能发生的法律风险，人工智能技术可以实现对风险的实时跟踪预警，通过算法模型进行动态调整和优化。因此，技术领先型企业可以在人工智能时代更好地进行权利预先分配和风险管理，从而降低潜在风险并提升技术领先型企业的整体竞争力和可持续发展能力。

3. 权利预先分配的主要内容

（1）职务发明创造的权利预先分配

对技术领先型企业来说，职务发明创造的权利预先分配机制不但关系到企业的创新动力和竞争力，而且对于激励员工的创造热情和保护企业投资具有深远的影响。职务发明创造的过程涉及单位的物质资源投入和发明人的智力贡献，两者缺一不可。然而，为了确保企业能够从其投资中获得合理的回报，并且鼓励持续的研发投入，我国《专利法》《中华人民共和国民法典》等法律中的职务发明特别强调了物质投入的重要性，确立了单位作为职务发明的第一受益人的法律地位，除了可以特别约定的情形，职务发明创造的专利权默认归单位所有。

虽然上述法律对职务发明的对象、归属等问题进行了明确规定，但在司法实践中，有关职务发明的法律问题也层出不穷，主要表现为：关于职务发明人的奖励问题和报酬问题；职务发明人使用权问题；职务发明人与单位之间就职务发明利益分配问题；关于是否属于职务发明的法律认定问题；关于职务发明转让过程中职务发明人的补偿问题等。

技术领先型企业应该依照上述法律规定，通过内部职务发明有关规章制度及契约合同对权利进行预先分配。在职务发明归属的制度化建设中，尤其应该注意：有关奖励制度的实现条件、奖励的支付时间、奖励的实现方式及具体形式等问题；职务发明中报酬的支付时间、支付条件、支付数额等问题；职务发明实施及转让过程中对职务发明人的补偿等问题。

技术领先型企业充分重视职务发明的归属和权利预先分配机制，一方面应保证通过该制度设计来保护企业的知识产权，以避免企业投入人才、财力进行科技研发得到的技术成果不必要的外流，造成企业在知识产权方面产生不必要的法律纠纷；另一方面，企业通过职务发明的预先分配制度，充分激发企业员工的积极性和创造能力，为企业创造更多财富。

在知识产权领域，权利预先分配除了职务发明的权利预先分配，还会涉及职务作品的权利预先分配。对于技术领先型企业来说同样重要，有必要一并加以介绍。职务作品的权利预先分配主要体现在《著作权法》第十八条。根据该条关于职务作品著作权的归属的相关规定，自然人为完成法人或者非法人组织工作任务所创作的作品是职务作品，除本条第二款的规定外，著作权由作者享有，但法人或者非法人组织有权在其业务范围内优先使用。作品完成两年内，未经单位同意，作者不得许可第三人以与单位使用的相同方式使用该作品。有下列情形之一的职务作品，作者享有署名权，著作权的其他权利由法人或者非法人组织享有，法人或者非法人组织可以给予作者奖励：（一）主要是利用法人或者非法人组织的物质技术条件创作，并由法人或者非法人组织承担责任的工程设计图、产品设计图、地图、示意图、计算机软件等职务作品；（二）报社、期刊社、通讯社、广播电台、电视台的工作人员创作的职务作品；（三）法律、行政法规规定或者合同约定著作权由法人或者非法人组织享有的职务作品。《著作权法》通过明确规定职务作品的著作权归属以及对特殊情形下的具体规定，确保了职务作品的权益合理分配，同时也保障了单位在业务范围内的优先使用权。这些规定在实践中为解决技术领先型企业职务作品的权利归属问题提供了法律依据和操作指南。

（2）合作开发的权利预先分配

知识产权合作开发是技术领先型企业知识产权成果获得的一个重要途径，对此成果的保护是技术领先型企业知识产权战略的重要组成部分。在人工智能大背景下，对于技术领先型企业来讲，企业之间的技术合作不断加深，特别是在高新技术领域，很多重要的知识产权开发项目都离不开与其他企业之间的技术合作，甚至是跨国合作。因此，如何根据技术领先型企业的自身特点，结合技术领先型企业的行业特点和发展战略，对于合作开发的知识产权相关权利按照一定的机制进行权利预先分配，已经成为技术领先型企业知识产权管理制度中的重要组成部分。

合作开发知识产权主要包括两种情况：一是技术领先型企业之间合作进行专利权的开发创造；二是技术领先型企业之间共同进行作品的创作。合作开发的权利预先分配需要明确知识产权归属、使用权限等，这不仅有助于保护各方的合法权益，还能促进合作项目的顺利进行和持续创新。《著作权法》肯定了合作各方的创造性劳动，规定合作作品的著作权归合作作者共同享有；《专利法》充分考虑了民事主体的意思自治，尊重合同双方的约定，有约定时按约定，没有约定的，申请专利的权利以及获得的专利权归全体合作者共有。

（二）技术负责人、项目负责人的管理

知识产权的保护是企业发展的核心战略之一。在这一战略的实施过程中，技术主管和项目管理者扮演着至关重要的角色。这些关键人员所掌握的技术知识和商业秘密是企业竞争力的源泉，是企业能够在市场中保持领先地位的关键所在。随着技术的快速发展和人才市场的高度流动，企业内部人员的变动成为知识产权泄露的主要风险之一。为了应对这一挑战，需要设计一套全面的法律风险和员工法律责任培训系统，确保每位员工都能深刻理解其在知识产权保护中的责任和义务。

首先，构建一套完善的负责人管理制度。对技术领先型企业来说，知识产权的开发、技术创新及技术管理是企业持续竞争力的关键所在，技术负责人与项目负责人作为这一领域的核心岗位人员，在企业知识产权的开发、管理及应用等关键环节中发挥着不可替代的作用。鉴于此，企业法律风险管理应包含技术负责人与项目负责人的管理制度，明确技术负责人管理的基本原则及技术负责人与项目负责人的职责、权力、任职资格、任职申请与审批程序、年度审查管理及奖惩机制等。此外，还应详细规定技术负责人与项目负责人在知识产权战略规划、研发项目管理、技术成果转化及跨部门协作中的具体职责，确保他们在推动企业技术进步和创新中能够发挥最大效能。

负责人管理制度使技术领先型企业能够全面监控技术负责人与项目负责人在知识产权开发过程中的活动，能够对技术负责人、项目负责人在职责范围内的法律风险进行全面掌握，及时发现并防范潜在的知识产权纠纷和侵权风险。通过对技术负责人、项目负责人活动的监控，企业能够确保知识产权的开发和创新活动符合法律法规的要求，避免因知识产权问题而给企业带来不必要的损失。另外，通过规范化的方式将技术领先型企业的技术负责人、项目负责人等关键岗位纳入管理体系，确保技术负责人、项目负责人的选拔、管理、激励与流动等环节严格遵循企业既定的规章制度，可以确保关键岗位的人员具备相应的资质和能力，从而为企业的技术发展和项目管理提供坚实的人才保障。

其次，建立技术负责人、项目负责人信息管理平台。随时监督重要工作岗位人员的情况，对技术负责人、项目负责人所承担的技术项目和开发工作进行跟踪，对技术负责人、项目负责人的流动情况进行分析预警。技术领先型企业可以建立独立的技术负责人或项目负责人信息管理平台，也可以将其纳入企业整体信息管理平台之中，通过信息管理平台系统全面地将企业知识产权开发技术负责人在技术开发过程中所有与知识产权开发管理有关的信息纳入管理中。

技术领先型企业技术负责人信息管理平台可以把企业对知识产权开发有关的一切人员信息（主要是技术负责人信息和动态情况）进行整合分析，及时掌握技术负责人、项目负责人在项目开发过程中的关键信息和关键节点，把技术领先型企业对技术负责人、项目负责人制度化管理机制融入信息化管理平台中，实现技术领先型企业知识产权风险管理制度化设计与模式化管理的有机结合。

最后，建立技术负责人、项目负责人合同管理制度。在制度化和信息管理平台基础上，以合同形式对技术负责人、项目负责人的职责、权利、义务等加以规定，对技术负责人、项目负责人实现综合合同管理。

技术领先型企业技术负责人和项目负责人管理制度和信息管理平台体现的是

对技术负责人和项目负责人的一般性风险管理，综合合同管理则是对具体项目负责人和技术负责人的特殊风险管理。技术领先型企业内部制度及技术负责人信息管理平台更注重整体风险和全局风险，而合同管理更侧重于具体风险和局部风险。

技术负责人合同管理具有较强的特殊性：一是技术负责人合同管理涉及较多的企业核心技术和商业机密，管理起来更为复杂。二是技术负责人、项目负责人合同管理具有较长的周期性特点。一般合同在履行完毕后，合同权利义务即告终结，而技术负责人、项目负责人合同涉及竞业限制、商业秘密、知识产权保护等特别条款，因此对双方当事人约束周期较长。三是技术负责人、项目负责人合同管理具有较强的涉他性。一般合同只约束合同当事人各方，但该种合同一般涉及第三方企业等。

技术领先型企业在对技术负责人、项目负责人进行管理的过程中，应结合以上特点制订有针对性的合同管理制度。从技术负责人、项目负责人合同签订中权利义务分配，到合同履行过程中权利义务实现情况监督，再到合同履行过程中法律风险预警及合同履行过程中风险发生及处理机制，全面对技术负责人、项目负责人进行合同管理。当然，在人工智能时代，AI可以通过提供数据驱动型见解和建议来帮助人员管理活动，从而减少工作量，激励技术负责人、项目负责人作出正确的决策。

（三）阶段性成果的管理

阶段性成果，是指在知识产权开发过程中，某一具体研发阶段所形成的具有投入生产可能的或者具有重大研究意义的科研成果。阶段性成果代表着研发进程中的关键节点，它们不但具备投入生产的可能性，而且往往蕴含着重大的研究意义。对于技术领先型企业而言，阶段性成果的价值不可估量。一方面，它们可以根据企业的实际需求被迅速转化为生产力，带来直接的经济效益，另一方面，还能够为企业的持续创新提供坚实的技术支撑。阶段性成果的管理涉及对知识产权的保护、评估、利用和推广等多个方面，技术领先型企业必须在知识产权的自主开发或合作开发过程中展现出对知识产权阶段性研发成果管理的深刻认识和关注，重视知识产权战略管理系统的构建，确保对知识产权阶段性研发成果的有效管理。为此，建立一套完善的技术领先型企业知识产权阶段性研究成果管理制度尤为关键。技术领先型企业知识产权阶段性研究成果的管理一般包括以下三个方面的内容。

第一，阶段性研究成果的确认。知识产权阶段性研究成果的确认是对阶段性成果进行系统化管理的基础。在技术领先型企业中，知识产权管理部门扮演着至关重要的角色，其必须严格遵循企业的整体知识产权战略、知识产权管理制度要求及企业关于阶段性成果确认的知识产权相关制度规定，对研发成果进行综合评估与确认，确保成果符合企业的长远发展目标和知识产权保护的需要。在此基础上，知识产权管理部门按照企业知识产权风险管理的规范与流程，根据研究成果的确认结果确定后续的保护策略，以确保企业的创新成果得到法律的充分保护。

第二，阶段性研究成果的评估与发布。在技术领先型企业知识产权阶段性研究成果已经获得确认的前提下，技术领先型企业知识产权管理部门还应该按照企业规定的程序和条件，按照企业知识产权管理体系确立的指标对阶段性成果的经济价值、创新性、市场前景、与产业政策吻合度、技术成熟度等进行企业内部评估。评估的目的是对阶段性科技成果的价值、创新性、社会经济效益、成果与市场同类科技成果的比较效益，以及阶段性成果转化为实际生产能力的可行性及市场前景等进行客观分析和评价。在技术领先型企业阶段性成果评价体系框架下，以科学的指标体系、程序，就阶段性成果实施具有可行性、现存的风险性，以及必要保护措施和方式等形成科学的结论。此外，技术领先型企业应当建立研究开发成果信息发布审批制度，对于阶段性研究成果是否对外发布、发布的时机等，结合企业的市场战略、研发战略、外部行业环境等，决定采取合适的发布策略。对外发布研究成果信息应当经过有关部门的审核与批准。

第三，阶段性研究成果的保护与利用。阶段性研究成果保护是在阶段性研究成果确认和评估的基础上，根据技术领先型企业知识产权战略管理规划，由企业知识产权管理部门根据不同的阶段性成果的特点及前景，采取相应的保护措施，以保护阶段性知识产权成果的行为。

一旦技术领先型企业对阶段性研究成果确认和评估完毕，就应该依据企业的商业目标与市场战略对这些成果采取不同的保护措施，以最低的成本保护本企业的技术创新成果换取最大化的市场利益。对技术领先型企业来讲，市场经济条件下的商业环境风云变幻，如果不能及时有效采取措施保护自己的权利，很可能在转瞬之间被其他竞争者占得先机。因此，对于阶段性研究成果采取行之有效的保护措施十分必要。

由于申请专利对知识产权进行保护需要支出资金，对于企业来讲亦是企业的财务负担。据此，技术领先型企业应该因地制宜采取专利申请策略，对同类研究成果进行检索分析，对市场上同类竞争者进行信息跟踪和分析，以确定有无先申请专利或相关权利的必要。如果存在相关已知竞争者申请专利权的危险，则应该先就已完成的阶段性成果申请专利。基于以下三种情况可以预先申请专利：第一，自身利用需要，申请专利既有必要且有效益；第二，转让技术需要，可能对阶段性成果进行转让；第三，竞争性预先申请，如果一项成果不申请专利，则有可能被其他竞争者先行申请。但是，如果不便于申请专利或不能申请专利的，可以预先实施或采取相关保密措施。例如，技术领先型企业为避免暴露自己的商业战略和知识产权开发战略，特别是对行业领先的企业来讲，其所从事的研究可能在行业中处于空白地位，一旦申请专利可能会使竞争者发现自己的战略规划或商业意图，则可以选择不申请专利，转而采取保密措施；企业为长期持有已开发成果的技术秘密，也可以采取不申请专利的策略。

（四）技术秘密的管理

技术秘密是指那些经过权利主体保护而未被外界广泛知晓的技术资料，这些资料具备实际应用性，蕴含着重要的经济价值和技术价值，它们能够被应用于生产活动直接产生经济效益或者通过转让实现经济价值。技术秘密是单位通过自主研发或合法途径获取的未公开信息，这些信息能够为企业带来经济收益或市场竞争优势。技术秘密作为一种关键的知识产权，其开发和完善过程汇集了国家或相关单位众多的人力资源与物质资源。技术领先型企业要深刻意识到技术秘密不仅关乎其创新成果的市场竞争力，还是其持续发展和保持行业优势的关键，必须采取一系列措施来加强技术秘密的管理和保护。

第一，确定企业技术秘密的范围和标准。

技术领先型企业要保持竞争优势，必须根据法律法规的要求、行业标准以及企业的实际运营情况制订一套详尽的规章制度，明确哪些技术信息属于企业技术秘密以及如何根据信息的敏感程度和商业价值来划分保密等级。

技术领先型企业的技术秘密的范畴已经远远超出了传统技术和知识的界限，包含了人工智能技术和大数据分析技术等先进技术。在对这些技术信息进行保护之前，企业需要明确哪些技术信息应当作为技术秘密进行保护。在明确技术秘密的范围后，企业还需进行一系列标准化分析，以确保这些信息得到差别化、有效化的保护。这一过程不仅需要技术知识的支撑，还需要对市场动态和潜在风险有深刻的理解。

在某些情况下，技术秘密可能包含整个生产流程的工艺、方法或专用设备的技术资料等，为了保护这些技术信息，企业需要对涉及技术秘密的相关工作流程进行规划，确保在研发、生产、存储和传输等各个环节中，技术秘密的安全性能够得到保障。在执行这些措施时，必须严格遵循技术秘密管理办法。此外，技术秘密的技术信息也可以仅包括某个完整技术方案的最优配方、关键控制点或关键操作步骤等核心技术内容，此时，企业需要对这些技术关键点的保护给予高度重视，确保它们的安全性，保障企业的长远发展。保护这些关键点与保护完整的技术方案相比，保密的对象更为具体，保密人员的范围更有限，因此在操作上相对简便。

在当今竞争激烈的社会环境中，技术领先型企业深知其技术秘密的价值和脆弱性，企业通常会划分技术秘密的保密等级，根据信息的重要程度及泄露可能带来的影响，将技术秘密分为"绝密""机密"和"秘密"三个等级，依据这些保密等级，企业会采取不同的保密措施，实施分级监管。比如，对于高保密级别的技术秘密，企业会采取较为严格的措施，如限制访问权限、加强网络安全、实施物理隔离等，必要时还可以采取智能化的保密措施，通过数据加密、访问控制、算法知识产权保护等手段来加强保护。为了确保技术秘密的长期安全，企业还必须做好动态管理，定期对技术秘密的保密级别进行复审和调整，以适应技术发展和市场变化。

第二，明确技术秘密管理中的相关主体。

技术秘密保护涉及的主体主要是技术秘密责任主体，即技术领先型企业中对企业的技术秘密负有保密的义务主体。一般来讲，技术领先型企业技术秘密责任主体包括企业内部人员和企业外部人员两大类。企业内部人员涉及技术研发人员、高级管理人员、行政与后勤人员、法律顾问与财务人员等，企业外部人员可能涉及合作伙伴与供应商、技术秘密的被许可使用人、其他知悉技术秘密的自然人、法人或其他组织等，这些主体都可能掌握或了解本企业的技术秘密。但是，由于其对技术秘密的接触程度不同，应有针对性地对不同主体采取不同策略。比如，技术研发人员对技术秘密的了解最为深入，因此承担着重要的保密责任；秘书、助理、IT 人员等行政与后勤人员，他们虽然不直接涉及技术研发，但在日常工作中可能接触到技术秘密的相关信息，也需要承担一定的保密责任，且应当与技术研发人员区别对待。

第三，建立技术秘密保护管理制度。

技术领先型企业技术秘密管理制度是保护企业技术秘密行之有效的科学方法。一方面可以使企业技术秘密管理纳入科学范畴；另一方面可以把对企业技术秘密的管理与对人的管理高度结合起来，防止技术秘密丢失，保持市场竞争力，占据市场有利地位。

建立技术领先型企业技术秘密管理制度是为保护企业知识产权，提高自主创新能力，提高技术领先型企业核心竞争力，推动技术进步，强化技术保护措施，规范技术创新活动，归根到底是为技术领先型企业的整体发展战略服务。因此，技术领先型企业在制订本单位技术秘密管理制度时，要以我国关于知识产权的法律法规如《中华人民共和国保守国家秘密法》《反不正当竞争法》等为基本指导，同时要兼顾企业自身的人员状况、生产实际、市场状况等，制订出具有可操作性的管理办法。技术领先型企业技术秘密管理制度中应当明确技术秘密管理机构及其职责、技术秘密的确定、技术秘密的保密措施及相关法律责任等内容。技术领先型企业技术秘密管理制度架构具体包括总则、机构与职责、技术秘密的保密措施、相关人员的保密协议等文件的形式与内容规定、技术秘密相关人员的管理等。

第四，与技术秘密有关的合同管理及竞业禁止制度。

与企业技术秘密相关的人员管理，主要是合同管理和竞业禁止方面的管理，这是技术秘密管理实践中非常重要的领域。技术领先型企业必定是一个充分重视人才作用的企业，高技术人才在企业科技进步中发挥着支撑作用。如何通过劳动合同对企业相关人员进行有关技术秘密的管理，如何通过竞业禁止制度把企业与科技人员之间的责任、权利、义务等预先进行分配，是技术领先型企业应该特别重视的问题。如前文所述，企业与员工之间达成的竞业禁止协议，是企业有效防范技术秘密外泄的重要手段之一。技术领先型企业应与企业科技研发人员签订全面保密协议。一般通过劳动合同设置有关保密条款，在劳动合同的范围内保护企业技术秘密。保密协议主要包括以下条款：保密内容和范围；保密对象；企业和掌握技术秘密人员双方的权利义务；保密协议的期限；保密费的数额及其支付方式；违约责任等。

技术秘密的保护和竞业限制制度在合同管理中具有重要意义。通过合理规定竞业禁止的补偿标准和适用范围，以及加强合同管理，可以有效保护技术领先型企业的商业秘密和竞争优势，同时保障劳动者的合法权益。

二、技术领先型企业知识产权运用

（一）知识产权出资入股

知识产权这一曾经被视为单纯排除竞争者的垄断性权利，随着全球化的推进和知识经济的兴起，逐渐转变成一种市场竞争工具，在资本市场中扮演着越来越重要的角色，发挥着比有形资产更重要的作用。

1.知识产权出资法律依据

知识产权出资是指股东以专利权、商标权、著作权等知识产权作为出资方式，投入公司，从而获得公司股权的行为。

早在1912年美国的《统一商法典》中就允许知识产权所有者通过创建担保权益来利用其无形资产的价值，这为知识产权出资提供了法律基础。在国际层面上，世界知识产权组织（WIPO）提供了关于知识产权出资的指导性文件。世界知识产权组织发布的《知识产权交易指南》（以下简称《指南》）探讨了知识产权评估、合同条款的制订及风险防范的重要性，强调了这些因素在确保知识产权交易成功和公平中的关键作用。指南明确指出，知识产权资产评估是投资过程中的核心环节，要求对知识产权的潜在价值进行详尽的分析，深入探究其未来的发展潜力和可能带来的收益。为此，评估可以采用收益法、成本法和市场法等多种方法，以确保评估结果的全面性和准确性。在合同条款的制订方面，《指南》建议，必须在合同中明确知识产权的权利归属、使用权限、收益分配、保密条款等关键要素，确保相关方的权益得到保护，避免未来可能出现的纠纷。合同的明确性不仅有助于维护交易的公正性，还能够增强交易双方的合作意愿。知识产权投资的复杂性在于它不仅涉及知识产权的注册、维护、监控和执行等多个方面，还要求投资者对知识产权的法律和市场风险有充分的认识。因此，《指南》强调了知识产权有效管理和保护措施的重要性，并建议投资者对可能的法律和市场风险进行评估，以确保知识产权投资的安全性和可持续性。

我国股东可以用知识产权进行出资的最早规定出现在 1993 年颁布的《中华人民共和国公司法》（以下简称《公司法》）中。《公司法》第二十四条规定：公司股东会、董事会、监事会召开会议和表决可以采用电子通信方式，公司章程另有规定的除外。该规定一直持续到 2005 年。2005 年修订的《公司法》进一步明确了知识产权可以作为出资方式，但取消了对非货币出资比例的限制，要求对作为出资的非货币财产应当评估作价，核实财产，不得高估或者低估作价，同时还要求货币出资金额不得低于有限责任公司注册资本的 30%。2013 年修正的《公司法》进一步放宽了对知识产权出资的限制，取消了之前对货币出资不得低于注册资本一定比例的要求。这表明股东在不违反法律法规的情况下，只要满足"可以用货币估价"及"可以依法转让"两个条件，就可以使用知识产权全额出资。立法的不断变化不仅体现了国家对知识产权价值的认可，还体现了国家鼓励技术创新和知识产权资本化的政策导向。2023 年修订的《公司法》继续保留知识产权作为无形资产作价入股的出资形式，继续要求对出资的非货币财产，包括知识产权，应当评估作价，核实财产，不得高估或者低估作价。

从 2005 年的《公司法》到 2023 年的《公司法》都规定知识产权需要评估作价不得"高估"或"低估"，究其原因主要有两点：其一，知识产权属于无形资产，价值无法准确衡量。我国的公司信用在法律上体现为一种资本信用，公司的注册资本是公司对外承担债务责任最低的也是最重要的保证，公司在其存续的过程中保持与其资本额相当的财产，已成为法定资本制国家所奉行的一条极为重要的资本原则[①]。知识产权作为出资形式，其价值无法直接量化，需要通过专业的评估流程来确定，这一过程远比实物资产或土地使用权的估价困难。因为实物和土地使用权可以通过统一的折旧计算法估算其剩余价值，但知识产权因其"专有性"，缺乏统一的市场定价标准。若一项专利技术领先于同类技术，或一个商标比其他商标知名度高，那么这项技术或商标的价值自然更高。但问题在于，这部分高出的价值是多少，难以精确计算，也没有具体的标准。因此，在知识产权出资价值的评估过程中，往往容易出现价值"高估"或"低估"的情况。其二，知识产权的价值是个动态发展的过程。随着技术的不断更迭，已有技术的价值可能会不断

---

① 陈丽苹. 知识产权出资的法律问题 [J]. 知识产权，2004（3）：56-59.

贬值，也可能会不断增值。特别是当前以知识为主导的经济时代，技术对于推动生产力进步的影响力甚巨，使技术的价值得到了显著提升。所以，在实际操作中，知识产权出资必须经过严格的评估作价、权属变更、验资登记等系列流程，在相关主体的监管下规范进行，这样才能确保知识产权出资的合法性、公正性和公开性，保护公司资本的真实性和债权人的利益。

2.知识产权出资方式

知识产权的利用方式具有多样性和复杂性，一般认为，知识产权出资方式主要包括知识产权转让方式出资和知识产权使用许可方式出资两种。

知识产权转让方式出资是一种重要的资本注入手段，它是指知识产权所有人将其所持有的知识产权，不论是整体还是部分权利，以永久性的方式转移给企业，使企业能够获取该知识产权的最终所有权和全面的处分权。这种出资方式的核心在于"转让"，它标志着知识产权的所有权从原始所有人手中彻底转移到企业的名下。通过这一方式，企业不仅能够获得知识产权的最终所有权，将其作为承担亏损和风险的坚实资本担保，还能有效地利用和保护这些知识产权，从而推动企业的技术创新和产业升级。然而，在进行知识产权转让之前，出资人必须谨慎行事，确保所转让的知识产权不存在任何可能引发误认、混淆或其他不良影响的因素。如果知识产权在转让前已经许可给他人使用，那么出资人在转让前必须征得被许可人的同意，以避免后续的法律纠纷。

知识产权使用许可方式出资，是指知识产权所有人授权企业在特定时间和范围内使用其知识产权，而知识产权的所有权依然保留在原始所有人手中。这种出资方式的优势在于，企业无须取得知识产权的所有权，即可利用这些资产进行生产经营，从而有效降低了资本投入的成本；劣势在于，企业不享有知识产权的最终处分权，一旦遭遇债务纠纷，债权人可能无法对该知识产权行使权利；此外，知识产权的价值往往具有不稳定性，且部分权利存在有效期限，这可能导致企业资本的实质性减少。因此，在接受知识产权使用许可方式出资时，企业须格外谨慎，全面评估知识产权的价值和稳定性，确保出资行为的合法性和合理性。同时，双方应签订详尽的使用许可合同，明确约定使用范围、期限、费用等核心条款，以预防未来可能出现的纠纷。目前，知识产权使用许可方式出资在理论探讨与实际操作中均存在较大争议。

知识产权转让方式出资与知识产权使用许可方式出资最大的区别在于前者是专有权出资，后者是使用权出资，前者需要办理权利转让登记，后者无须办理。在对待知识产权出资的方式上，我国立法是比较明确的。根据我国《公司法》的相关规定，知识产权出资的主要环节包括"评估"和"过户"。知识产权出资前，需要经过评估事务所进行评估作价，以确定其市场价值，如果评估作价过高，后续有被认定为股东出资不实的法律风险。评估完成后需要经过会计师事务所出具验资报告，评估、验资报告经过工商局审核后办理财产权转移手续，将知识产权转移到公司名下。由于使用权的出资是无须办理产权转移手续的，所以，《公司法》要求的知识产权出资是专有权的出资而不是使用权的出资。

3. 知识产权出资的法律问题处理

技术领先型企业通过将知识产权作为一种出资形式，能够使企业的资源配置更加科学合理，促进企业的技术传播与升级。然而，由于知识产权的特殊性质，其评估、转让和保护等方面都涉及复杂的法律程序和专业知识，任何微小的疏忽或不当处理都可能引发交易双方的矛盾，甚至导致合作关系的破裂，给企业带来不可估量的损失。因此，深入研究知识产权出资过程中可能出现的法律问题及其应对策略，对于确保企业投资的安全和成功具有重要意义。

（1）知识产权评估问题

在出资的过程中，对知识产权的价值进行评估极其重要。由于知识产权是一种无形资产，且涉及的知识专业性较强，因此其价值评估的难度远远大于有形资产。若评估结果存在偏差，则可能引发一系列严重后果。如果导致交易双方的利益失衡，则不仅会破坏双方的合作基础，还有可能引发法律纠纷。为防范此类风险，可以实施以下策略以应对知识产权价值评估所面临的挑战。在进行知识产权价值评估时，首先，要选择一家专业且具备相应资质的第三方评估机构，在选择评估机构时，应考虑其过往的业绩、行业内的声誉及是否拥有相关领域的专业认证，确保评估结果的客观性和公正性。其次，应明确评估的标准和方法，这一过程需要交易双方进行充分的沟通和协商，以确保评估标准的公正合理。最后，在评估工作正式开始之前，双方应签订一份评估协议，这份协议应当包含评估机构的具体责任和义务，以及在评估过程中应遵守的规则和程序。同时，协议还应明确评估结果的法律效力，为后续可能出现的法律纠纷提供依据。

（2）知识产权权属问题

知识产权权属问题是指在出资过程中，知识产权的归属和权利状态不明确，可能导致出资方无法合法转让知识产权，或者接受方无法获得完整的知识产权使用权。比如，利用 AI 创作产生的"知识产权"，其权利归属本身就是一个亟待解决的问题，在权属状态不明的情况下进行出资，极易引发纠纷。针对该问题，知识产权出资时需要注意：第一，审查权属证明：在出资前，接受方应要求出资方提供知识产权的权属证明文件，如专利证书、商标注册证等，确保知识产权的合法性和有效性，没有权属证明的，需慎重考虑。第二，签订权属转让协议：双方应签订详细的权属转让协议，明确知识产权的转让范围、权利限制、后续使用条件及责任承担。第三，办理权属变更手续：在出资完成后，双方应及时办理知识产权的权属变更手续，确保权属变更的合法性和有效性。

（3）知识产权出资比例问题

在某些国家和地区，法律对知识产权出资的比例有明确的限制，企业需要特别注意。如果出资比例过高，可能会导致出资行为无效，甚至引发法律风险，需要做到以下三点。第一，了解相关法律法规：在出资前，双方应充分了解相关法律法规对知识产权出资比例的限制，确保出资行为的合法性。第二，合理设计出资结构：在满足法律法规要求的前提下，双方应合理设计出资结构，确保出资比例的合理性和可行性。第三，签订补充协议：如果出资比例过高，双方可以签订补充协议，约定在一定条件下调整出资比例，以符合法律法规的要求。

（4）知识产权后续使用问题

知识产权出资后，接受方在使用过程中可能会遇到技术更新、侵权纠纷等问题。这些问题处理不当，可能会影响技术领先型企业的正常运营，需要重点注意以下三点。第一，签订技术转让协议：双方应签订技术转让协议，明确接受方在使用知识产权过程中享有的权利和应承担的义务。第二，约定技术更新和维护条款：在协议中约定技术更新和维护的条款，确保知识产权在使用过程中保持先进性和有效性。第三，设立纠纷解决机制：双方应设立有效的纠纷解决机制，明确在遇到侵权纠纷时的应对措施和责任分担。

（5）知识产权出资的税务问题

知识产权出资涉及的税务问题较为复杂，包括但不限于所得税、增值税等。

如果处理不当，可能会导致税务风险和额外的经济负担，可以通过以下处理方法进行避免：第一，咨询专业税务顾问：在出资前，双方应咨询专业税务顾问，了解相关税务政策和规定，确保出资行为的税务合规性。第二，签订税务条款：在出资协议中明确税务条款，约定双方在税务问题上的责任和义务，确保税务风险的合理分担。第三，办理税务变更手续：在出资完成后，双方应及时办理税务变更手续，确保税务登记的合法性和有效性。

通过以上措施，技术领先型企业在知识产权出资过程中可以有效处理法律问题，降低法律风险，确保出资行为的顺利进行。知识产权出资不仅是技术领先型企业优化资源配置的重要手段，更是推动技术创新和产业升级的重要途径。只有在法律框架内规范操作，才能充分发挥知识产权出资的积极作用，促进技术领先型企业的可持续发展。

4. 知识产权出资相关法律规定的衔接问题

在当今经济全球化的背景下，知识产权出资已成为技术领先型企业融资和资本运作的重要手段。然而，由于各国法律体系的差异，知识产权出资在跨国交易中常常面临法律规定的衔接问题。为确保知识产权出资的顺利进行，各国法律需要在以下四个方面进行有效衔接。

第一，知识产权的评估标准需要统一。不同国家对知识产权价值的评估方法和标准存在差异，这可能导致出资方和接受方在出资价值上产生分歧。比如，中国资产评估协会于2008年印发了《资产评估准则——无形资产》和《专利资产评估指导意见》（中评协〔2008〕217号），于2010年印发了《著作权资产评估指导意见》（中评协〔2010〕215号），于2011年印发了《商标权资产评估指导意见》（中评协〔2011〕228号），于2015年印发了《知识产权资产评估指南》（中评协〔2015〕82号），于2016年印发了《文化企业无形资产评估指导意见》（中评协〔2016〕14号）等一系列文件，对包括知识产权在内的无形资产的评估作出了规定。鉴于知识产权自身的复杂性、多样性，知识产权的评估还有待进一步改进。国际评估准则委员会（IVSC）发布的《国际评估准则》（IVS）中涉及了无形资产评估的相关标准，各国可以参考这一国际通行的评估准则，确保评估结果的公正性和可比性。

第二，知识产权出资的程序和要求需要协调。各国对知识产权出资的程序和要求各不相同，这可能导致出资方在不同国家面临不同的法律障碍。比如，我国《公司法》规定，知识产权出资需要经过评估、权属变更、合同签署和备案等步骤。美国法律规定知识产权出资需要包括知识产权的评估、所有权转移、合同设计、法律谈判、合同签署及许可备案等步骤。虽然出资步骤基本差不多，但在细节规定上差异较大，不利于国际的知识产权出资，有必要制订国际统一的出资程序和要求，简化跨国知识产权出资的流程，降低交易成本。

第三，知识产权出资的法律效力需要明确。不同国家对知识产权出资的法律效力认定存在差异，这可能导致出资行为在某些国家不被认可。比如在我国，法律要求知识产权出资要评估作价，并且核实财产，不得高估或者低估，若知识产权出资存在瑕疵，或未进行评估或评估不实，可能会导致出资人需要补足出资或承担其他法律责任。为确保知识产权出资的法律效力，各国应通过双边或多边条约，明确知识产权出资的法律地位和效力，确保出资行为在各国均得到承认。

第四，知识产权出资后的监管机制需要协调。知识产权出资完成后，各国对出资后的监管机制存在差异，这可能导致出资方在不同国家面临不同的监管要求。比如，我国国务院出台《关于印发"十四五"国家知识产权保护和运用规划的通知》（国发〔2021〕20号）、国家知识产权局发布《关于进一步推动知识产权金融服务工作的意见》（国知发管函字〔2015〕38号）等文件，加强对出资比例高、金额大的知识产权项目的跟踪和保护。《最高人民法院关于适用〈中华人民共和国公司法〉若干问题的规定（三）》第十六条规定，"出资人以符合法定条件的非货币财产出资后，因市场变化或者其他客观因素导致出资财产贬值，公司、其他股东或者公司债权人请求该出资人承担补足出资责任的，人民法院不予支持。"该条说明出资人对于其知识产权出资后，因后续市场波动或其他不可预见因素造成的价值下降不承担任何责任。相应地，公司为了避免风险，在接收知识产权出资前应设定相应的条件，确保出资人对知识产权进行持续的维护工作，以保持其价值不受影响。知识产权的价值是一个动态的变化过程，知识产权出资后的使用、管理和处置等方面的不同会严重影响其价值的发挥，为确保知识产权在出资后能够得到合理利用和有效保护，同时也保护投资者的合法权益，避免企业资本缩水的风险，有必要建立国际统一的知识产权出资监管机制。

总之，为解决知识产权出资在跨国交易中的法律衔接问题，各国需要在评估标准、程序和要求、法律效力及监管机制等方面进行有效协调。通过国际合作和法律协调，可以为知识产权出资提供一个更加稳定和可预测的法律环境，促进全球资本市场的健康发展。

（二）知识产权质押

1. 知识产权质押的现实基础

一个国家的核心竞争力从根本上讲体现在对智力资源的培育、对智慧成果的有效配置及对创新成果的精准调控能力上。此外，对知识产权的掌握、保护和高效运用同样是衡量一个国家核心竞争力的关键指标。在过去的几年中，我国在推动自主创新和加强知识产权保护方面加大了人力资源的投入，优化了物质资源的配置，政府不但在政策层面给予了大力支持，而且在资金投入、法律建设、教育培训等多方面进行了全面的规划布局。在国家的支持和推动下，我国的知识产权事业取得了令人瞩目的成就。各类知识产权的申请数量呈现爆炸式增长，在国际上引起了广泛关注。我国的专利年申请量连续多年稳居世界第一，这一成就不仅彰显了我国在科技创新领域的强劲势头，也标志着我国在全球知识产权保护和运用方面的领先地位。

人工智能技术的快速发展使得我国已经具备开展知识产权质押贷款业务的条件，这一进步标志着我国在金融创新领域迈出了重要一步，也反映了我国经济结构转型和产业升级的迫切需求。在企业方面，技术领先型企业凭借其在技术创新和产品研发方面的优势，通过建立和完善现代企业制度，为开展此类业务奠定了坚实的社会基础；在银行方面，取消了规模限制并实行资产负债比例管理，银行的经营具有更大的自由性，能够为具有高成长性的企业提供必要的资金支持；在法律体系方面，我国已经建立了知识产权质押法律制度，为知识产权质押提供了法律保障，增强了市场参与者的信心。

知识产权质押融资不仅能够优化社会资源配置，为拥有知识产权的企业提供更多的融资选择，还能够促进金融机构创新金融产品和服务，满足不同企业的融资需求。通过这种方式，企业可以将无形资产转化为有形的资本，从而获得更多的资金支持，提高资金利用效率，推动其技术进步和市场拓展。

2. 知识产权质押的可能性

权利质押本质上是将某种权利作为质押的标的物，是一种以特定权利作为担保物的质押形式。当债务人不履行债务时，债权人有权将该财产权利折价或者以拍卖、变卖所得的价款优先受偿。权利质权制度起源于罗马帝政时代的债权质[①]，历经数个世纪的理论研究与实践检验，已发展成为现代法律体系中不可或缺的一部分。在当今世界，这一制度已被大多数国家的法律体系所采纳。权利质押的标的物主要是债务人或第三人拥有的可以转让的财产权利。权利质押用可转让的财产权作为债权的担保，不仅为债权人提供了额外的安全保障，还也为债务人提供了灵活的融资途径。

知识产权质权属于权利质权的重要类型，与普通债权质权、有价证券质权、股权质权等共同构成了权利质权体系。知识产权质权具有物权性、担保性、价值权性、非转移占有性等特点，这些特点从不同角度证实了知识产权质押的可行性。

第一，知识产权质权的物权性。从物权性角度来看，知识产权质押具有深厚的法定基础、明确的优先效力、直接的支配属性及严格的排他性。知识产权质押的物权性根植于我国法律体系之中，受到法律的明确认可与保护，确保了其在法律框架内的有效性和合法性。在权利冲突情形下，如同一知识产权同时作为权利质押与保证的标的时，知识产权质押因其物权性而享有优先受偿的地位，这一优先性有力地保障了债权人在债务人违约时的权益实现。此外，知识产权质押的物权性还体现在其能够直接以质押的知识产权本身为价值源泉，一旦债务违约，债权人无须依赖债务人的主动给付，即可通过直接支配质押物来获取价值补偿，这种直接的支配性极大地增强了债权的保障力度。最后，知识产权质押一旦有效设立，即具有排他性，法律禁止在同一知识产权上重复设立质权，从而确保了质押权的独立性和安全性。

第二，知识产权质权的担保性。知识产权质押的本质在于利用可转让的知识产权为债权人的债权构建一道坚实的保障屏障，属于一种独特的担保物权。其担保性体现为从属性与不可分性。知识产权质权自设立之初，便紧密依附债权而存在，直至其被处分或消灭，这一从属性确保了债权的安全稳定，为债权关系提供了持久的担保支持。当债务人面临偿债困境，无法履行其还款义务时，债权人可以针对全部债权对质押的知识产权标的物实施折价、变卖或拍卖等措施，以此获取必要的价值补偿。

---

① 吴汉东，胡开忠. 无形财产权制度研究 [M]. 北京：法律出版社，2001.

第三，知识产权质权的价值权性。知识产权是一种无形的财产权，具有价值和使用价值。知识产权质权的价值权性具体表现在两个方面：一是价值评估的科学性，即在知识产权质押过程中，可以依据专业的评估方法对质押标的进行精确的价值评估，确保了融资活动的经济合理性和风险可控性；二是价值变现的可靠性，当债务人违约无法履行偿债义务时，质权人依法享有将质押的知识产权通过拍卖、变卖等合法途径优先受偿，这种价值变现能力不仅体现了知识产权作为无形资产的流动性与可交易性，还为债权人在债务人违约情形下的债权实现提供了强有力的保障。

第四，知识产权质权的非转移占有性。非移转占有性具体表现为两个方面：第一，使用权保留机制允许出质人在质押期间继续享有并行使对质押知识产权的使用权，得以持续将其应用于生产经营活动之中，这有助于维护出质人生产经营活动的稳定性和连续性，促进了知识产权价值的最大化利用；第二，处置权受限原则确保了质权人的权益安全，即在质押期间，尽管出质人保留了对知识产权的使用权，但其转让或处置该知识产权的权利受到严格限制，未经质权人明确同意，出质人不得擅自采取任何形式的转让或处置行为，这一限制措施有效防止了出质人可能采取的损害质权人优先受偿权的行为，从而在保障质权人权益的同时，也维护了知识产权质押交易的安全性和稳定性。

知识产权涵盖著作权、专利权等多种权益，整体上虽具备高价值特性，但各类知识产权间的价值差异明显，且这种差异随着国家及经济发展阶段的不同而呈现出动态变化。例如，在商标权范围内，驰名商标相较于普通商标，其价值往往更为突出；在专利权范畴内，发明专利的价值普遍高于实用新型与外观设计专利。相较于动产和债权，知识产权的价值更易受时间推移、市场波动、企业声誉等外部因素的影响，表现出高度的波动性和不确定性。比如，企业运营状况和市场销售情况的好坏将直接影响商标价值的升降。另外，知识产权的价值本质上是一个预估值，这一预估值往往难以精准反映实际情况。在设立质押时，其价值通常基于当事人或评估机构的预期，并参考模拟市场交易价格来确定。然而，由于知识产权价值评估的时效性、特定性、预估性，以及咨询参考性等复杂因素，使得这一过程极为专业和繁琐。加之未来市场环境的不可预测性、不同评估机构的差异性及评估方法的选择等，均可能导致预期价值与实际实现价值之间存在偏差，从而增加了质权人面临债权保障不足的风险，凸显了知识产权质押在实践中的复杂性和挑战性。

3.知识产权质押的范围

各国立法在规定知识产权质押标的时，对质权标的范围的界定呈现不同的形式：有的仅笼统地规定知识产权可作为质押标的，而对于权利的性质及范围未作限定，只能从条文解释上予以大致明确；有的列举规定了可出质的知识产权的具体范围，或列举典型的可出质的知识产权类型，同时再设"弹性"或"兜底性"规定。我国采取的是后者的做法。《民法典》第四百四十条明确了权利质权的范围，如汇票、本票、支票；债券、存款单；仓单、提单；可以转让的基金份额、股权；可以转让的注册商标专用权、专利权、著作权等知识产权中的财产权；现有的以及将有的应收账款等都可以出质。可见，凡是符合权利担保条件的知识产权都具备"适质性"。知识产权的范围相当广泛，且随着社会的进步，会有新的知识产权类型出现。我们无须讨论所有的知识产权的"适质性"问题，只需针对3个颇具争议的知识产权类型的"适质性"进行简要分析。

（1）邻接权出质之分析

邻接权，作为作品传播者的专有权利，包括表演者权、录音录像制作者权、广播组织权及版式设计权，旨在保护作品传播者在传播过程中付出的创造性劳动，在知识产权体系中占据重要地位。然而，关于邻接权是否具备可质押性，即能否设定权利质权，学界尚存争议。反对邻接权出质的理由主要考虑到邻接权的权利主体都具有特定的资格和条件，不具有这些资格和条件的主体不能享有或者行使这些权利；邻接权的行使受到原著作权人的制约，这种受限性影响了其作为质押标的的适格性[1]。肯定邻接权出质的理由主要在于：邻接权作为知识产权的一种，具有财产属性和可转让性，能够满足质押标的的要求；同时，通过邻接权质押，可以有效促进资金的融通和文化的传播，进一步推动文化产业的发展；国内外立法实践和市场需求也支持邻接权质押。邻接权虽具有极强的人身权性质，但这只能说明在质押时程序更加繁琐、复杂，不能成为否定邻接权出质的理由。所以，在实践中，邻接权人取得著作权人同意后，可以进行出质。

---

① 王菊英.知识产权质押刍议 [J].淮北煤师院学报（哲学社会科学版），2001（1）：54-56.

（2）商业秘密出质之分析

商业秘密能否出质取决于对其性质的认定。学界关于商业秘密的法律性质争议不断，主要存在两种主要观点：权利说与非权利说。权利说认为，商业秘密是一种权利，且通常被视为无形财产权的一种。根据这一观点，商业秘密权利人享有对商业秘密的实际专有权，这种权利具备秘密性、保密性、价值性和实践性等构成要件。由于商业秘密能够为权利人带来经济效益，因此具有财产属性。我国的法律实践认可这一观点，《民法典》将商业秘密归入知识产权的客体范围；《反不正当竞争法》将商业秘密的主体称为权利人，明确将其视为一种权利；《刑法》也将侵犯商业秘密罪纳入"侵犯知识产权罪"的范畴，进一步强化了商业秘密作为知识产权的一种的法律地位。非权利说则持相反观点，认为商业秘密并不构成一种独立的权利。这一观点认为商业秘密具有秘密性和保密性，这些特性使得商业秘密难以像传统知识产权那样具有明确的权利边界和排他性，所以商业秘密不应被视为一种独立的权利。

商业秘密是人类智力活动的成果，与知识、信息、技术等非物质形态相关，能够为权利人带来经济利益；商业秘密权利人通过采取保密措施来维持商业秘密的秘密性，可以实现对商业秘密的占有和控制，具有可让与性。所以，本书倾向于商业秘密是一种无形财产权的观点，权利人有权对其进行利用并获取收益。法律并未禁止或限制其转让，理应可以作为知识产权质押标的出质。

（3）集成电路布图设计专有权出质之分析

集成电路布图设计专有权出质是指将集成电路布图设计的专有权利作为质押物，用于担保债务的履行。这种做法在知识产权质押融资中较为常见，能够帮助权利人获得资金支持，促进技术的开发和应用。具体来说，集成电路布图设计专有权出质涉及以下五个方面：一是权利主体，出质人通常是集成电路布图设计的合法权利人，拥有对该设计的专有使用权、许可使用权和处分权；二是质押物，质押物即为集成电路布图设计的专有权，包括设计图、技术文档、专利证书等相关资料；三是债务担保，出质人通过将专有权出质，为某一债务提供担保，确保债务人履行债务义务。如果债务人未能按时偿还债务，质权人有权依法处置该专有权，以实现债权；四是质押登记，为了确保质押行为的合法性和有效性，出质人和质权人需要到相关知识产权管理部门办理质押登记手续，取得质押登记证明；

五是质押期限，出质人和质权人可以协商确定质押期限，通常在质押合同中明确规定，质押期限届满后，如果债务人已履行债务，出质人可以申请解除质押；如果债务人未能履行债务，质权人可以依法行使质权。通过集成电路布图设计专有权出质，权利人可以获得资金支持，推动技术的进一步研发和产业化，同时也为质权人提供了风险保障，促进了知识产权质押融资的发展。

4. 知识产权质押的法律效力

第一，知识产权质押的法律效力主要体现在其能够为债权提供担保。债务人不履行债务时，质权人可以依法以质押的知识产权折价或者以拍卖、变卖该知识产权的价款优先受偿。同时，知识产权质押登记具有公示作用，有助于保护交易安全，确保质权的实现。在人工智能时代，知识产权的种类和范围不断扩大，包括但不限于专利权、商标权、著作权及数据使用权等。这些权利在质押过程中，必须符合相关法律法规的要求，满足法定的条件，才能确保其法律效力的正常发挥。

第二，知识产权质押的法律效力还体现在其对创新的促进作用。知识产权质押能够为技术领先型企业提供资金支持，从而推动技术创新和产业发展。然而，由于人工智能技术的复杂性和不确定性，知识产权的评估和定价变得更加困难，这也对法律效力的确认提出了更高的要求。

实践中，影响知识产权质押的法律效力的因素有很多。比如，知识产权的权属是否清晰、质押合同的条款是否完备、质押登记程序是否规范等。这些问题在人工智能时代尤为突出，因为人工智能技术的快速发展可能导致知识产权的权属和价值发生变化，从而影响质押的法律效力。

第三，知识产权质押的法律效力还面临跨境法律冲突的挑战。随着全球化的推进，知识产权的跨国交易和质押变得越来越普遍。不同国家和地区的法律制度差异，可能导致知识产权质押在跨国交易中的法律效力受到质疑。因此，国际的法律协调和合作显得尤为重要。

为了应对这些挑战，各国政府和国际组织正在不断完善知识产权质押的法律体系。在国内法领域，中国的知识产权质押的法律体系主要涉及《民法典》《著作权法》《专利法》《商标法》等法律法规。《民法典》中对担保物权作了一般规定，明确了担保物权的设立、变更、转让和消灭的条件，还对担保的方式、范围、效力等进行了详细规定。《著作权法》《专利法》和《商标法》等则为各自领域的知识产权质押提供了具体的法律依据。此外,《著作权质权登记办法》等具体管理办法,规范了知识产权质押的登记流程和要求。日本通过《知识产权推进计划》等多部法律法规支持中小企业的专利权质押融资。法国的《知识产权法典》不仅涵盖了专利权质押标的、设立、公示、效力等方面,还包括了对知识产权质押融资的鼓励政策和实践操作。在国际领域,目前并未形成一个统一的知识产权质押国际标准和规范,但 WIPO 管理的多个条约,如《专利合作条约》(PCT)、《马德里体系》(商标国际注册)、《海牙协定》(工业设计国际注册)等间接为知识产权质押提供了国际法律支持;TRIPS 协定通过确保知识产权的保护,为知识产权质押提供了一定的国际法律保障;《巴黎公约》的国民待遇,为知识产权的国际流通和质押提供了便利……随着国际合作的不断加强,为充分发挥知识产权质押在促进技术创新和产业发展中的积极作用,有必要制订统一的国际标准和规范,简化跨国知识产权质押的程序。

三、技术领先型企业知识产权防御机制

(一)技术领先型企业知识产权纠纷处理机制

1. 关于技术领先型企业知识产权纠纷的诉讼问题

对技术领先型企业来说,诉讼是一种有效的知识产权管理与保护途径,能够有效地遏制潜在的侵权者。诉讼不仅能够作为防御工具,保护企业免受不正当竞争的侵害,还能够作为一种战略手段,通过法律行动来削弱竞争对手的市场地位。甚至在某些情况下能够通过和解或合作的方式,将原本的对手转变为战略伙伴,共同开拓市场,实现双赢。此外,诉讼在维护企业利益的同时,还具有显著的公关效应。当技术领先型企业通过诉讼成功保护其创新成果时,不仅能够巩固其市场地位,还能够吸引公众和媒体的关注,从而提升企业及其产品的知名度。因此,对于技术领先型企业而言,诉讼策略的运用需要深思熟虑,既要考虑到法律层面的直接效果,也要考虑到其对企业声誉、市场地位和长远发展的间接影响。如果企业能够灵活运用诉讼策略,尤其是在知识产权保护方面,那么其将为企业的稳健发展提供坚实的法律保障,促进企业的有效管理。

（1）诉讼目的分析

随着知识产权纠纷的日益增多，技术领先型企业知识产权保护体系面临着严峻的考验，亟待解决的问题不断出现，诉讼成为检验企业产权维护系统有效性的绝佳机会。即便有可能在知识产权诉讼中处于劣势，但企业可以就此积累许多经验，这些经验将成为企业之后进行产权诉讼的重要财富。技术领先型企业需在内部营造出尊重和保护知识产权的文化氛围，建立一支专业的知识产权管理团队，制订一套知识产权战略，从技术研发到市场布局，精心设计每一个环节，确保主动出击时能把握住最佳时机。国外的技术领先型企业在应对专利侵权行为时也非常注重时机的选择，当他们察觉到有企业侵犯了他们的专利权时，并不会立即采取法律行动，而是选择耐心等待，直到侵权企业在市场上建立起较为广泛的销售网络，产生较大的销售额时，他们才会启动法律程序，对侵权企业提起诉讼。这种策略不仅能够对侵权企业造成沉重的打击，迫使其承担严重的经济后果，也能够确保专利持有者获得与其损失相匹配的高额赔偿。在他们看来，如果在侵权行为初期就急于诉讼，那么不论是在经济成本的考量上，还是在投入的时间和精力上，都不够明智。许多国外知识产权代理律师也通常会建议客户在等待和观察的过程中寻找最佳的诉讼时机，确保被侵权企业在保护自身知识产权的同时，获得最大化的商业利益。

（2）诉讼对象分析

知识产权诉讼对象的选择需要考虑侵权行为的性质、被告的经济实力、案件的复杂性、证据的充分性等多重因素，只有综合考虑多重因素，才能确保诉讼的有效性和成功率。当多个被告共同参与侵权行为时，一般应将所有参与侵权的主体列为共同被告。但由于共同侵权人之间需要承担连带责任，那么只要起诉其中几个侵权主体作为被告即可，不会影响判决的履行。当然，将全部侵权者起诉到法院也可以，但这种做法要承担一定的风险：一方面，如果法院不能将司法文书送达其中一些人，必然要公告送达，公告期达 60 天，势必延长诉讼周期，增加时间成本；另一方面，将全部侵权者作为共同被告起诉到法院，在诉讼过程中需要对这些人实施侵权行为承担相应的举证责任，增加了举证责任的难度，若证据不充分，则更应当避免随意起诉。因此，当面临复杂的知识产权案件时，可能涉及多个法律问题和技术问题，法律关系盘根错节，当事人情况复杂多变，一时难以受理，此时原告应当选择那些具有较强经济实力、较高知名度且可能对案件结果产生重大影响的侵权主体作为诉讼对象。当案情简单明了，法律关系比较单一时，原告可以直接将全部侵权者作为诉讼对象。

（3）管辖法院及案件受理部门选择策略

鉴于人脉资源、地域便利及潜在的地方保护倾向，技术领先型企业往往倾向于在己方所在地法院进行诉讼。为了选择有利的管辖法院进行诉讼，针对合同和其他财产权益纠纷，企业可以事先通过协议的方式选择管辖；针对侵权纠纷，企业可以灵活运用《中华人民共和国民事诉讼法》（以下简称《民事诉讼法》）和最高人民法院的司法解释来确定管辖。《民事诉讼法》及司法解释规定：因侵权行为提起的诉讼，由侵权行为地或者被告住所地人民法院管辖，侵权行为地包括侵权行为实施地、侵权结果发生地。企业可以通过侵权行为实施地、侵权结果发生地发现与企业所在地连接的事实。比如，若被告在原告所在地直接销售侵权产品，则可以直接在原告所在地起诉；若该被告在原告所在地无销售行为，则可以将原告所在地的销售者作为主要被告、"该被告"作为次要被告一并起诉。

在我国，人民法院和行政部门都可以处理知识产权纠纷，受理机构的选择对案件的进展也有很大影响。以专利侵权案件为例，处理专利侵权案件的机构有人民法院和管理专利工作的部门。对于发明专利纠纷案件而言，由于其复杂性和高度的专业性，选择人民法院作为纠纷解决的主要平台，是一种高效且稳妥的策略。人民法院在处理发明专利纠纷时，即便被告在诉讼中提出无效宣告请求，人民法院仍可根据具体情况决定是否中止诉讼，可以确保诉讼进程的连贯性和效率。且诉讼中15天的答辩期相较于行政部门规定的1个月期限，无疑为原告提供了更为有利的诉讼环境。另外，发明专利纠纷涉及重大经济利益和技术核心，和解难度大，即便管理专利工作的行政部门作出有利于原告的裁决，被告仍可能选择向法院提起诉讼，增加了诉讼的不确定性，可能导致案件陷入冗长审查循环，对原告权益构成不利影响。因此，到人民法院诉讼成为避免纠纷，解决程序反复、节约成本的理想选择。相比之下，实用新型和外观设计专利侵权纠纷，由于其涉及的专利技术含量相对较低，争议焦点相对明确，且赔偿金额通常较为有限，因此更适合通过管理专利工作的行政部门依据职权进行调解或裁决。行政部门在处理此类小案件时，往往能够凭借其专业性和对地方产业情况的深入了解，快速有效地促成双方达成解决方案，既节省了司法资源，又提高了纠纷解决的效率，对原告而言，是一种成本效益较高的选择。

需要注意的是，在法院处理侵犯实用新型或外观设计专利权的纠纷案件时，被告在答辩期间内向国务院专利行政部门提出无效宣告请求，法院应当中止案件的审理。此时，原告应当积极应对国务院专利行政部门对无效宣告请求的处理，若国务院专利行政部门经过审理后作出宣告专利权无效的决定，可以自收到通知之日起三个月内向人民法院提起行政诉讼。

（4）应诉策略分析

技术领先型企业在诉讼中一般处于主动出击的原告地位，但也存在成为被告的情形。此时，技术领先型企业万不可掉以轻心，积极应诉才能避免更大的损失，才能产生较好的社会效果。

首先，应当成立专案小组制定应诉策略。专案小组的成立需迅速且高效，由企业高层直接领导，确保资源的充分调配。小组成员应涵盖法务部门、技术研发部门、市场部门及公关部门等多领域的专家，形成跨部门的协同作战机制。法务部门负责法律分析和策略制定，技术研发部门提供技术支持和专利比对分析，市场部门评估诉讼对企业市场地位的影响，公关部门则负责对外沟通，维护企业形象。在制定应诉策略时，专案小组需全面分析诉讼案件的背景、法律依据及潜在风险，这包括但不限于：对指控专利的有效性进行深入研究，分析自身产品或技术是否存在侵权风险；评估诉讼可能带来的法律后果，如赔偿金额、专利无效宣告的可能性等；同时，还需考虑诉讼对企业品牌形象、市场地位及客户关系等方面的潜在影响。

其次，通过检索等途径，知晓原告的权利是否为有效的知识产权。原告要胜诉，其凭借的权利基础，即知识产权应当是合法有效的。知识产权是否合法有效，需要经过细致审查。像著作权这样的知识产权，在产生之初就没有经过审查环节，而是基于创作完成的事实自动取得。如果原告据以提起诉讼的作品内容违反法律规定、不属于受著作权法保护的对象，或者原告对被侵害的作品不享有著作权，那么被告在法庭上只要举出相应的证据质疑原告作品的合法性和有效性，就足以突破原告的坚固防线，增加被告获胜的机会。外观设计、实用新型等知识产权在权利取得前需要经过有关机关的审查，但这种审查仅仅是形式上的审查，无须经过实质性审查，极有可能出现不符合专利法上新颖性、创造性、实用性要求的情况，被告可以通过检索评估，否定原告的权利。在应诉专利侵权指控的过程中，技术领先型企业应首先利用专业的专利数据库和检索工具，对原告指控的专利进行全面检索，确认其有效性、保护范围、申请日、授权日、权利要求书及说明书等关键信息，并通过对比分析，了解专利的技术特征、创新点及其与自身产品或技术的关系。随后，需进一步核实专利的当前状态，包括有效期、年费缴纳情况、无效宣告请求及结果等，以评估专利的稳定性和制定应诉策略。接下来，企业应组织技术研发部门深度参与技术比对与评估，通过技术分析和实验验证，判断是否存在侵权风险。在此基础上，进行法律评估，分析侵权指控的法律依据，评估自身被侵权抗辩的理由及专利无效的可能性，并据此制定有针对性的应诉策略，如准备抗辩材料、申请专利无效宣告或寻求和解调解等。同时，在整个应诉过程中，企业应持续关注原告专利的动态变化，及时调整应诉策略，以确保企业利益最大化。

再次，根据企业的过错程度积极要求减免赔偿责任。在知识产权侵权诉讼中，侵权行为的认定一般不需要行为人主观上有过错，只要实施了法律规定的行为，就构成侵权。一般来说，主观过错小，赔偿的数额小，如果主观上没有过错，可能不承担赔偿责任。此外，特定的善意行为人可以免除赔偿责任。技术领先型企业应当全面审核和估算自己的过错程度，充分收集证据，说服法官减轻或免除赔偿责任。

最后，择机采用和解。和解是技术领先型企业的一种战略决策，而非简单的退出机制。通过精心策划和专业执行，和解可以成为企业维护自身利益、优化资源分配和提升市场竞争力的有效手段。在决定是否和解时，技术领先型企业应当考虑以下几个关键因素：案件的胜诉概率、和解条件是否合理、和解对现有和未来业务的影响，以及和解可能带来的长期和短期利益。技术领先型企业应评估和解协议是否能够保护其核心利益，包括知识产权、市场份额和客户关系。在和解过程中，技术领先型企业应充分利用其技术优势和市场地位，争取更有利的条件，确保和解协议的条款明确、具体和保密性，避免含糊不清的表述，确保敏感信息不被公开，以免日后产生新的争议。此外，技术领先型企业还应考虑和解对其他潜在诉讼的影响，避免和解成为未来类似案件的不利先例。

2. 关于涉外技术领先型企业知识产权的诉讼问题

（1）涉外知识产权诉讼期限

作为技术领先型企业，在诉讼中要善于运用先进的人工智能技术，尤其是在涉外知识产权诉讼中，人工智能技术的应用不仅限于提高效率和准确性，还能够帮助企业更好地管理诉讼期限，提供更为精准和及时的法律服务。通过智能系统，可以实时监控不同国家和地区的诉讼时效，确保在关键时间点采取行动。例如，系统可以自动提醒律师关于案件的重要日期，如提交证据的截止日期、听证会日期等，从而避免因疏忽而导致的诉讼权利丧失。通过人工智能技术，还可以分析历史数据，预测诉讼期限的延长或缩短的可能性，为律师提供战略建议。例如，如果历史数据显示某一类型的案件在特定法院通常会获得延期，系统可以建议律师提前准备相关的延期申请材料，以备不时之需。另外，在国际诉讼中，不同国家的法律体系和诉讼程序差异较大，人工智能可以帮助律师快速适应并遵守不同国家的诉讼规则。通过机器学习，系统可以不断学习和更新各国的法律变化，确保诉讼策略的时效性和有效性。

（2）涉外知识产权诉讼的策略

充分利用知识产权规则积极应诉。技术领先型企业必须培养"亮剑"精神，勇于在知识产权纠纷中与外国企业进行利益博弈，拿起知识产权的"利剑"，主动维护自己的权益。在涉外专利侵权纠纷中，要聘请技术专家和律师对涉及的知识产权进行分析，弄清其是否有抗辩理由，常见的抗辩理由有两个：一是对方的知识产权无效或不可执行；二是根本不侵权。作为被指控的国内技术领先型企业，如果经过认真对比分析，发现自己确实侵害对方的专利权，也不能坐以待毙，而应当积极寻求与对方和解，否则将会面临极高的败诉风险。中国知识产权研究会、国家海外知识产权纠纷应对指导中心发布的《2022 年中国企业在美知识产权纠纷调查报告》显示，中国涉美知识产权纠纷解决机制中，专利纠纷和解比例进一步提高，但与此同时因缺席判决而败诉的商标案件仍占较大比重。其中，中国企业作为被告的专利诉讼案件 292 起，61.9% 的案件以和解结案；中国企业作为被告的商标案件中，中国企业获得有利结果的案件数较少，缺席判决败诉的有 411 起，占比 77.84%[①]。《2024 年中国企业海外知识产权纠纷调查报告》显示，2023 年中

---

① 中国知识产权研究会 .2022 年中国企业在美知识产权纠纷调查报告 [R/OL]. （2023—06—29）[2024—09—11].http：//www.cnips.org.cn/a18319.html

国企业在美知识产权诉讼中，65.7% 的专利诉讼以和解撤案结案；66.1% 的商标诉讼被告因缺席应诉而被判败诉 [1]。可见，技术领先型企业要继续提高积极、正面应对纠纷的意识，在面临海外纠纷时应积极寻求胜诉或和解结果，尽量避免遭受巨大的损失。

（二）技术领先型企业知识产权诉讼中的证据调取策略

在知识产权诉讼过程中，证据的搜集工作往往充满了挑战，具有一定的复杂性和特殊性。随着人工智能技术的介入，其不仅提高了证据搜集的效率，还增强了证据的可信度和说服力，企业可以轻松应对。通过运用先进的 AI 技术，企业可以更加精准地定位和分析关键证据，有助于诉讼主张得到法院的支持，获得胜诉判决。

第一，自行取证和委托律师调查取证。如前文所述，人工智能技术在证据搜集领域得到了广泛应用，人工智能能够运用智能算法和大数据分析处理大量信息，并从中筛选出有用的证据和潜在的证据线索。当然，尽管人工智能取证技术在效率和便捷性方面具有显著优势，但它依然不能完全取代传统的人工调查取证方式，传统取证方法依赖于调查人员的经验、直觉和对案件背景的深刻理解，这些是目前人工智能难以完全复制的。此外，人工智能在处理复杂情境和模糊信息时，可能需要人工的指导和判断来确保结果的准确性。在处理某些复杂案件时，律师通过与当事人进行深入交流，能够利用自身的专业判断力捕捉案件细节中可能被忽视的线索。这些通常是人工智能技术难以做到的，因为它们缺乏对人类情感和非言语信息的深入理解。同时，律师在搜集证据的过程中，必须确保所有证据的合法性与可接受性，必须遵循严格的法律程序，以防止因程序不当而影响证据的法律效力。人工智能可以处理大量数据，快速识别模式和异常，为律师提供初步的分析和方向；而律师则可以利用这些信息，结合自己的专业知识和经验，进行深入的调查和分析。因此，尽管人工智能取证技术为法律专业人士提供了强大的辅助工具，但只有将其与传统取证方法结合使用，才能在证据搜集过程中达到最佳效果。

---

① 中国知识产权研究会. 2024 中国企业海外知识产权纠纷调查 [R/OL].（2024-07-31）[2024-09-11]. http://www.cnips.org.cn/a18979.html

第二，申请行政机关调查取证。在当今社会，人工智能技术的飞速进步正在深刻地改变着各行各业的运作方式，行政机关的日常工作也随之发生了深刻变革。通过应用人工智能技术，行政机关能够快速搜集证据，为法律程序提供坚实的基础。此外，人工智能技术能够快速处理大量数据，在紧急状况发生时，人工智能系统能够实时分析不同来源的数据，为行政机关应对紧急情况提供强有力的支持。

第三，申请海关调查取证。在海关调查取证时利用人工智能技术，同样能够提高工作效率，增强调查的精确度。通过机器学习算法，系统能够自动分析大量的贸易数据，识别出异常模式和潜在的违规行为。例如，它可以快速识别出申报价格与市场价值严重不符的货物，或者发现频繁出现的小额申报行为，这些都可能是逃税或走私的迹象。此外，人工智能还可以辅助海关人员进行风险评估，通过分析历史数据和实时信息，预测哪些货物或交易最有可能涉及违规行为。这使得海关人员能够有针对性地进行检查，而不是依赖于随机抽查，从而大幅提升了执法效率。随着技术的不断进步，人工智能在海关调查取证中的应用将变得更加广泛和深入。未来，人工智能有望与物联网技术相结合，实现对货物运输过程的实时监控，进一步减少人为干预，确保全球贸易的透明度和公正性。

第四，建立完善的内部证据保存机制。人工智能技术可以协助企业建立完善的内部证据保存机制，确保关键数据和信息得到妥善保存和管理，在需要时能够迅速、准确地提供相关证据。通过智能化的数据分析和处理，人工智能系统能够自动识别和分类各种证据材料，确保其完整性和可追溯性。此外，该机制还具备高效的数据检索功能，使得相关人员能够轻松找到所需的证据，从而提高工作效率和决策质量，为企业的合规性和风险管理提供强有力的支持。

通过以上策略，技术领先型企业可以在知识产权诉讼中更有效地获取关键证据，从而提高胜诉的可能性。然而，技术领先型企业在采取这些措施时必须确保其行为合法，避免侵犯他人合法权益。只有在合法合规的前提下，技术领先型企业才能在知识产权诉讼中取得最终的胜利。

第二节　技术追随型企业的知识产权保护战略模型

一、现有技术利用

现有技术包括在某一特定时间之前在某一特定技术领域所积累的所有技术成果。在专利方面，现有技术是指在提交专利申请之前已经通过学术期刊、行业技术报告、已公布的专利文献及网络资源等各种公开渠道被大众所了解的技术知识。对于技术追随型企业来说，现有技术包括通过正式出版物公开的技术及企业自身的商业秘密和专有技术。现有技术是企业决策者在制订长远发展计划时不可或缺的参考依据，它们能够帮助企业识别潜在的市场趋势、预测行业发展方向，使企业在激烈的市场竞争中占据优势地位。此外，现有技术所蕴含或反映的技术、法律和经济信息，对于企业获取竞争情报、规避法律风险及洞察市场潜力而言，具有至关重要的价值。尽管在人工智能时代，现有技术的获取途径多种多样，但若要从海量的信息中提炼出真正有价值的信息并将其化为己用，需要企业具备深厚的技术分析能力、敏锐的市场洞察力及对法律环境的深刻理解。若想有效利用现有技术，企业必须投入相应的资源，培养或聘请具备跨学科知识的专业人才，才能在海量的信息中筛选出对自身发展有益的信息资源。此外，企业还需要建立一套有效的信息处理机制，以确保所获取的技术信息能够及时、准确地转化为企业内部的知识资产，这不仅涉及信息的收集和分析，还包括对信息的存储、管理和更新，这一过程涉及的信息量十分庞大，需要企业加大投入予以支持。

技术追随型企业不是技术的领头羊，而是技术的追随者、改进者、组合者或者超越者，因此它们需要关注的现有技术主要是专利技术。由于专利的保护对象为整个实用技术领域，因此绝大多数新发明创造会申请专利。专利信息全面地反映了人类实用技术领域的智力成果。据世界知识产权组织的统计表明，世界上每年的发明创造成果的 90%～95% 可以在专利文献中查到。另外，许多发明创造成果仅通过专利文献公开，并不见诸其他科技文献。英国德温特信息公司认为，有 70%～90% 的专利文献未在其他刊物上发表，欧洲专利局则认为这个比例为 80%。因此，技术追随型企业要找有用的现有技术，在专利文献中寻找即可满足主要需求。

确定专利文献的范围之后，如何发掘专利技术的"有效成分"，就涉及专利技术的检索和分析问题，这又是一个巨大的工作量，范围依旧浩瀚如海，数目依旧惊人。据统计，"截至 2023 年底，国内拥有有效发明专利的企业数量达到 42.7 万家，较上年增加了 7.2 万家，这些企业共持有 290.9 万件有效发明专利，占比增至 71.2%，首次超过七成"[①]，这些数据仅包括我国国内的文献型发明专利，如果加上实用新型、外观设计专利和国外的有效专利，体量将更加庞大。如何在数量如此庞大的专利信息中发掘"有效成分"，对技术追随型企业来说是一个艰巨的挑战。

（一）已失效专利检索

专利权是一项法律赋予企业的独特权利，确保了在一定的时间跨度内，企业能够垄断其发明创造的商业应用。在一项专利的有效保护期内，其他企业要想利用这项专利技术就必须支付一定的费用，从专利权持有者那里获得正式的授权许可，这通常通过签订许可协议来实现，确保企业在法律框架内合法地使用该技术。然而，对于那些资金储备相对薄弱、难以应对高昂技术成本的新兴企业来说，获取专利授权或许并不是最理想的策略。对于技术追随型企业而言，真正的机遇往往来源于那些已经失去法律保护的专利技术。以国内外蓬勃发展的仿制药产业为例，当某项具有重大影响力的药物专利到期后，这些企业通常凭借其在人力资源和成本控制方面的显著优势迅速在市场上占据有利地位，获取巨大的经济利益。

如何检索已经失效的专利？我们必须从某一特定的角度入手，同时还要利用特定的方法，并借助一定的工具进行查找。

了解检索的主要手段。随着互联网技术的发展，计算机检索已经成为专利信息检索的主要手段。计算机检索又可以分为联机信息检索、光盘信息检索和网络信息检索，如表 4-2-1 所示。

---

① 人民日报海外版.中国成为首个国内有效发明专利数量突破 400 万件的国家——知识产权数据映射中国经济活力 [R/OL].（2024-01-17）[2024-06-12].https://www.gov.cn/lianbo/bumen/202401/content_6926441.htm.

表 4-2-1　计算机检索三种路径

名称	路径
联机检索	国际联机检索系统 DIALOG；STN；QUESTL；ORBIT；DATA-STAR
光盘检索	《中国专利全文光盘数据库》；美国 MicroPatent 公司出版的 CAPS 光盘；日本 JMSCD 系列和 PAJ 系列光盘；欧洲专利局 ESPACE 系列光盘
网络检索	中国国家知识产权局：https://www.cnipa.gov.cn；欧洲专利局：https://www.epo.org/en；美国专利商标局：https://www.uspto.gov

检索无效专利需要对专利的时效性进行检索，以确定该专利是否失效。借助时效性检索工具，查找专利申请日、授权日，结合授权国家的专利有效期，就可计算专利的失效时间，从而判断它们是否已经失效。另外，一些专利可能因为被驳回、撤销或者未缴纳年费等原因而失效，这就需要关注专利的法律状态和各种专利诉讼或者无效申请的处理结果，以确定专利效力状态。

针对上述情形，技术追随型企业可以借助全球范围内公开发行的《专利公报》及其相关出版物作为信息来源。各国的专利局及国际性的专利组织，通常会在其官方的《专利公报》专利事务栏目（见表 4-2-2），发布关于专利失效、专利所有权转让等重要信息。

表 4-2-2　各国《专利公报》专利事务栏目

国家	刊物相关栏目
中国	发明、实用新型及外观设计专利公报中的"专利事务"栏目
美国	专利公报中"因未缴纳年费而提前失效的专利通知"栏目等
日本	专门刊物《日本特许厅拒绝审查放弃驳回失效专利》
德国	专利年度索引中"到本年度内最后一天仍然有效专利"栏目

除了各国专利公报，另一种可查询专利时效状态的方法就是通过网上的专利数据库，例如我国国家知识产权局网站上的"法律状态检索数据库"、美国专利商标局网上的"PAIR（专利信息查询数据库）"及欧洲专利局 Espacenet 数据库中

"INPADOC legal status" 等。

目前，人工智能技术在失效专利检索方面已经取得了显著的进展。通过先进的算法和大数据分析，人工智能能够快速筛选出已经过期的专利信息，从而为研究人员和企业提供宝贵的参考。这一技术的应用不仅提高了检索效率，还大大降低了因专利侵权而带来的法律风险。失效专利检索的智能化，使相关领域的创新和研发工作变得更加便捷和高效。

（二）无效专利申请

除了从失效专利中寻找机遇，技术追随型企业还可以对竞争对手的专利提出无效申请，将原本受保护的专利技术转变为公众可自由利用的现有信息，从而有效削弱技术领先型企业的市场优势，打破其技术壁垒。同时，这种策略也为技术追随型企业自身提供了获取关键技术的机会，从而使其在激烈的市场竞争中获得一席之地。以中国为例，2020 年国家知识产权局发布的数据显示，在 4 423 件无效宣告请求审查决定中，被宣告全部无效的案件占比约为 46.1%，被宣告部分无效的案件占比约为 13.8%，而被宣告维持有效的案件占比约为 40.1%[①]。专利被宣告无效或部分无效源于多种原因，主要包括专利申请人故意隐瞒关键事实、专利审查过程中的失误，或者专利说明书未能充分披露所有相关信息等，这些因素都可能导致专利的有效性受到质疑。对于技术追随型企业来说，这是一个重要的机会，他们可以利用这些漏洞提出专利无效申请，从而使自己在市场竞争中争取到更有利的地位。

专利仅在其授权国家或地区内具有法律效力，具有地域性特征。因此，企业若想对某项专利提出无效申请，必须依照该专利授权国家的相关行政或司法程序进行。值得注意的是，各国的专利无效申请程序存在差异，企业需深入研究并严格遵守具体规定，在必要时可以寻求专业法律援助。

我国的专利无效申请是向国务院专利行政部门提出。既可在专利授权以后，由社会公众直接向国务院专利行政部门提出无效申请，也可在侵权诉讼中由被控侵权人向国务院专利行政部门提出无效申请。在后一种情况下，法院一般会中止诉讼，待国务院专利行政部门作出决定后，再进行相关的司法程序。对于国务院

---

① IPRdaily.2020 年中国专利无效决定统计分析 [R/OL]（2021-2-9）[2024-9-11].http://www.qqip.org.cn/category/view?id=170.

专利行政部门作出的宣告专利权无效或者维持有效的决定，当事人不服的，可以在收到通知后三个月内，向人民法院提起行政诉讼。

在美国，专利侵权案件的被告可以在受理侵权诉讼的联邦地区法院申请原告的专利无效；任何人还可在美国专利商标局（USPTO）通过复审程序使一个专利被宣告无效。在美国联邦地区法院申请专利无效的情形有两种：一是被告在侵权诉讼中提出专利无效的抗辩，二是专利无效的确认之诉。对于后者，提起诉讼人必须与专利人之间有现实争执，且满足提起诉讼是必要的，不提起诉讼会对申请人造成危害。不论是哪种情况，若当事人对联邦地区法院的判决结果不服，都可以上诉至美国联邦上诉法院（CAFC），该法院专门集中审理美国专利上诉案件。向 USPTO 提起专利无效的方式也有两种，一是单方程序，二是非单方程序。前者申请者不能参加，也不能对 USPTO 的复审决定提出上诉，专利权人可以参加，也可以对复审决定提出上诉。后者申请者可以参加，并可以答辩专利权人的任何主张，有权获得 USPTO 就复审案件发给专利权人的任何通信资料的复印件。申请者和专利权人都可对 USPTO 的复审决定提起上诉。对 USPTO 的决定不服，提起上诉的机关是：专利审查与上诉委员会（Patent review and Appeal Board），不服该委员会的上诉判决，当事人可再上诉到 CAFC。

在日本，上诉的程序与我国和美国又有所不同，申请专利无效的方式也有两种：一是通过行政程序，二是通过民事诉讼。在行政程序中，申请者以专利权人为被申请人，向特许厅提出专利无效请求，特许厅中的审判部门会组成 3～5 人的审判小组对个案进行审理，审判部门做成的判决，当事人不服，可向法院提出撤销判决之诉，并由东京高等法院管辖，如再有不服，可再上诉到最高法院。在民事诉讼中，日本将知识产权侵权案件区分为技术型和非技术型。专利技术型案件由东京及大阪地方法院专属管辖，第二审由 IP 高等法院专属管辖，第三审为最高法院；非技术型案件一审为地方法院管辖，上诉法院为地方法院所在地高等法院（当一审为东京各地方法院时，上诉法院是 IP 高等法院，而非东京高等法院），一审法院和二审法院都不是专属管辖，第三审法院是最高法院。

以上介绍了我国、美国和日本的专利无效申请程序，可以看出，三个国家的专利无效程序都存在着或多或少的差异。德国专利局中的无效程序就更加特殊，差异更大。德国设有联邦专利法院，专门审理专利无效案件，上诉法院是德国联邦普通最高法院。因此，技术追随型企业在提出专利无效程序时，需要按照不同国家的法律规定采取不同的程序。如果企业对无效程序不甚了解，可以聘请当地律师，或者在国内委托在当地有分所的律师事务所进行相关的无效申请。

在正式提交专利无效申请之前，企业需要借助《国际专利分类表关键词索引》和《国际专利分类表》来查找相应的国际专利分类号（IPC），通过分类号，企业可以进入各个国家的专利数据库进行深入的专利文献检索，获取申请无效的专利的相关技术领域和专利类别。在检索过程中，企业应当关注专利的申请日期、公开日期、优先权日等关键信息，以便于他们能够准确判断所要申请无效的专利是否存在新颖性或创造性的缺陷。专利技术缺乏新颖性和创造性是指在该专利的申请日期之前，已有其他专利文献公开了相同或类似的技术方案；该专利技术是该领域内的一般水平技术人员根据现有技术能够轻易实现的；该技术与其他的专利技术存在明显的相似之处；等等。技术追随型企业进行专利检索的目的就是确定所要申请无效的专利在某些方面缺乏新颖性和创造性，从而提升申请成功的可能性。此外，企业还应当考虑专利的法律状态，包括是否已经被宣告无效、是否已经过期等。通过这一系列详尽的检索步骤，企业可以确保他们对所要申请无效的专利有一个全面的了解，从而提高申请成功的可能性。

（三）国外专利利用

专利权作为一种知识产权，其产生和保护都严格依赖于特定国家或地区的法律体系。这意味着，一项专利权一旦超出了其原始的法律管辖范围，其法律效力便不再被承认，从而失去了法律保护。因此，对于技术追随型企业而言，专利的地域特性也为其提供了机遇。例如，如果某项专利仅在国外获得了专利权，而未在中国申请并获得相应的专利保护，那么该专利在中国便是公开信息，任何人都可以自由地使用它，无须支付任何费用，也不必担心侵权问题。在专利转让和许可的实践中，企业若能深刻理解这一特性，便能够更加精准地评估专利的价值，从而作出明智的决策。例如，企业可以识别出那些在特定市场尚未获得专利保护，但具有巨大市场潜力的国外专利，通过合法途径将其引入本国市场，从而获得先发优势。同时，企业还可以通过专利许可的方式，与国外专利持有者合作开发新技术，分享市场利益，实现双赢。专利的地域特性为企业提供了利用国际专利资源的多种可能性，技术追随型企业若能充分认识到这一点，并结合自身的发展战略，灵活运用专利转让、许可等手段，便能在全球竞争中把握先机，在市场上占据有利地位。

专利转让本质上是一种通过买卖或其他形式的交易，将专利权从原专利持有者手中转移到新的持有者手中的过程。在这个过程中，转让人将完全失去对专利的控制权和相关权利，而受让人则会获得一系列排他性的权利，这种排他性权利使得受让人能够在市场上独占该技术的应用和开发。对于专利转让而言，为了确保交易的合法性和明确性，双方必须签订一份书面合同，这份合同是至关重要的法律文件，它应当详细记录专利权人和受让人的名称、地址及联系方式，专利权的申请日期、申请号、专利号等关键信息。这些条款和信息的明确记录，有助于避免未来可能出现的法律纠纷，确保双方的权益得到充分保护。在专利转让的过程中，技术追随型企业需要特别留意潜在的风险，尽管企业可能已经支付了相应的转让费用，并且在法律上获得了该专利的所有权，但专利在转让之后仍然有可能被他人宣告无效，第三方有可能向专利局提出无效宣告请求，如果专利局接受了这一请求，那么该专利将被宣告无效，企业将失去对该专利的所有权利和保护。

专利许可是专利权人通过某种形式的协议或合同，允许他人在一定的时间和地域范围内以特定的方式行使专利权中的某些具体行为，如制造、使用、销售或者进口含有专利技术的产品等。通过这种方式，被许可人能够获得在约定的时间和地域内按照特定的条件和限制使用专利的权利。专利许可允许专利持有者授权他人在一定条件下使用其专利技术，而专利持有者仍然保留对专利的所有权和控制权。专利许可主要有独占许可、排他许可和普通许可三种方式可选，究竟选择哪一种许可方法，以及许可的期限和许可的地域范围等问题，由技术追随型企业按照自己的需求来确定。专利许可同样需要签订合同，许可协议通常会详细规定许可的范围、期限、支付的许可费用及双方的权利和义务。

技术追随型企业在通过专利转让和许可获得技术时，实际上就是对国外先进技术的引进。因此，确定目标和谈判技巧非常重要。如果引进的专利技术不具有良好的市场前景，那么企业既投入了大量的引进资金，又耗费了大量宝贵的时间和生产经营成本。如何确定目标，本书认为企业可以"跟定"所属行业的佼佼者，最好是在世界上数一数二的企业。这些企业资金雄厚、研发实力强大，极力想保持自己的领先地位，它们所拥有专利的技术含量都较强。同时，企业应该关注行业趋势，注意竞争对手的动向，及时捕捉技术信息，帮助自己选择目标。目标确定之后，企业应该进行相应的专利检索，确定该专利技术主题和法律状态，看清楚同族专利的数量，确定该专利的市场前景。

为了在专利转让和许可谈判中占据优势，技术追随型企业在谈判前，需要找到相关的专利评估机构对专利的价值进行评估，让评估机构出具评估报告，详细写明评估的依据和方法，做到心中有底。同时，如果该专利有其他的被许可人，企业可以适当进行调查，摸清该专利许可费的价位。必要时，企业可以聘请律师事务所和专业的咨询机构参与谈判，以避免相应的谈判风险。

专利转让和专利许可都是需要支付费用的，若技术追随型企业想无偿、自由地利用国外的专利，一般需要满足以下两个条件：一是该专利没有在中国申请并获得专利权；二是该专利的同族专利也没有在中国申请并获得专利权。对于第一个条件，通过检索中国专利信息中心网站（http://www.cnpat.com.cn）上的专利数据库，便可以得出结论。但需要注意的是，假如该专利为 PCT 国际专利，那么需要关注指定的国家中有没有中国，如果有 CN（中国国家实体代码），则该专利就可依据专利合作条约（PCT）获得中国的保护，不能自由利用。对于第二个条件，涉及同族专利的检索。同族专利是一组内容相同的或者基本相同的专利文献，在不同的国家多次申请、多次公布并且被多次授权。技术追随型企业对于同族专利要特别重视。通过同族专利的检索，一方面，企业可以了解具有相同技术主题的专利在哪些国家申请了专利，在每个国家的法律状态如何，如果该技术主题没有在中国申请专利，企业就可以自由使用，迅速占领中国的市场；另一方面，企业可以明确自己追随的目标，越是新兴的、重要的技术，申请发明创造的国家越多，技术发展就越活跃，市场前景比较大，企业便可紧紧关注追随。

同族专利具有相同优先权日，这是同族专利检索的突破口。优先权分为国际优先权和国内优先权。国际优先权，又称"外国优先权"，是指专利申请人自发明或者实用新型在外国第一次提出专利申请之日起 12 个月内，或者自外观设计在外国第一次提出专利申请之日起 6 个月内，在其他成员国提出同样的申请时，可以享有优先权。这一原则是《巴黎公约》的基本原则之一。国内优先权是指申请人自发明或者实用新型在中国第一次提出专利申请之日起 12 个月内，或者自外观设计在中国第一次提出专利申请之日起 6 个月内，又向国务院专利行政部门就相同主题提出专利申请的，可以享有优先权。

同族专利检索最常用的数据库是欧洲专利局（EPO）的 Espacenet 数据库和 EPIDOS-INPADOC 数据库。实际上，Espacenet 数据库中的同族专利内容也来自 EPIDOS-INPADOC 数据库。Espacenet 的数据库覆盖了多个国家和地区的专利信息，用户可以通过它进行关键词、发明人、申请人、专利号等多种方式的检索。EPIDOS-INPADOC 数据库收集和整合了全球范围内的专利信息，其最大的特点是可以提供收集和文档化专利族服务。该数据库被视为最权威的信息源数据库，被全球的专利律师、研究人员和企业广泛使用。用户可以通过 EPO 的官方网站免费访问 EPIDOS-INPADOC 数据库中的部分数据。但是，该数据库向公众提供的同族专利服务和专利分类服务是有偿的，而且费用较高。Espacenet 数据库提供了一个用户友好的界面，允许用户进行专利检索并获取专利文献的全文和摘要信息，而 EPIDOS-INPADOC 数据库则更多地被专利信息专业人士用于专利家族的分析和专利法律状态的查询。对于技术追随型企业而言，Espacenet 的数据库依旧是最佳的同族专利检索工具。

事实上，一般的数据库在检索专利信息时，如果该专利有优先权，都会给出专利的优先权信息。知道了优先权号（priority number），也同样可以查询同族专利，例如在 Espacenet 数据库的 number search 中就可以直接输入优先权号（priority number）进行相关的检索。同时我国、美国等大多数国家、地区和国际组织的专利检索网站中，也提供按照优先权日进行检索的方式。

如果技术追随型企业的专利检索人员不具有较好的外语水平，那么同族专利检索还可以帮助企业克服相关语言障碍，如果同族专利中有中文专利，企业就可以顺利地阅读中文的专利文献。但是企业应该注意，同族专利中的内容并非一模一样，有时专利权人为了满足各个国家不同的专利申请要求，可能会对专利进行不同程度的修改，有时也可能将改进后的技术写入另一份专利中。因此，企业为了避免风险，最好是能将一组专利都阅读一遍，争取做到无一缺漏。

技术追随型企业可做专利技术的追随者，也可以做专利技术的组合者、改进者甚至超越者。当一个具有一定研发力量的技术追随型企业发现了一些非常有用的、彼此有关联的专利技术，就可尝试将这些专利技术组合起来，进行必要的改进；若这些技术还有研究开发的空间，则可尝试继续开发。这样的组合、改进、开发可能会诞生一项新的专利技术时，这样技术追随型企业就可以从简单的模仿者转换为创造者。这方面最明显的例子就是日本。日本企业在第二次世界大战后就从国外引进先进的专利技术，是不折不扣的专利追随者，但是日本企业懂得在这些引进的专利上下功夫，它们以这些专利为圆心，在它的周围创造出众多衍生专利或者改进专利，使得自己的技术也逐渐趋于世界一流水平。2022 年 5 月 30 日，日本专利局发布了 2022—2026 年人工智能技术应用行动计划，以应对人工智能技术快速发展带来的挑战，并重新考虑未来五年如何使用人工智能技术，从政府层面指引企业做好技术发展规划，学为所用。

我国是产品"制造"大国，而非技术"创造"大国，我国企业大多是技术追随型企业。在人工智能时代，专利信息是我国企业不得不掌握的宝贵资源，它囊括了世界上最全、最先进的技术，通过它，我们可以看到众多企业的技术水平和实力，也可以探究技术发展的未来，可以助推企业的迅速发展。因此，学会利用这笔巨大的无形资产，对于我国技术追随型企业、行业的发展及国家的经济结构转型尤为重要。

二、知识产权获取

（一）知识产权收购

1.知识产权收购的基本含义

收购是现代企业战略重组的重要方式，往往意味着一家公司通过产权交易获得另一家公司的部分控制权，这一过程不仅仅是简单的资产转移或股权变更，在技术密集型与快速迭代的商业环境中，收购成为技术追随型企业实现跨越式发展的有效手段，其背后蕴含着深远的经济与法律意义。

知识产权收购是指技术追随型企业直接购买竞争对手或其他企业所持有的专利、商标、高度机密的商业信息及著作权等核心知识产权的行为。根据收购标的物的不同特性，知识产权收购可进一步细化为专利收购、品牌收购、技术整体收购及著作权专项收购等。

在专利收购过程中，企业需基于详尽的市场调研与专利价值评估，以合理的价格购得目标企业的专利技术。此举不仅能够有效缩短企业自主研发周期，显著降低研发成本（包括经济成本与时间成本），还能够帮助企业规避自行研发可能遭遇的失败风险，确保资源的高效配置与利用。同时，通过引入外部专利技术，企业能够迅速开拓新的技术领域，加速产品的更新换代与技术迭代升级，从而在激烈的市场竞争中占据有利地位。通过整合内外部技术资源，企业可以构建起更加完善的知识产权保护体系，为企业的长期发展奠定坚实的法律与技术基础。

品牌是一种宝贵的智力资本，其价值往往远超有形资产，是衡量企业综合实力与未来发展潜力的重要指标。成功的品牌收购能够精准地打击竞争对手，通过整合双方资源，迅速抢占被并购企业的市场份额，实现市场版图的快速扩张。同时，这一过程也能为企业节省大量原本需要投入在品牌培育上的时间与资金成本，使得企业能够更专注于核心竞争力的提升与战略目标的实现。

技术收购是企业巩固市场地位的重要战略手段之一，技术收购主要指专有技术和营业秘密的收购。专有技术往往包括独特的工艺、配方、诀窍等他人难以复制的核心技术，掌握这些技术，意味着企业能够在市场上获得独特的竞争优势。对于希望快速进入某一领域或提升自身技术实力的企业而言，收购专有技术无疑是一条高效且可行的途径。营业秘密主要包括企业的客户名单、营销网络等，营销网络不仅能够帮助企业更好地了解市场需求、把握市场趋势，还能够为企业提供销售渠道。在进行技术收购时，企业往往将营销网络视为知识产权收购中的重点甚至是主要目的。通过整合目标企业的营销资源，企业可以迅速提升自身在市场上的知名度和影响力，从而实现销售市场的有效拓展。

此外，对于技术追随型软件企业和网络企业而言，著作权的地位举足轻重，对于这类企业而言，软件代码、网站内容等著作权作品不仅是其核心竞争力的体现，还是其实现商业价值的重要载体，因此，在知识产权收购过程中，这些企业往往会对目标企业的著作权资产给予高度关注。

2. 对知识产权收购的调查评估

（1）对知识产权经济价值的调查评估

在人工智能技术快速发展的背景下，对知识产权进行价值评估已成为企业收购战略中不可或缺的环节，这不仅仅关乎企业资金的有效配置，更是对未来市场竞争格局与技术领先地位的一次深度布局。创新技术的无形性、高度专业性和快速迭代性，使得其价值评估成为一项极其复杂的任务。相较于有形资产，知识产权的价值评估更加难以捉摸，它涉及众多动态变化的因素。技术的熟练程度对知识产权价值的评估具有深远影响，一项技术若能在市场中迅速落地应用，并持续推动产业升级与效率提升，其背后所蕴含的知识产权价值自然较高。反之，若技术尚处于研发初期，或存在难以逾越的技术障碍，其价值评估则需更加谨慎。此外，转让内容的详尽程度、知识产权所处领域的发展态势与更新速度，以及同行业同类知识产权的市场交易价格水平等，都是评估过程中不可忽视的重要考量因素。这些因素的综合作用，共同构成了知识产权价值评估的复杂网络，知识产权收购方必须具备深厚的行业洞察力、敏锐的市场嗅觉及精湛的专业技能，才能确保评估结果的客观性与准确性。

（2）对知识产权权属状态的调查评估

知识产权权属状态的调查评估是确保收购方能够合法、有效地获得目标知识产权的前提。通过调查评估，收购方可以全面了解目标知识产权的权利归属、权利范围、权利期限、权利限制以及是否存在侵权或纠纷等情况，从而为收购决策提供依据，降低收购风险。对知识产权权属状态的调查一般通过查阅权属证明文件、申请及授权文件，结合实地走访目标知识产权的持有人、使用人及被许可人，咨询知识产权领域的专业律师和评估师，利用官方及商业数据库进行信息检索与分析等方法进行，通过调查收购方能够全面而准确地掌握目标知识产权的权属状态、市场价值及潜在风险。

（3）对知识产权收购环境的调查评估

对知识产权收购环境的调查评估涵盖市场环境、法律框架、竞争格局及技术发展趋势等多个维度。首先，收购方需要深入剖析目标知识产权所在行业的市场规模、增长潜力及消费者需求，把握市场脉搏；其次，全面审视所在国家或地区的法律法规、政策导向及知识产权保护力度，确保收购后的知识产权能在稳定、透明的法律环境中得到有效保障；再次，精准识别主要竞争对手、评估其市场地位和技术实力，明确自身定位，预见通过收购所能获得的竞争优势，准确把握竞争格局；最后，敏锐洞察技术发展趋势，紧跟行业前沿，为企业的技术创新和产业升级提供持续动力。

（4）对知识产权行使环境的调查评估

对知识产权行使环境的调查评估涵盖了行使环境的市场接受度、法律执行效率、技术实施条件及行业合作生态等多个层面。首先，收购方通过市场调研，了解目标知识产权在目标市场中的认可度、用户偏好及潜在应用领域，为后续的商业化运作提供市场导向；其次，收购方要审视所在国家或地区的知识产权保护机制、执法力度及司法效率，确保知识产权的合法权益能在高效、透明的法律环境中得到有效维护；再次，收购方要对目标知识产权的技术可行性、实施成本及所需的技术支持进行细致分析，确保自身具备或能够获取必要的技术资源，以支持知识产权的有效行使；最后，收购方要对目标知识产权所在行业内的合作伙伴、供应链关系及行业标准有全面了解，促进知识产权的共享与协同，加速技术创新和市场拓展。

知识产权收购的调查评估是一个比较繁琐、复杂、重要的过程，技术追随型企业要善于运用人工智能技术协助完成知识产权收购的调查评估。比如，利用 AI 技术高效筛选和分类知识产权，识别出具有潜在价值的专利组合或商标；利用 AI 技术监测全球范围内的知识产权动态；利用 AI 技术预测知识产权的商业价值；利用 AI 技术做尽职调查。人工智能技术在知识产权收购的调查评估中提供了强大的工具和方法，使技术追随型企业能够更加精准和高效地评估和管理知识产权资产，为商业决策提供更加坚实的支撑。

3. 知识产权收购的方式

技术追随型企业采用的知识产权收购方式多种多样，拍卖、招投标、协商、托管、兼并等方式是知识产权收购的常见方式。知识产权收购方式依据不同的标准可以进行不同的分类，下面介绍 5 种主要的知识产权收购方式。

（1）直接收购

直接收购是指收购方直接与目标知识产权持有方进行谈判，就知识产权的转让事宜达成协议，完成收购过程。整个收购过程中，无须第三方机构或个人的介入，减少了中间环节，双方能够深入交流知识产权的具体内容、转让条件及后续合作等关键问题，信息的透明度相对较高，双方容易建立起基于信任和理解的合作关系。但是，在直接收购中存在知识产权定价难、信息不对称、工作量较大等难题，需要收购方制订详细的收购计划，明确各阶段任务和目标，组建专业团队来负责整个收购过程。

（2）间接收购

间接收购是一种通过第三方平台或中介机构，将收购方与目标知识产权持有方进行有效连接，从而实现知识产权转让的收购方式。间接收购具有独特优势。首先，它为收购方提供了一个更为广阔的选择视野，使收购方能够接触到来自不同行业、领域或地区的潜在知识产权资源，从而有助于发现更符合自身战略需求和技术发展方向的知识产权。其次，通过第三方平台的专业评估和市场经验，收购方和知识产权持有方能够更容易地就知识产权的价值达成共识，减少定价分歧，促进交易的顺利进行。最后，第三方平台还会对知识产权进行初步筛选和评估，有助于降低收购方的风险，同时监督和保障交易过程的公平、公正和合法，为收购方提供更为安全、可靠的交易环境。当然，间接收购也存在一些不足，比如专利价格可能因竞购而虚高，交易平台的权威性和可信度需要收购方进行充分的调查和评估。所以，收购方需要谨慎选择合法、可靠、专业的平台进行合作。

（3）委托收购

委托收购是一种高效且专业的知识产权收购方式，是收购方将寻找、评估及谈判知识产权收购事宜的任务，委托给具备丰富知识产权法律知识和实践经验的专业机构或律师事务所。这种方式凭借其专业性——由资深律师和知识产权专家组成的团队提供全面服务，审慎性——严谨细致的工作态度确保在合理估值范围内获取知识产权，以及资源节省性——使收购方能集中精力于核心业务，显著提升运营效率和核心竞争力，而广受青睐。尽管委托收购可能带来额外的成本支出——专业机构或律师事务所通常会根据服务内容和复杂程度收取一定的费用，但通过选择信誉良好、经验丰富的专业机构，收购方可以在权衡成本与收益后，实现知识产权收购的高效、安全和价值最大化。

（4）知识产权池收购

知识产权池收购是通过加入或创建知识产权池，使收购方能够与其他成员共享丰富的知识产权资源，从而在互利共赢的基础上共同提升竞争力。知识产权池收购能够实现信息共享、分散风险和协同创新。但是，知识产权池的运作需要建立良好的治理机制和利益分配机制，否则难以实现有效运作。

（5）竞价收购

竞价收购是一种市场导向的知识产权获取方式，它通过公开透明的竞价机制，从多个知识产权持有者中筛选出最具价值的收购目标。这种收购方式突出了市场竞争的公平性，提高了交易透明度，可以有效减少暗箱操作。通过吸引多方买家参与竞价，彰显知识产权的真实市场价值，可以促进资源的优化配置。竞价收购流程简洁高效，交易时间被显著缩短，使收购方能够迅速获取所需知识产权，把握市场先机。但是，竞价收购也存在一定的风险，由于竞争激烈，可能导致专利价格过高，从而增加收购方的成本负担，收购方需充分了解市场行情，制定合理的报价策略。

综上，知识产权的每一种收购方式都有其独特的运作机制、适用场景及潜在风险，技术追随型企业在知识产权收购过程中，应根据自身战略需要、资源条件和市场环境，灵活选择合适的收购方式。

4. 技术追随型企业在知识产权收购中应特别注意的事项

由于技术追随型企业与技术领先型企业相比，对收购的知识产权依赖性较大，所以技术追随型企业在人工智能时代的知识产权收购中不仅要借助法律专家、知识产权顾问或行业专家的帮助，还要特别注意如下细节。

第一，对于专利而言，不仅要确认其专利权的存在，还需核实目标知识产权专利年费的缴纳情况，深入分析发明专利的保护范围；对于核心专利，还需进行无效宣告的风险评估，利用专利文献和数据库资源，识别可能存在的法律瑕疵；全面审核权利要求书确定的权利保护范围，避免权利要求书撰写不够完整导致专利保护范围过于狭窄；定期或不定期地委托第三方机构进行知识产权审计，全面审视和检查自身知识产权状况，及时发现并解决潜在问题，防止因知识产权瑕疵而导致收购目标无法实现或收购项目失败。

第二，对于商标而言，不仅要看商标的权利证书、注意其商标的使用范围，还应注意该商标的显著性程度；评估商标的知名度和声誉，了解其对消费者的影响力，以及商标对业务的贡献程度；关注有无正在进行的商标异议、商标撤销、商标评审程序及相应的诉讼情况。

第三，对于商业秘密而言，在收购前要进行全面的尽职调查，包括评估商业秘密的合法性、有效性、市场价值和潜在风险；要查看目标公司的保密制度、保密措施及保密记录，以评估该商业秘密被泄密的风险；要与目标公司签订详细的保密协议，明确双方在交易过程中的保密义务和责任，以及交易完成后对商业秘密的保护措施；如果有必要，还要与目标公司或关键人员签订竞业限制协议，以防止其在未来从事与商业秘密相关的竞争活动。

（二）知识产权许可

1.知识产权许可的方式

技术追随型企业还可以通过知识产权许可的方式获得知识产权。知识产权许可的主要方式包括独占许可、排他许可、一般许可、交叉许可、分许可及强制许可等多个种类。独占许可赋予被许可方在合同约定的期限、地区或领域内对知识产权的独占实施权，许可方不得再将同一实施内容许可给第三方，同时自身也不能实施。排他许可则保证被许可方在指定地区内享有排他使用权，但许可方仍保留自己的实施权。一般许可允许被许可方在合同规定的范围内实施知识产权，同时许可方和第三方也可在此范围内实施。交叉许可涉及两个或更多知识产权权利人相互授予各自知识产权的实施权，通常是在非歧视基础上进行的免费许可。分许可是指被许可方经许可方同意，将同样的许可内容再转许可给第三方实施，其有效期和地域范围不得超过主许可。强制许可则是在法定特殊条件下，未经权利人同意，他人也可在履行法定手续后取得实施知识产权的许可，但需缴纳许可费，且通常为一般许可，不得转让，取得者仍需支付合理报酬。

分析知识产权许可的方式的意义在于，不同许可方式下的许可人和被许可人享有不同的权利和义务，权利义务的明确有利于促进知识产权的有效利用和保护。对于技术追随型企业来说，可以根据自身的技术发展阶段和市场需求，选择最合适的许可类型，用最合理的价格获取技术；可以根据市场变化，通过许可方式快速调整技术策略；可以通过交叉许可等方式，与其他企业建立合作关系，共享技术资源，实现共同发展。当然，在实施技术追随战略时，企业需要严格遵守权利和义务的规定，注意目标技术的专利保护情况，避免侵犯他人知识产权。

2.知识产权许可合同的备案

国家出于对知识产权的政策导向及管理的需要，通常会要求知识产权许可合同的当事人进行备案。这是为了确保知识产权许可的合法性和有效性，以便更好地维护知识产权人的权益，防止侵权行为的发生。以专利许可合同为例，备案的内容通常包括合同名称、许可合同种类、合同生效日、专利号、许可方和被许可方的详细信息、许可使用费的计算方法和数额等。备案后，国家知识产权局会在专利登记簿上登记，并在专利公报上公告相关信息，以便社会公众了解专利的法律状态和实施情况。通过知识产权许可合同备案，许可合同会产生对抗第三人的效力，对被许可人而言，多了一层法律的保障。

（三）合资

1.合资的基本含义

合资是一种企业合作与扩张策略，常常与并购同时进行。从广义的角度来看，合资不仅仅局限于直接出资购买目标公司的股权，即我们通常所说的股权并购，还包括与其他在技术或市场上具有潜力的技术追随型企业共同组建合资企业。这种合作方式促进了资本的有效流动与整合，为企业间的技术交流、市场拓展提供了广阔的平台。狭义的合资则特指中外合资经营企业的合资，这类企业由中国投资者与外国投资者共同出资设立。本书中所说的合资指的是广义上的合资。

2.在股权并购中的知识产权问题

知识经济时代，全球科技展现出持续革新与快速发展态势，知识产权成为评估技术追随型企业价值的重要指标。在知识密集型环境下，技术追随型企业为了保持其市场竞争力和持续发展潜力，不得不高度关注并充分利用知识产权这一核心资产。技术追随型企业在进行股权并购时，必须配备专业团队，运用先进的评估方法和工具，对目标公司的专利、商标、著作权等知识产权进行全面审查，以规避潜在的知识产权风险，确保并购交易的合法合规性，实现并购后的资产价值最大化。

首先，科技的日新月异，人工智能技术快速发展，对知识产权的评估更加复杂。人工智能技术的发展催生了大量的专利申请和版权保护需求，这些需求数量庞大，种类繁多，涉及从基础算法到高端应用等的各个层面。并购方在面对此局面时，必须采取更为严谨和全面的态度，对目标公司所持有的与人工智能相关的知识产权进行全面深入的评估，以确保其合法性和稳定性；还需要对这些知识产权的市场价值进行评估，以判断其在未来市场竞争中的潜力和影响力。

其次，信息技术的快速发展，使数据量呈爆炸性增长，数据安全和隐私保护问题已逐渐成为人们普遍关注的议题。在人工智能领域，系统的高效运行往往依赖于对海量数据的收集、处理与分析，然而，这些数据中往往包含许多个人隐私信息和商业机密，一旦泄露，可能会给个人和企业带来无法估量的损失。因此，对于进行并购活动的企业来说，评估目标公司在数据安全和隐私保护方面的表现显得尤为重要。并购方需认真考查目标公司是否严格遵守了国内外相关的数据保护法规，如欧盟的通用数据保护条例（GDPR）等。此外，数据的归属权和使用权问题也在并购谈判中占据着举足轻重的地位，并购双方需就数据的归属、使用范围、限制条件等细节进行深入讨论，并达成明确的协议，以确保并购后数据管理的合规性和有效性。

最后，知识产权的保护和维权策略也是并购后整合的重要内容。并购方需要制定有效的知识产权保护策略，防止技术泄露和侵权行为。此外，技术追随型企业还需要建立知识产权维权机制，以应对潜在的知识产权纠纷和诉讼。

3. 成立合资企业的知识产权问题

技术追随型企业可以与其他企业成立合资企业，通过资金优势或技术优势实现企业发展的目的，尤其对于相对方以知识产权出资的合资企业更要注意以下问题：第一，对于以相对方出资的知识产权为基础后续研发的知识产权在合资期满后的归属问题，应在成立合资企业前就预先设定。第二，注意相对方投入的知识产权的有效性，尤其在与外资企业合资时更应对专利清单进行检索，确保其使用的技术是合法有效的，不存在侵犯第三方知识产权的可能。第三，注意考查出资的知识产权的层级，确定其是属于低层次的专利技术还是核心技术，有利于帮助企业正确评估知识产权的价值，降低经营风险。

（四）自有知识产权研发激励机制

1. 激励的基本含义

激励旨在唤醒并维持个体内心深处的积极性与创造力，是指管理者运用一系列外部诱因，通过精准把握个体的心理需求与动机，巧妙地将外部刺激转化为个体内心强烈的驱动力，促使个体自发地、充满激情地向既定目标迈进。激励关注的是激发员工的内在潜能，使他们能够超越自我，追求卓越。在这个过程中，管理者需要运用多种形式的激励手段，如物质奖励、精神鼓励、职业发展机会等，以满足员工不同层次、不同维度的需求。激励的心理过程实际上就是个体行为决策与执行的心理映射，在这个过程中，个体的认知、情感、意志等心理因素相互作用，共同影响着其行为的选择与执行。而管理者正是通过精准把握这些心理因素的变化规律，运用科学的激励策略，引导员工向着企业的战略目标不断前进。对于技术追随型企业而言，自有知识产权的研发是其核心竞争力的重要来源。因此，建立一套科学有效的研发激励机制显得尤为重要，这套机制不仅能够激发研发人员的创新热情，促进科技成果的快速转化，还能够为企业的长远发展奠定坚实的基础。通过不断地优化和完善研发激励机制，企业可以吸引并留住更多的优秀人才，推动知识产权研发事业的蓬勃发展，从而在激烈的市场竞争中脱颖而出。

2. 激励的理论

在技术日新月异的今天，对于技术追随型企业而言，构建一套科学、有效的激励机制显得尤为重要，它不仅是企业持续创新与发展的重要引擎，还是企业管理层智慧与远见的集中体现。激励理论能够帮助企业了解如何全面而精准地满足人类多样化的需求以及如何高效地调动个体积极性与创造力。随着人力资源管理在企业战略中地位的日益凸显，激励管理作为其核心组成部分，自然也成为学者们研究的热点。自 20 世纪二三十年代以来，伴随着工业化、现代化的快速推进，国外众多杰出的管理学家、心理学家及社会学家结合不断变化的现代管理实践，提出了众多富有创新性和实践价值的激励理论，具体而言，这些激励理论根据研究方向可以分为内容型激励理论、过程型激励理论和综合型激励理论三种类型。

（1）内容型激励理论

内容型激励理论是管理心理学的重要分支，该理论剖析了激励的内在机制与动因，研究了如何通过精准识别来有效满足个体的多元化需求，从而激发其工作热情与积极性。这一理论体系不仅着眼于需求的多层次、多维度特性，还强调了需求满足与个人动机激发之间的紧密关联，为企业管理者提供一个系统而全面的思维框架。内容型激励理论中具有代表性的有马斯洛的需求层次理论、阿尔德佛的 ERG 理论、赫茨伯格的双因素理论等。

（2）过程型激励理论

过程型激励理论着重研究人从动机产生到采取行动的心理过程，旨在找出对行为起决定作用的某些关键因素，并弄清它们之间的相互关系，以预测和控制人的行为。这类理论主要有美国心理学家弗鲁姆的期望理论、美国行为科学家亚当斯的公平理论、美国心理学家洛克的目标设置理论和斯金纳的强化理论。过程型激励理论强调，要使员工出现企业期望的行为，必须在员工的行为与员工需要的满足之间建立起必要的联系。该理论对技术追随型企业而言，有助于理解员工行为背后的动机，从而设计有效的激励机制，提高员工的工作积极性和绩效。

（3）综合型激励理论

综合型激励理论将激励过程视为外部刺激、个体内部条件、行为表现和行为结果相互作用的统一过程。其代表性理论是综合激励模型，该模型由美国行为学家劳勒和波特于1968年提出。该模型强调外部激励和内部动机的平衡，以及奖励的公平性和一致性对员工激励效果的影响。该理论可以帮助企业设计有效且合理的薪酬体系、职业发展路径、工作环境和文化建设等激励机制。

3. 针对技术追随型企业管理者与研发人员的激励机制

在技术追随型企业中，管理者与研发人员作为各自独立的利益主体，其激励机制的构建需要遵循双赢原则，以促进技术创新活动的有效推进。这一激励机制实质上构成了一个包含管理者与研发人员之间双向信息交流、目标融合及行为互动的综合过程。首先，管理者与研发人员需进行充分的双向信息交流，确保双方对技术创新的目标、期望、挑战及潜在收益有清晰的认识和共同的理解；其次，在信息交流的基础上，双方需明确各自的工作职责、行为准则及实现目标的策略，以确保行为与企业技术创新战略的一致性；再次，依据预设的目标和绩效指标，对研发人员的创新成果进行客观评价，并据此实施物质奖励、职业晋升、荣誉表彰等激励措施，以激发其持续创新的动力；最后，通过定期的绩效考核和反馈机制，及时评估激励措施的有效性，并根据实际情况进行必要的调整和优化，以确保激励机制能够持续适应企业技术创新的需求。

此激励模式承认并尊重研发人员的个人目标与价值追求，同时将其与企业的整体利益紧密结合，形成利益共同体。若忽视研发人员的个人目标，将导致激励动力缺失，进而抑制其主动性和创造性的发挥，最终影响企业的生存与发展。因此，促进管理者与研发人员之间利益的协调与目标的统一，成为技术追随型企业构建有效技术创新激励机制的根本目的和出发点。这一过程不仅要求管理者具备高度的战略眼光和领导智慧，还需要研发人员具备强烈的创新意识和团队协作精神，共同推动企业的技术创新活动向更高层次发展。

4. 针对研发人员的激励措施选择

针对研发人员的激励措施选择应综合考虑多方面因素，以确保激励机制的有效性和针对性。

（1）物质激励

物质激励作为激励研发人员最直接且有效的方式，涵盖薪酬、奖金及股权等多种形式。企业可通过制订具有竞争力的薪酬体系，结合效益提成、利润分享等手段，提升研发人员薪酬水平，吸引并留住人才。同时，设立项目奖金、年度优秀员工奖等奖金项目，对技术创新和产品研发方面的杰出贡献给予认可与奖励，激发研发人员的创新动力。对于核心研发人员，企业更可采用入股分红、奖励期股等股权激励方式，将其利益与企业的长期发展紧密绑定，从而激发其持续创新的长远动力。

技术追随型企业通过物质奖励调动研发人员积极性时，需注重薪酬体系的合理设计，确保与岗位价值、绩效及市场竞争力相匹配；同时，结合短期与长期激励，提供多样且具有针对性的奖励方案，并关注研发人员的成长与发展，提供职业发展路径、培训与学习机会；此外，创造良好工作环境与积极向上的团队文化，以及确保研发资金合理分配与外部资金争取，以保障物质奖励的可持续性和有效性，从而全面激发研发人员的创新潜力和工作热情。

（2）精神奖励

精神奖励是激励研发人员的另一种重要方式，它通常包括荣誉表彰、职业发展机会等。企业可以设立如科技创新标兵、先进工作者等荣誉奖项，表彰在技术创新方面取得突出成绩的研发人员，以满足其成就感并激发持续创新热情。同时，提供多样化的职业发展路径，如研发生涯和管理生涯等，并组织专业培训、学术会议等活动，帮助研发人员提升技能和知识，拓宽视野，增强员工的归属感和忠诚度。

技术追随型企业通过精神奖励调动研发人员积极性时，应确保荣誉表彰机制公正透明且形式多样，以充分满足研发人员的成就感；同时，提供明确且具有个性化的职业发展路径，以及丰富且实效的培训与学习机会，助力研发人员不断提升自我；同时，建立有效的沟通机制，鼓励研发人员之间的合作与交流。

（3）情感激励

情感激励主要关注研发人员的心理需求和情感需求。情绪具有动机激发功能，在良好的心理状态下工作思路开阔、思维敏捷、工作效率较高。企业应通过给予充分信任和授权，激发研发人员的主动性和创造性，增强他们的认同感与归属感；

建立有效沟通机制，提供具体反馈，满足研发人员的尊重需求并助力其成长；营造积极向上的团队氛围，注重心理健康与生活需求，提升研发人员的凝聚力、合作精神及工作效率与满意度。

技术追随型企业通过情感激励调动研发人员积极性时，应给予研发人员充分的信任和授权，确保沟通与反馈的有效性，要提供个性化的关怀与尊重，持续进行激励策略的动态调整与优化。

三、知识产权抗辩机制

技术追随型企业构建一套知识产权抗辩机制是一种确保创新与法律保护之间保持平衡的关键策略，能够为企业发展提供重要保障。抗辩是一种被控告方维护自身权益的有效途径，要求企业在面对知识产权纠纷时，能够迅速、精准地提出对抗权利人的主张，并清晰地阐述自身行为的正当性与合法性。抗辩机制的构建和实施对于技术追随型企业而言具有深远的意义，它不仅能够帮助企业在知识产权纠纷中占据有利地位，维护企业的合法权益和声誉，还能够促进企业内部的技术创新与知识产权保护意识的提升。

知识产权制度通过明确的法律条文界定了权利人行使权利的范围，旨在使权利人获得的利益与社会公共利益达到一种平衡状态：既要充分激发创作者的潜能与热情，鼓励他们不断推陈出新，为科技进步与文化繁荣贡献力量；又要避免个体利益的过度膨胀对社会公共利益造成损害。从本质上来看，知识产权侵权抗辩机制的建设和知识产权侵权认定原则的制订都是为了维护权利人利益与社会公共利益的平衡。知识产权是推动社会进步与创新的重要驱动力，对于知识产权侵权抗辩机制的研究，应该建立在知识产权权利限制理论的基础上，从知识产权平衡论的高度，在社会、历史、技术不断发展的前提下与时俱进地、辩证地进行。

（一）专利权抗辩机制

1.专利权的权属抗辩

专利权的权属抗辩通常是指在专利权权属纠纷中，当事人为了确定专利权的真正归属而提出的抗辩理由和证据。对于技术追随型企业而言，这一环节尤为重要，因为这不仅关乎企业能否合法地运用该技术，保持其市场竞争力，还关系到企业是否需要承担高昂的专利使用费用，进而影响其财务状况和运营策略。专利证书虽然是专利权归属的重要凭证，但它所记录的仅仅是专利权被授予时的法律状态，并不能反映权利人在提出诉讼时的专利法律状态。有的权利人可能会利用这一制度存在的局限性，出于排挤竞争对手的目的，凭借手中的专利证书，对竞争对手提出专利侵权诉讼；也有的专利权人因未能按时缴纳专利年费，导致专利权终止，在专利权终止后仍对他人提出专利侵权诉讼。这些行为无疑会对市场竞争秩序造成破坏。根据专利法的相关规定，专利登记簿是确定专利法律状态的权威文件，其记载的内容具有法律效力。因此，作为被告方的技术追随型企业在面临专利侵权诉讼时，应全面、深入地了解涉案专利的真实法律状态，主动申请相关专利登记簿副本。在对比专利登记簿副本与专利证书所记载的法律状态时，若发现两者之间存在明显差异，企业应坚决依据专利登记簿副本所记载的信息进行抗辩。

2. 诉讼主体资格抗辩

《民事诉讼法》对原告的诉讼主体资格提出了明确的要求，要求原告必须是与本案有直接利害关系的公民、法人或其他组织，否则就属于原告诉讼主体不适格。因此，在知识产权侵权诉讼中，被告有权利对原告的主体资格进行质疑，由原告对自己是否具备主体资格承担证明责任。以专利侵权诉讼为例，原告诉讼主体不适格的表现主要有以下 3 种情况。

（1）被许可人欠缺起诉的权利

按照现行专利法律体系，专利权人及专利实施许可合同的独占被许可人都可以单独作为原告提起专利侵权诉讼，但是排他实施许可合同的被许可人只有在专利权人不起诉的情况下才能单独起诉，普通许可合同的被许可人只有在得到专利权人的明确授权后才能单独向法院提出专利侵权诉讼。因此，如果是排他许可的被许可人，需要提交专利权人不起诉的书面证明或授权其起诉的书面证明，证明其具备原告资格；普通许可的被许可人，只有提交了专利权人的书面明确授权才能以自己的名义单独起诉，否则，其不能作为适格的原告。

（2）原告不是全部专利权人

专利权作为一项民事权利，可以由多个不同民事主体所共有。因此，根据我国目前的民法理论，需要全体共有权人一并起诉，除非其他专利权人以书面形式明确放弃权利或者授权其他权利人主张该项权利，任何共有人都不能单独主张侵权之诉。关于这一主张，在理论界颇有争议，但实践中还是可以作为被告抗辩的一个理由。

原告不是全部专利权人的情形还包括权利继受主体为多个主体的情况，其中某一个或某几个继受主体不能在其他继受主体未放弃权利或未明确授权的情况下单独主张权利。

（3）专利权受让人未办理专利著录项目变更

专利著录项目变更是指在专利申请或专利权有效期内，由于某些情况的变化，需要对专利文件中记录的某些事项进行更改。这些变更可能包括申请人或专利权人的名称、地址、发明人信息、专利代理机构信息等。专利权可以转让，但转让自登记之日起生效。专利转让登记属于专利著录项目变更的一种情形。实践中，专利权转让合同签订后未进行变更登记的大有人在，此时受让人并不能真正取得专利权，若受让人此时提出专利侵权诉讼，则主体资格存疑。届时就要看书面合同中是否明确受让人有权单独主张专利权侵权，如果转让合同中没有约定受让人在专利转让登记之前可以单独主张权利，被告就可以成功进行主体资格不适格的抗辩。

3. 诉讼时效抗辩

专利侵权诉讼中的诉讼时效抗辩是指被告在专利侵权诉讼中，针对原告提起的诉讼，主张原告的诉讼请求已经超过了法定诉讼时效期限，请求法院驳回原告的诉讼请求。根据《专利法》的规定，侵犯专利权的诉讼时效为三年，自专利权人或者利害关系人知道或者应当知道侵权行为及侵权人之日起计算。因此，如果原告主张权利之时，被告所实施的侵权行为已经结束并超过三年的，那么原告将丧失胜诉权。需要注意的是，即使诉讼时效期限已过，专利权人仍然可以提起诉讼；诉讼时效抗辩需要当事人明确提出，否则，法院在审理案件时不会主动适用诉讼时效的规定进行裁判。

尽管存在诉讼时效的规定，但在某些特殊情况下，诉讼时效可能会延长或者中断。例如，如果侵权行为仍在继续，诉讼时效可能会从侵权事实完结之日起重新计算；如果专利权人因不可抗力等原因无法提起诉讼，也可以向法院申请延长诉讼时效。所以，专利权人必须严格遵守诉讼时效的相关规定，并在规定的期限内提起诉讼，以避免因超过诉讼时效而失去追究侵权人责任的机会。侵权人也应密切关注诉讼时效的相关规定，以便在必要时提出有效的时效抗辩。

4. 不视为侵犯专利权抗辩

依据《专利法》第七十五条规定，如果被控侵权人的行为符合以下任何情形之一，则可以进行不视为侵犯专利权的抗辩。

第一，权利用尽行为。这是指专利权人制造、进口或者经专利权人许可而制造、进口的专利产品或者依照专利方法直接获得的产品售出后，使用、许诺销售、销售、进口该产品的行为。专利权人的利益在首次销售后就已用尽，购买者对这些产品的再转让或者使用都与专利权人无关。

第二，先用权。这是指在专利申请日前已经制造相同产品、使用相同方法或者已经做好制造、使用的必要准备，并且仅在原有范围内继续制造、使用的行为。企业在进行先用权抗辩时，需要注意其构成条件。根据相关法律解释和最高法院的典型案例，先用权抗辩成立的基本条件包括：在先技术方案与被诉侵权技术方案构成相同或等同；在先实施行为发生在涉案专利申请日之前；先用权的制造或使用行为仅限于原有的范围之内；先用权人所实施的应该是其独立完成或者合法获得的技术。从最高法院审结的"丁香公司与复禹公司侵害发明专利权纠纷上诉案"[1]中可以得知，先用权抗辩成立的前提是侵权成立，且需要以专利权利要求为参照，确定被诉侵权技术方案是否落入专利权保护范围的技术特征，并判断被诉侵权技术方案是否与在先技术方案相同或者实质相同。

第三，临时过境行为。临时通过中国领陆、领水、领空的外国运输工具，依照其所属国与中国签订的协议或者共同参加的国际条约，或者依照互惠原则，为运输工具自身需要而在其装置和设备中使用有关专利的行为。企业主张"临时过境抗辩"，需要提供证据证明临时过境的事实。

第四，科学研究及实验行为。这是指专为科学研究和实验而使用有关专利的行为。企业主张这种抗辩，需要证明其行为是专门针对专利技术方案本身进行的，目的是研究、验证、改进他人专利技术，或在已有专利技术的基础上产生新的技术成果。

第五，为行政审批而实施。为提供行政审批所需要的信息，制造、使用、进

---

① 最高人民法院（2020）最高法知民终 642 号民事判决书.

口专利药品或者专利医疗器械的，以及专门为其制造、进口专利药品或者专利医疗器械的不属于侵害专利权的行为。企业主张"为行政审批而实施的抗辩"，应提供证据证明被诉侵权行为是为提供《中华人民共和国药品管理法》《中华人民共和国药品管理法实施条例》《药品注册管理办法》等相关药品管理法律法规、部门规章等规定的实验资料、研究报告、科技文献等相关材料而实施的。

《专利法》"不视为侵犯专利权抗辩"制度在保护专利权人权益的同时，也兼顾了社会公共利益，通过明确多种抗辩事由为侵权人提供了合法的防御手段，技术追随型企业可以根据具体情况灵活选用。但是，抗辩事由的适用范围和条件在有些方面不明确或者较为严格。比如，对于先用权抗辩，虽然法律规定了在专利申请日前已经制造相同产品或使用相同方法的情况可以抗辩，但对于"相同产品"和"相同方法"的界定标准并未给出具体规定，甚至在法院审理案件时还会出现法律适用上的理解差异，增加诉讼风险和成本。技术追随型企业应充分了解不视为侵犯专利权的抗辩理由，熟悉专利法条款，了解法院在审理类似案件时的判决标准和倾向，合理运用抗辩事由，积极应对侵权诉讼。

5. 合同抗辩

对于技术追随型企业而言，合同抗辩问题非常复杂且具有挑战性，合同抗辩是指在合同纠纷中，一方当事人针对对方的诉讼请求提出反驳意见，以证明其主张不成立或部分不成立的行为。合同抗辩通常包括实体抗辩和程序抗辩两种类型。实体抗辩是指当事人提出对方的请求在实体上不成立，如合同无效、合同条款不明确或存在误解等；程序抗辩则是指当事人提出对方的请求在程序上存在问题，如管辖权异议或诉讼时效已过等。

在涉及合同抗辩过程中，技术追随型企业的当事人需要提供充分的证据来支持其抗辩理由，以确保其合法权益得到保护。抗辩的目的是维护合同的公平性和合法性，防止一方滥用权利或逃避责任。通过合同抗辩，法院可以全面了解案件事实，公正地裁决合同纠纷，从而维护合同法律关系的稳定性和可预测性。

6. 现有技术抗辩

专利侵权诉讼中的现有技术抗辩是一种常见的法律策略。这种抗辩方式是指被告在被指控侵犯原告的专利权时，提出其实施的技术或产品属于现有技术，即在原告专利申请日之前已经公开的技术。通过这种方式，被告可以证明其行为并未构成对原告专利权的侵犯。

现有技术抗辩的核心在于证明被指控的技术或产品在原告专利申请日之前已经存在，并且这种存在是公开的，任何人都可以获取和使用。这通常需要被告提供证据来证明现有技术的存在，包括但不限于专利文献、杂志期刊、学术论文、技术手册、公布的会议记录、教科书、技术报告、广告宣传册等，或者通过电、光、磁等方式制作形成的光盘、磁盘、录像带等资料，以及存储在互联网中的电子数据信息。虽然这些信息来源种类繁多，但是在司法实践中，证据来源相对单一。据统计，最高人民法院 2019 年 1 月至 2020 年 5 月涉及发明、实用新型的民事生效案件中，以本国在先专利文件为依据的占 50%，以外国专利申请文件和公知常识教科书为依据的占 12.5%，而市场上在先产品或网站交易快照为依据的占 37.5%[①]。在一定程度上反映出当事人举证能力的欠缺，对需要深度检索能力的外国专利文件利用不足。人工智能时代，企业可以借助人工智能工具弥补这一缺陷，如果被告能够成功证明其技术属于现有技术，那么原告的专利权将无法对被告产生约束力，从而避免侵权责任。

现有技术抗辩的提出需要具备一定的条件和程序。首先，被告需要在诉讼过程中及时提出抗辩，并提供充分的证据支持其主张。其次，抗辩所依据的现有技术必须满足一定的条件，如在原告专利申请日之前已经公开，并且能够涵盖被指控的技术或产品。最后，法院会对被告提供的证据进行审查，判断其是否符合现有技术抗辩的要求。

现有技术抗辩在实际操作中具有一定的复杂性，需要专业的法律和技术知识，在证据的获取上也存在诸多困难，所以，被告在提出抗辩时，通常需要聘请专利律师和技术专家，以确保其抗辩策略的有效性和证据的充分性。通过现有技术抗辩，被告可以在一定程度上保护自己的合法权益，避免因专利侵权而承担不必要的法律责任。

（二）商标权抗辩机制

在商标侵权案件中，被告也可运用多种抗辩手段，专利权抗辩机制中的权属抗辩、主体资格抗辩、时效抗辩、合同抗辩等方法同样适用于商标权抗辩。当然，

---

① 潘才敏.专利侵权诉讼现有技术抗辩的司法实证分析 [J].中国知识产权.2020（10）.

商标权抗辩也有自己的独特手段，比较典型的是《商标法》第五十九条规定的正当使用和在先使用抗辩。严格来讲，我国商标法律法规中没有明确规定商标侵权的例外抗辩，这一点与《专利法》和《著作权法》完全不同。因此，在某种意义上讲，"正当使用""在先使用"可以被认为是一种例外抗辩的法律规定。

1. 正当使用抗辩

商标是商品来源的标识，是消费者选择产品的重要依据。消费者看到某一商标时，会自动将其与特定的生产者联系起来，并认为这些商品的品质应能达到一定的水准。在法律层面，商标权人不仅享有独占使用权，还享有禁止权，即禁止他人在未经许可的情况下在相同或类似商品上使用与其注册商标相同或近似的商标。法律规定有效地遏制了商标侵权行为的发生，保护了商标权人的合法权益，同时也维护了市场的正常秩序。

商标作为商业标识，其核心功能在于指示商品或服务的来源。商标权从来都不是一种绝对性的权利，取得商标权并不意味着权利人有权禁止他人对其商标的一切使用行为，商标能禁止的只是有可能导致混淆的使用。也就是说，商标权是一种相对性的权利，是基于避免市场混淆、保护消费者权益的考量而设立的，获得商标权仅仅意味着该商标与特定商品或服务建立了明确联系，商标权人选择某个标识作为自己的商标，并不意味着可以对该标识进行独占或垄断。描述性标识最能体现商标的这一特点。描述性标识原本并不直接承载着作为商标所必需的显著特性与独特识别力，这些标识往往仅是对商品或服务某一特征的简单描述，这些标识被商标权人作为商标使用后，就具有了"第二含义"，它们不再仅仅是描述性标识，而是成为识别商品或服务来源的重要符号，但同时它们的原始含义——"第一含义"并未因此消失，商标权人虽然有权禁止他人在相同或类似商品上使用与其注册商标相同或近似的标识，但他们无权干涉他人在保持标识的原有描述性意义的前提下，合理使用这些标识来准确传达商品或服务的真实信息。

TRIPS 协定第十七条规定，各成员可对商标所赋予的权利规定有限制的例外，诸如对说明性词汇的合理使用之类，只要这种例外顾及了商标所有人及第三方的合法利益。美国法院认为判断"商标的正当使用"应当考虑三个要素：一是非商标性使用，即对标识的使用不是为了指示商品或服务的来源，而是以其他非商标性的方式使用。二是公平、善意地使用，即对标识的使用必须是公平、善意且必要的，没有欺骗消费者的意图。这意味着使用商标标识的行为不应该导致消费者对商品来源产生混淆，也不应该暗示与商标所有者有赞助、认可或其他关联的关系，不会误导公众。三是仅仅为了描述自己的商品或服务。使用他人商标标识并非作为商标使用，只是用来描述自己商品的性质、质量、用途等特点、提供信息或进行评论，但这种使用不应该超出合理必要的范围。

我国《商标法》对正当使用的规定主要体现在第五十九条第一、二款，其包含的正当使用的情形主要有：

第一，通用名称、图形、型号的正当使用。《商标法》规定，注册商标中含有的本商品的通用名称、图形、型号，注册商标专用权人无权禁止他人正当使用。这一规定允许他人在描述性意义上使用这些标识，而不是作为商标来识别商品来源，有助于防止商标权人对公共领域的过度控制，确保了语言的自由流通和信息的准确传递。

第二，直接表示商品特点的正当使用。商标法允许他人正当使用直接表示商品的质量、主要原料、功能、用途、重量、数量及其他特点的商标。这种使用应当是出于描述商品真实属性的需要，而不是为了误导消费者或不正当地利用商标的商誉，有助于消费者获取商品的准确信息，同时也保护了商标权人不受不公平竞争的影响。

第三，含有地名的正当使用。如果注册商标中含有地名，注册商标专用权人也无权禁止他人正当使用。地名通常与公共利益相关，其正当使用有助于保持地理标识的公共性。

第四,三维标志注册商标的正当使用。对于三维标志注册商标，如果其形状是由商品自身的性质产生、为获得技术效果而需有的或者使商品具有实质性价值的形状，注册商标专用权人无权禁止他人正当使用。这一规定体现了对功能性和实用性的尊重，使用商品的固有形状不侵犯商标权。

我国《商标法》对正当使用的规定，既保护了商标权人的合法权益，又防止了商标权的滥用，维护了公平竞争的市场环境。作为技术追随型企业，在商标侵权诉讼中应诉时可以灵活进行正当使用抗辩，抗辩的策略可以从下列方面入手，顺序不分先后：第一，主张其使用商标的行为属于描述性正当使用，即为了描述商品的特性而非作为商标使用；第二，主张其使用商标是出于善意，不是为了误导消费者或不正当地利用商标的商誉，且导致消费者对商品来源产生混淆或误认；第三，如果使用的商标是三维标志，可主张其使用属于功能性正当使用。想让自己的抗辩得到法院的支持，还必须准备充分的证据来支持其正当使用抗辩的主张，包括使用的具体情境、使用历史、市场实践及消费者的认知情况等；同时，还应当注意抗辩的时机和法律程序，以确保其抗辩能够得到法院的充分考虑。

2. 在先使用抗辩

在先使用抗辩是指在商标注册人申请注册商标之前，他人已经在相同或类似商品上使用相同或近似的商标，并且该使用已经产生了一定的市场影响，使得在先使用人可以在原有使用范围内继续使用该商标的权利。我国《商标法》对在先使用抗辩的规定，主要体现在第五十九条第三款。在商标侵权诉讼中，被告可以依据该规定提出在先使用抗辩，对抗商标注册人的侵权指控。但是，在进行在先适用抗辩时需要注意：第一，要证明时间在先性。在先使用抗辩的首要条件是被告必须在商标注册人申请注册之前已经开始使用该商标，该使用行为是客观存在的，使用的时间早于商标注册申请日。第二，要证明主观善意性。被告在先使用商标的行为应当是善意的，没有攀附或不正当利用注册商标的意图，没有侵犯他人注册商标权的故意。第三，要证明在先使用的影响力。被告在先使用商标的行为要在一定市场范围内为相关公众所知晓，具有一定的知名度和影响力，在相关领域内建立了一定的商誉。第四，要证明在原有范围内使用。被告在先使用商标的范围限定在原有的使用范围内，没有扩大使用范围，也没有改变使用方式。如果上述注意事项都能得到证实，被告的在先使用抗辩的主张一般都会得到法院支持。

在商标侵权诉讼中，除了正当使用抗辩和在先使用抗辩，作为被告的技术追随型企业还可以采取合法来源抗辩、恶意注册抗辩等方式。合法来源抗辩是指能够证明侵犯注册商标专用权的商品是自己合法取得的，并且能够说明提供者，可以主张免责；恶意注册抗辩是指如果注册商标本身是恶意注册，被告可以主张商标注册无效。

《商标法》确立了众多商标侵权的抗辩事由，为技术追随型企业提供了一定程度的保护，有助于维护企业的合法权益，避免侵权的风险。但通过上面的分析也不难看出，技术追随型企业在进行商标侵权抗辩时，往往需要提供大量证据来证明抗辩事由的成立，这在实际操作中可能会遇到举证困难等情况。另外，现有立法规定较为简单，欠缺商标侵权抗辩的具体条件和标准，实践中存在很大不确定性，有待于从法律层面进一步细化和完善。当然，进入人工智能时代，商标权抗辩机制也需要适应新的技术环境和挑战，也需要结合人工智能技术的优势，避免更多潜在风险，从法律框架和审查机制等环节保护好相关主体的利益。

（三）著作权抗辩机制

对于技术追随型企业而言，侵犯著作权案件和其他侵权案件一样，被告可以对自己行为作出未侵犯原告著作权的种种抗辩。在抗辩理由上，侵犯著作权案件除了民事侵权案件中通用的抗辩理由，《著作权法》还规定了一些具有特殊性的侵权抗辩机制。

1. 权属抗辩

著作权抗辩机制中的权属抗辩是指被告在面对原告提出的著作权侵权指控时，通过相关证据证明原告并不享有或不完全享有某项著作人身权或著作财产权的抗辩行为。权属抗辩的目的是通过质疑原告的权利基础，揭示其权利主张的脆弱性，进而为被告争取到更为有利的诉讼地位。一旦被告成功证明原告不享有或不完全享有某项著作权，那么原告的侵权指控便失去了支持，被告也就能因此摆脱侵权责任。

权属抗辩能够成为著作权侵权诉讼中一种常见的策略，原因在于著作权的产生是随着作品的创作完成而自动生成的，无须通过登记注册来确认，缺乏公开的权利证明。此外，作品创作过程中存在的多种因素，如完成工作任务、反映单位意愿、涉及委托、合作或转让关系等，都会对著作权的归属产生影响。因此，在著作权侵权诉讼中，原告是否真正拥有著作权及具体拥有哪些权利，常常成为双方争议的核心，也为被告提供了有力的抗辩点。

2. 合理使用抗辩

合理使用抗辩制度是著作权法律体系中的一项重要原则，旨在平衡创作者权益与社会公共利益之间的关系，它是对著作权的一种特殊限制，这一制度通过明确界定一系列具体条件和情形，赋予公众在特定情况下自由使用他人著作权作品的权利，而不需要事先征得著作权人的明确同意，也不必向其支付报酬。技术追随型企业常常面临著作权侵权诉讼的困扰，在某些情况下，可以利用合理使用制度进行抗辩，以维护自身的合法权益。当然，想要成功合理使用抗辩，企业必须充分理解并准确把握法律规定的各项条件和情形，确保自身行为符合法律要求。

从我国《著作权法》第二十四条的立法规定可以看出，合理使用的前提在于目的的正当性，这是判定是否构成合理使用的首要且关键条件。首先，被告在提出合理使用抗辩时，必须清晰且有力地证明其使用作品的目的纯粹且符合法律所界定的合理使用范畴。具体而言，这种目的应当是非商业性、非营利性的，旨在促进知识的传播、个人的学习成长、学术研究的深入等。其次，在提出合理使用抗辩时，追随型企业需要充分证明其使用行为是必要的且合理的。这包括证明其使用行为对于实现特定目的不可或缺性，以及使用行为未对原作品的市场价值造成不合理的损害。要证实这一问题，企业可以提供市场分析、用户反馈等证据。最后，尽管可以主张合理使用抗辩，但追随型企业仍需尊重原著作权人的合法权益，确保不侵犯原作者的署名权、修改权等人身权利，必要时企业还可以考虑通过支付合理使用费等方式来平衡双方利益。

在人工智能时代，技术追随型企业可以利用 AI 技术快速响应市场需求，降低创作成本，但同时也需警惕因技术使用不当而引发的著作权侵权风险。如果 AI 技术本身存在缺陷或不确定性，导致企业在使用过程中难以准确判断作品的归属或权利状态，进而引发侵权纠纷，此时企业可以主张技术缺陷抗辩，提供充分的证据证明技术缺陷的存在及其对侵权行为的影响程度，以便减轻或免除因技术缺陷而导致的侵权责任。

3. 避风港原则

避风港原则，源自美国《数字千年版权法案》（DMCA）中的"通知—删除"规则，后被多国立法所借鉴，我国的《信息网络传播权保护条例》也进行了明确规定。该原则的核心在于，当网络服务提供者（如互联网平台、搜索引擎等）在不知悉侵权事实且未获得明显侵权通知的情况下，不承担因用户上传内容而引发的侵权责任。企业可以主张其已尽到合理的注意义务，及时响应侵权通知并采取必要措施防止侵权行为的扩大。该原则在人工智能时代的著作权侵权诉讼中仍具有重要价值。

在著作权侵权诉讼中，技术追随型企业主张避风港原则抗辩，需要着重证明以下两点：第一，尽到了合理注意义务。这一义务不仅包含对明显侵权行为的识别与处理，还应涉及建立有效的侵权投诉机制、制订内容审核规则及采取技术手段预防侵权等。对于 AI 生成的内容，网络服务提供者还应利用技术手段进行初步筛选与过滤。第二，采取了应急响应措施。在收到侵权通知后应立即启动响应机制，对涉嫌侵权的内容进行审查。若确认侵权行为存在，应及时采取删除、屏蔽等必要措施，防止侵权行为的进一步扩大。

避风港原则对保护网络服务提供者而言意义重大，但随着 AI 技术的广泛应用，避风港原则的适用也面临新的挑战。一方面，AI 技术的自动化与智能化特性使得内容生成与传播的速度和规模前所未有，网络服务提供者难以实时监控并识别所有潜在的侵权行为。另一方面，AI 生成内容的独创性、作者身份及权利归属等问题争议未决，给避风港原则的适用带来了不确定性。对于追随型企业而言，在利用 AI 技术进行创新的同时，也应注重知识产权保护，建立健全的侵权投诉与处理机制，确保在避风港原则的庇护下稳健前行。

第五章　人工智能企业知识产权的管理与运营

本章为人工智能企业知识产权的管理与运营，阐述了人工智能企业知识产权管理实践、人工智能企业投融资并购、人工智能企业科创板上市知识产权审核要点三个方面的内容。

第一节　人工智能企业知识产权管理实践

一、人工智能企业知识产权管理策略和重点

（一）人工智能企业知识产权管理策略

知识产权是重要的无形资产，在人工智能被认为是未来国际竞争制高点的格局下，人工智能企业作为创新主体，也必须提高知识产权的管理和保护水平，这样才有可能保证企业的竞争力和可持续发展。

1.初创型人工智能企业的管理策略

在初创型人工智能企业中，管理策略的制定和执行是企业能否快速成长的关键。

第一，建立灵活的组织结构，以适应快速变化的技术和市场环境。这意味着要减少层级，鼓励跨部门合作，以及赋予员工更多的自主权和创新空间。

第二，注重人才的招募与培养。在初创企业的成长过程中，对于优秀人才的招募与培养无疑是决定其未来发展的关键环节。鉴于人工智能领域所呈现出的高度专业化与快速迭代的特点，企业若要在此领域内立足并谋求长远发展，就必须致力于引进富有创新精神、勇于探索未知领域的顶尖人才，不断提升团队的整体技术实力与创新能力，为企业的可持续发展奠定坚实的基础。

第三，快速迭代与质量控制并重。初创企业在开发产品方面，应强调快速迭代与持续优化，确保企业能够迅速响应市场变化，满足用户多样化的需求。为了有效实施、敏捷开发，初创企业必须在内部构建一套高效且流畅的沟通机制，促进团队成员之间的紧密协作。同时，初创企业还应优化其决策流程，确保决策过程迅速准确。在追求快速迭代的同时，初创企业还应始终坚持对产品质量的严格把控。质量是企业生存与发展的基石，任何以牺牲质量为代价的快速发展都将是不可持续的。因此，在敏捷开发过程中，企业应建立完善的质量管理体系，确保每一轮迭代都能在保证质量的前提下进行。

第四，重视现金流与多元筹资策略。初创企业在财务管理方面要重视管理现金流，具备高度的财务意识，通过科学合理的手段来规划资金的使用，确保资金投入能够发挥出最大效益。初创企业还需要采取多种策略来筹集资金，如寻求风险投资、申请政府补助、产品预售等。

第五，创新定位与数字化推广并行。市场营销策略的制定与实施必须与企业的创新定位紧密相连，以确保策略的有效性和针对性。在数字化时代，数字营销和社交媒体平台已成为提升品牌知名度不可或缺的工具，通过开展数字营销活动，企业能够利用大数据和人工智能技术更精准地定位目标客户群体，实现个性化推广。企业应积极参与行业会议和展览，这些活动不仅是展示企业实力和产品的绝佳机会，还是拓展行业人脉、建立合作伙伴关系的重要平台。通过与行业内的专家和同行交流，企业能够获取最新的市场动态和技术趋势，为自身的创新和发展提供有力支持。

第六，重视知识产权的保护。在人工智能领域，专利和版权是企业核心竞争力的重要组成部分。因此，初创企业应投入资源进行专利申请，并采取措施保护自身的算法和数据不被侵犯。

2. 成长型人工智能企业的管理策略

在当今快速变化的市场环境中，成长型人工智能企业必须采取灵活且具有前瞻性的管理策略以保持竞争力。

第一，为了在当前复杂多变的商业环境中取得竞争优势，企业必须构建以数据为核心、深度渗透至企业每一个角落的决策文化。这样的文化不仅能够确保企业决策的准确性和时效性，还能够激发全体成员的数据意识，使数据真正成为驱动企业前进的强大引擎。持续的技术创新是企业保持领先地位的基础，为了不断突破自我，企业应在研发领域加大投入，鼓励跨学科团队之间的紧密合作，加速新技术的研发与应用。

第二，企业需通过市场调研与定位策略洞察消费者的需求，从而推出更具有针对性的产品与服务，以满足客户的多元化需求。在此过程中，运用创新营销手段如数字营销、社交媒体传播等，能够有效提升企业品牌知名度与市场份额。企业应当积极构建合作伙伴网络，通过跨界合作、产学研深度融合等方式，与行业内外的领先企业、顶尖学术机构及创新研究组织进行合作。这种合作不仅能够为企业带来先进的技术支持与创意灵感，还能够开发出引领市场潮流的新产品与服务，进而在激烈的市场竞争中占据领先地位。

第三，成长型人工智能企业必须重视风险管理，为了保障企业在竞争激烈的市场环境中稳步前行，企业需要建立一套内部控制系统，这一系统要能够识别各类潜在风险，对技术风险、市场风险、法律合规风险等进行全面、深入的剖析。在技术风险方面，企业需密切关注技术创新的趋势，防止因技术落后或技术漏洞而导致竞争劣势或数据泄露等问题。市场风险则要求企业拥有敏锐的市场洞察力，能够准确预测市场趋势，及时调整战略方向，避免因市场波动而遭受重大损失。同时，法律合规风险同样不容忽视，企业应严格遵守各项法律法规，确保业务运营合法合规，避免因违法违规行为而引发的法律纠纷和信誉危机。

3. 成熟型人工智能企业的管理策略

成熟型人工智能企业通常拥有较为完善的技术体系、稳定的客户群体和较高的市场份额。为了保持竞争优势和持续发展，成熟型人工智能企业需要采取一系列科学、系统的管理策略。

第一，注重技术创新和研发。通过持续投入研发资金，吸引和培养高水平的技术人才，不断推动人工智能技术的突破和创新。同时，成熟型人工智能企业应密切关注行业动态和市场需求，及时调整研发方向，确保技术的适用性和市场竞争力。

第二，重视客户关系管理和市场拓展。通过建立完善的客户服务体系，提供高质量的产品和服务，增强客户满意度和忠诚度。此外，成熟型人工智能企业应积极开拓新的市场领域，拓展业务范围，提升市场份额。

第三，注重内部管理和人才培养。建立科学的组织结构和管理体系，优化内部流程，提高运营效率；重视员工培训和发展，提供良好的职业发展平台，吸引和留住优秀人才。

第四，注重风险管理和合规经营。建立健全的风险评估和应对机制，防范技术、市场和法律风险；严格遵守相关法律法规，确保合规经营，树立良好的企业形象。

第五，加强与外部的合作与交流。通过与其他企业、高校和研究机构的合作，共享资源，共同推动人工智能技术的发展；积极参与行业交流活动，提升自身的行业影响力和知名度。

总之，成熟型人工智能企业的管理策略应涵盖技术创新、客户关系管理、内部管理、风险管理及合作交流等多个方面，通过科学、系统的管理方法，保持竞争优势，实现持续发展。

4. 衰退型人工智能企业的管理策略

对于衰退型人工智能企业，企业领导者和管理层需要采取一系列有效的措施来应对市场和技术的挑战，以期扭转颓势，重新获得竞争优势。

第一，进行全面的市场分析。企业应进行深入的市场调研，了解客户需求的变化趋势和竞争对手的战略动向。这不仅包括直接的竞争对手，也涵盖了潜在的市场进入者和替代技术。通过深入分析，企业可以发现新的市场机会，并据此调整产品和服务策略，以更好地满足市场需求。

第二，优化内部管理。企业应通过精简组织结构、优化流程、引入自动化技术等手段提高运营效率。这不仅能够降低成本，还能加快决策速度，提高适应市场变化的能力。同时，企业还应加强内部沟通，确保信息流通畅通，促进跨部门合作，以实现资源的最优配置。

第三，加强研发投入。技术创新是企业核心竞争力的关键。企业在人工智能领域的基础研究和应用开发上应持续加大研发投入。通过与高校、研究机构的合作，获取最新的科研成果，加速技术转化。同时，企业还应鼓励内部创新，为员工提供创新平台和资源支持，以激发创新活力。

第四，注重人才培养和引进。建立一支高效、专业的团队，为企业的长远发展提供坚实的人力资源保障。在企业文化建设方面，企业应倡导开放、包容、创新的氛围，激发员工的创造力和工作热情。

第五，密切关注政策动向和行业发展趋势。企业应密切关注国家政策和行业发展趋势，以便及时调整战略方向。企业重点关注税收优惠、研发补贴、人才引进政策等方面的变化，通过参与行业组织、研讨会等方式，与同行交流，共同推动行业的发展。

通过这些综合性的管理策略，衰退型人工智能企业有望逐步走出困境，实现转型升级，重新焕发生机。

（二）人工智能企业知识产权的管理重点

知识产权管理不仅关系到企业的核心竞争力，还直接影响到企业的创新能力和市场地位。因此，人工智能企业在知识产权管理方面需要特别关注以下四个重点。

第一，专利申请和保护是人工智能企业知识产权管理的核心内容。由于人工智能技术是一个多层级的技术结构，其包含基础层、感知层、认知层和应用层四个层面的技术交叉重叠[①]，企业在人工智能专利技术的运营和管理上应当分层处理，不同层级采取不同策略。比如，在感知层，其技术一般涉及语音识别、图像识别等基础技术，应积极申请专利，尽可能实现专利全覆盖；在认知层会涉及知识图谱、自然语言处理等高级技术，企业应当构筑自己的专利围墙防止竞争对手的进入。另外，由于人工智能技术更新迅速，企业需要及时将创新成果申请专利，以确保技术优势和市场独占权。同时，企业还需要密切关注竞争对手的专利动态，避免侵权风险，并通过专利布局来构建技术壁垒。

第二，版权保护也是人工智能企业不可忽视的一部分。人工智能生成的内容，如代码、数据集和模型等，都需要通过版权来保护其原创性和独特性。企业应建立健全的版权管理制度，确保所有创作成果都能得到合法的保护。

第三，商标和品牌保护同样重要。人工智能企业应积极注册和维护商标，防止他人恶意抢注或仿冒，从而保护企业的品牌形象和市场声誉。同时，企业还应加强市场监控，及时发现并打击侵权行为，维护自身合法权益。

第四，商业秘密的保护也是人工智能企业知识产权管理的重要方面。企业应

---

① 秦健，刘鑫.人工智能专利技术市场运营的风险与应对 [J].电子知识产权，2019（2）：66-71.

制订严格的保密制度，确保核心技术和商业信息不被泄露。通过签订保密协议、加强内部管理等措施，企业可以有效防止商业秘密外泄，保障企业的竞争优势。

二、人工智能企业的知识产权数据保护和风险管理

（一）人工智能企业的知识产权数据保护

"人工智能的实现，与海量的数据基础密不可分，在人工智能技术的运用过程中，通常会涉及数据的收集、存储、处理和使用"[①]。因此，人工智能企业在保护自己的知识产权数据安全性的同时，更要关乎其收集、存储、处理和使用的各类数据的安全，确保数据不被非法获取、滥用或泄露。

第一，在数据收集环节强调合法获取。人工智能企业收集的知识产权数据内容多样，种类繁多，包括作品、商标、专利技术等知识产权信息，收集渠道涉及从第三方购买、自行收集、网络爬虫等多种方式。人工智能企业在数据收集环节，尤其要确保获取数据的合法性，否则将面临严重的侵权风险，甚至要承担刑事责任。

第二，在数据存储环节强调安全保障。在人工智能技术研发、训练、运用等环节中，最大的风险在于因系统漏洞而导致数据的泄露。鉴于 Open API 合作开发模式的巨大潜力及在互联网大数据时代的积极作用，互联网企业在运用 Open API 开展合作开发时，不仅应将用户数据信息作为竞争优势加以保护，还应将保护用户数据信息作为企业的社会责任，采取相应的技术措施提升 Open API 合作模式中对相应权限的控制，不断完善 Open API 合作开发模式。所以，人工智能企业应当制定严格的内部数据访问政策和权限控制机制。通过数据加密、访问控制列表和数字水印等技术手段，防止未经授权的访问，通过部署防火墙、入侵检测系统等网络安全设备，防止外部黑客的攻击和数据泄露。

第三，数据处理、使用环节务必正当、必要。人工智能企业在进行数据相关处理和使用事项时，应注意遵守合法、正当、必要和最小范围原则，不非法出售或未经授权向他人提供数据，尽量对合法获取的数据进行清洁处理，避免侵犯个人隐私。同时，要遵守公开处理原则，确保数据主体的知情权和控制权。另外，

[①] 王红燕. 中国人工智能合规建设与知识产权法律实务 [M]. 北京：中国法制出版社，2023.

如果涉及业务确需向境外提供数据，且属于《数据出境安全评估办法》规定的特定情形的，应当对数据出境进行安全评估申报和风险自评估。

（二）人工智能企业的风险管理

人工智能企业风险管理的重点除了知识产权风险管理之外，更重要的是人工智能风险管理。有关人工智能企业的知识产权风险管理与一般企业的知识产权风险管理并无较大差别，此处重点论述人工智能企业的人工智能风险管理。

1. 人工智能风险管理的紧迫性

首先，人工智能技术发展与风险并行。人工智能企业带领着人工智能飞速发展，以 GPT-4 为代表的大语言模型作为这一浪潮的先锋，其能力边界正逐步逼近通用人工智能（AGI），在某些领域的工作能力已接近人类甚至超过了人类水平，人们对人工智能技术的期待值不断攀升。但与此同时，AI 系统决策过程的不透明性、数据隐私的泄露风险、算法偏见的加剧及潜在的伦理道德问题，均对社会的稳定与安全构成了潜在威胁。

其次，人工智能解决方案的普及对风险管理提出更高要求。随着科技巨头纷纷推出 AI 服务、开放数据集与模型，以及开源社区的蓬勃发展，AI 技术的门槛显著降低，为企业和组织提供了前所未有的机遇。从云端服务到本地部署，从通用模型到垂直领域定制化解决方案，AI 技术的广泛应用正深刻改变着各行各业的生产方式和服务模式。然而，这一趋势也加剧了 AI 风险管理的复杂性。不同企业间的技术水平、应用场景、数据管理能力参差不齐，使得 AI 风险呈现出多样化、隐蔽化、动态化的特点。AI 企业必须改进风险管理策略，在复杂的市场环境中有效识别、评估并应对这些风险。

再次，工具与资源的"双刃剑"特性不容忽视。随着 AI 技术的普及，相关工具和资源也日益丰富。从高效的训练平台到灵活的 API 接口，从专业的安全测试工具到全面的风险管理框架，这些工具与资源为 AI 企业提供了强大的技术支持。然而，这些工具与资源的双刃剑特性也要求企业在享受便利的同时，必须具备高度的风险意识和管理能力。一方面，利用这些工具可以加速 AI 模型的研发与部署，提升企业的竞争力；另一方面，若忽视风险管理，则可能因安全漏洞、数据泄露等问题而遭受重大损失。因此，AI 企业在利用这些工具与资源时，必须将其纳入整体风险管理框架之中，确保技术的安全可控。

最后，早期介入可以最大化降低风险处置成本。风险管理遵循的是预防性原则，将风险管理活动融入 AI 技术的建设过程之中，可以最大限度地降低修复安全漏洞或缺陷的开销。在问题发生之前通过有效的识别、评估与控制措施可以消除或减轻潜在风险。对于 AI 企业而言，这意味着在模型设计、数据收集与处理、算法优化等各个环节均需融入风险管理思维，确保技术的每一步发展都符合安全、合规与伦理的要求。同时，通过建立完善的风险监测与应急响应机制，企业可以及时发现并应对潜在风险，避免问题扩大而造成不可挽回的损失。

2. 人工智能风险管理的举措

随着全球各国在人工智能领域监管要求的逐渐细化和深入，业界相应的人工智能风险管理框架和指南也在发布和更新，其中包括全国信安标委发布的《信息安全技术　人工智能计算平台安全框架》《人工智能　管理体系》，中国电子工业标准化技术协会发布的《信息技术　人工智能　风险管理能力评估》等标准，以及美国国家标准与技术研究院发布的《人工智能风险管理框架》。这些标准和指南为企业和组织在发展和应用人工智能技术方面提供了持续评估和管理风险的依据。对人工智能企业来说，人工智能风险管理更是一个系统工程，需要企业从数据管理、模型构建、风险监控、决策支持、法律合规、文化培养及持续改进等多个方面入手，构建一套全面、高效的风险管理体系。

第二节　人工智能企业投融资并购

一、人工智能企业投融资并购概况

人工智能行业的投融资活动在经历了一段显著的增长期后，目前正步入一个相对稳健的调整阶段。2021 年是人工智能领域投融资活动的一个高峰年，全年共记录了 1 362 起投融资事件，涉及金额高达 4 761 亿元人民币，彰显了市场对 AI 技术的浓厚兴趣和高度认可；2022 年，尽管 AI 行业依然保持活跃，但投融资事件数量和金额均有所回调，全年共发生 963 起投资事件，融资总额降至 1 731 亿元；2023 年，人工智能行业的投融资活动继续展现出其韧性和潜力，截至 12 月 19 日，已记录 815 起投融资事件，融资总额达到 2 631 亿元，可以看出尽管外部环境充满挑战，但 AI 依然吸引着大量资本的关注和投入[①]；2024 年上半年，AI 领域发生了 265 起融资事件，累计披露融资金额达到 302.44 亿元人民币[②]，这表明投资者对 AI 技术的长期价值依然保持高度认可。通过近几年的人工智能行业投融资的统计数据可知，人工智能行业的投融资依旧处于成长阶段，参与投资的企业不仅限于初创企业，还涵盖了众多处于成长期和成熟期的 AI 企业，市场对 AI 技术商业化应用充满了信心和期待，预示着 AI 企业还会继续通过投融资并购等资本运作方式，进一步整合资源、拓展市场、提升竞争力。

人工智能企业是一个非常庞大的概念。其中，在基础层有研发和制造智能芯片、智能传感器，开发和提供大数据、云计算、物联网服务等人工智能相关企业；在感知层有提供智能语音、计算机视觉等技术支撑的人工智能相关企业；在认知层有提供自然语言处理、知识图谱等技术的人工智能相关企业；在应用层有围绕制造、医疗、教育、物流、零售、金融等需求，研制智能机器人、智能运载工具的人工智能相关企业。这些企业都有其较强的特性，本书不做讨论。以下围绕 AI 企业在投融资并购中涉及的共性的法律问题进行初步分析，供 AI 企业、投资方等从业者参考。

二、人工智能企业投融资并购重要法律问题

（一）国家安全审查及技术出口

在涉及跨境投融资并购或涉跨境业务时需要考虑国家安全及技术出口限制或禁止的问题，并在相关交易谈判及交易交割安排中考虑相关问题并作出提前准备。

根据《鼓励外商投资产业目录》，自 2021 年 1 月 27 日起，国家层面和地区层面鼓励人工智能的外商投资。外国投资者将受益于优惠政策，如对进口设备免征关税、享受优惠地价、放宽土地使用管制及降低企业所得税。需要注意的是，2020 年 12 月 19 日，国家发展和改革委员会、商务部联合发布了《外商投资安全审查办法》，自 2021 年 1 月 18 日起施行。根据《外商投资安全审查办法》规定，其适用于包括自贸试验区在内的全国范围内的外商投资，由国家发改委下属、商

① 穆晓菲. 启示 2024: 中国人工智能行业投融资及兼并重组分析 [R/OL]. (2023−12−29) [2024−06−08] https://www.qianzhan.com/analyst/detail/220/231229-acf7c783.html

② 火石创造产业数据中心.2024 年上半年人工智能产业投融资报告 [R/OL]. (2024−07−10) [2024−09−01]https://m.ofweek.com/ai/2024−07/ART−201700−8420−30639989.html

务部共同牵头的工作机构负责外商投资的国家安全审查工作。考虑到《外商投资安全审查办法》中提到的行业类型，包括技术、信息技术、互联网产品和服务等，人工智能技术的外资可能会受到国家安全审查。在技术进出口禁止或限制方面，需要关注《中国禁止出口限制出口技术目录》，其中涵盖部分人工智能算法成果，涉及该类技术的对外交流和交易可能受到限制。

（二）反垄断审查

《国务院关于经营者集中申报标准的规定》第三条和第四条规定了经营者集中的申报标准和条件，为的是防止经营者集中可能带来的垄断风险，确保市场的公平竞争。人工智能企业及相关投资方需要认识到反垄断监管的重要性，在投资并购前期，提前对反垄断监管做出必要充足的准备工作：明确经营者集中申报标准和条件，准确判断自身交易是否需要申报；强化内部合规机制与法律顾问沟通，制定详细的合规政策、流程和指南，在交易过程中及时发现和解决潜在的法律问题；提升交易透明度与公开性，降低反垄断审查的阻力；充分准备交易方案、市场分析、竞争影响评估报告等申报材料，积极应对反垄断审查，确保交易顺利推进并交割。

（三）技术保护方面

人工智能行业属于技术密集型行业，在技术研发及产品和解决方案开发过程中，涉及较多专利及软件著作权等知识产权的授权与许可。人工智能企业需要做好自身的知识产权的申报、保护及布局，避免侵犯他人知识产权，防止与竞争对手或第三方产生知识产权纠纷。同时，除了专利和软件著作权，人工智能企业更是以其一系列非专利技术作为自身的核心竞争力，技术保护必须建立完善的保密制度并相应落实执行。若相关企业相关保密制度执行不当，则存在因核心技术泄密给标的公司未来利益带来重大不利影响的风险。所以，不论是专利、著作权还是技术秘密，均需要人工智能企业及投资方在投融资并购交易前进行全面的知识产权尽职调查，对其相关法律状态进行梳理并就相关法律问题提出应对方案，最终体现到后续的交易法律文本及交割安排中。

（四）核心人员方面

人工智能行业对人才的需求旺盛，且对人才要求标准较高。公司的技术开发需要一大批具备专业领域先进技术和专业能力的高素质、高技能的人才。随着行业规模的不断增长，人工智能企业对于核心人才的竞争日趋激烈。竞争激烈导致人员流动量大，相关创始人在原单位研究开发成果及后续改进、与原单位知识产权权属约定、权益纠纷等方面，往往会对标的公司自身的核心竞争力造成影响。此外，很多创始人可能还要受到相关高校、科研单位技术人员兼职或离职创业、党员领导干部、对外投资相关关法律、法规、规定及单位内部相关管理制度的限制。

在投融资并购尽职调查阶段及交易法律文件条款设计时，不仅需要关注企业的核心人员团队组成背景、原单位就职情况（是否属于高校、科研单位科技人员）、现单位全职或兼职情况，相关劳动合同、知识产权归属、竞业限制等配套协议文本签署及终止情况，而且需持续加强对核心人才激励和新人才引进，关注已有股权激励方案或未来在交易股权结构设计中对股权激励提前予以设计。

（五）个人信息保护、数据安全及网络安全

针对一般人工智能企业而言，在相关业务中收集数据和信息及处理是非常常见且必要的环节，而随着我国相关法律法规的陆续施行，我国在个人信息和生物特征采集领域方面的规定已日趋明确和完善。自 2017 年以来，我国颁布了一系列涉及个人信息、生物特征采集等相关规定的法律法规及行业规范，主要包括：第一，2017 年 6 月 1 日起施行的《中华人民共和国网络安全法》（以下简称《网络安全法》）；第二，2021 年 1 月 1 日起施行的《民法典》；第三，2021 年 9 月 1 日施行的《中华人民共和国数据安全法》（以下简称《数据安全法》）；第四，2022 年 2 月 15 日起施行的《网络安全审查办法》；第五，2021 年 8 月 1 日起施行的《最高人民法院关于审理使用人脸识别技术处理个人信息相关民事案件适用法律若干问题的规定》；第六，2020 年 10 月 1 日起施行的《信息安全技术　个人信息安全规范》；第七，2021 年 11 月 1 日起施行的《中华人民共和国个人信息保护法》（以下简称《个人信息保护法》）。上述法律法规及行业规范主要规定了个人信息收集使用的基本原则、相关信息处理者的合规义务及个人信息主体的权利保护等内容。

投融资双方需要在投融资并购交易前对该事项进行全面的法律尽职调查，包括标的公司是否采取了法律规定的安全保护技术措施，制订了完善的个人信息保护制度，特别是敏感数据、个人信息出境等问题，以及关键信息基础设施安全，是否存在发生信息泄露、篡改或非法提供情形，或获取或处理信息而受到行政处罚或被提起诉讼的情形，数据来源是否存在违反相关法律规定的情形等，并就该

事项相关法律问题提出应对方案，提前做出准备和处理，并最终体现到后续的交易法律文本、交割安排中。

整体而言，在人工智能企业投融资并购过程中，投融资双方需要在交易前进行全面、细致的法律尽职调查、法律监管环境调查，其中需要特别注意前文所述的国家安全及技术出口、反垄断、境外限制、技术保护、核心人员、个人信息保护及数据安全等法律问题和风险，在相关交易结构设计、交易文本、交割安排中进行考虑，全面、细致、合理地设计各项保证及披露条款，就双方权利义务及责任进行提前约定。一方面，避免投资人利益遭受不必要的减损，另一方面避免为融资方自身的企业经营设置不合理的僵化条款，阻碍企业长远发展。当然还需要在后续的交割和交割后持续关注上述重要的法律问题，及时妥善处理和应对宏观政治环境、法律环境、行业商业风险及标的企业自身经营风险提出的各类挑战。

第三节　人工智能企业科创板上市知识产权审核要点

科创板是独立于现有主板市场的交易板块，实行以信息披露为核心的注册制，该板块上市企业以科创型企业为主。

科创板最新审核趋势为筛查并推荐真正符合科创板定位的"硬科技"企业，知识产权相关问题成为审核要点，总体而言包括六大 IP 问询核查要点。

第一，核心技术独立性：知识产权和核心技术对主营业务的支撑；核心技术的先进性、成熟度；知识产权的来源（包括许可、委托研发、合作研发、共有）。

第二，知识产权风险：知识产权权属风险；知识产权侵权风险；知识产权稳定性（无效风险）。

第三，研发独立性：合作研发较多或存在外部技术、人员依赖；核心技术来自第三方；研发投入及研发人员占比。

第四，核心技术人员：核心技术人员的认定依据；核心技术人员的稳定性、依赖性；核心技术人员与前任雇主的关系。

第五，贸易保护政策：列入"实体清单"的不利影响及应对措施。

第六，科技伦理与数据安全：数据来源及合法合规性；科技伦理风险。

以下就审核重点方面进行具体阐述。

一、知识产权质量问题

知识产权的质量与科技先进性密切相关，上市委往往会问询企业的知识产权是否能够反映出技术的先进性。据统计，第一批科创板受理企业有效专利以发明为主，占比达到45.3%，发明专利平均维持年限达到5.3年，分别是科创企业整体水平的2倍，一定程度上反映了科创板受理企业专利质量水平相对较高。为了证明专利的质量，申报企业可以从核心专利的被引用次数、维持年限、产业共性专利、专利中的关键性能指标等角度进行分析说明。

竞争对手通过无效知识产权的方式来阻碍上市进展已经成为常用的商业竞争策略，尤其是对于形成主营业务收入的专利、核心技术或核心产品对应的专利。例如，在国内消费级智能投影仪龙头成都极米科技股份有限公司上市审核的过程中，深圳光峰科技股份有限公司对其招股说明书中披露的全部16项发明专利均请求宣告无效。这就对科创板企业知识产权质量提出了更高的要求。

二、知识产权权属问题

易引起知识产权权属纠纷的事由包括因职务发明归属导致的争议、因合作或委托开发过程中未对知识产权归属进行约定或约定不明而发生的争议。

（一）职务发明纠纷

拟上市企业中，很多核心技术人员是从原单位离职后创业，或者是高校在职人员兼职创业，因此，核心技术人员在拟上市企业中所研发形成的核心专利是否与原单位或者高校存在权属争议，是上市委重点关注的问题。

（二）合作开发和委托开发中的知识产权权属问题

在科创板上市过程中，如果拟上市企业与其他企业、高校、研究中心存在合作、委托关系，上市委通常会就委托、合作开发的技术对企业是否具有独立研发能力、权利归属及权利使用是否存在限制进行问询。比如，中科寒武纪在招股说明书中披露其与中科院存在技术授权、委托开发协议及人员兼职情况，上市审核委反馈要求其说明："中科院计算所许可使用的知识产权在发行人产品中的具体应用情况，是否涉及核心技术、产品；委托研发的分工及各自发挥的作用，中科院计算所授权发行人使用研发成果的期限、是否为独占许可，在发行人核心技术、产品中的运用情况；结合前述技术授权、委托开发协议及人员兼职情况，分析发行人是否对中科院计算所存在人员、技术上的依赖，并充分揭示相关风险"①。可见，AI 企业在科创板上市过程中需要充分披露与科研机构或其他关键合作伙伴的合作细节，全面告知技术授权、委托研发、人员交流、潜在风险等信息。

（三）数据及伦理相关的合法合规性问题

随着《数据安全法》《个人信息保护法》等法律的出台，数据安全和个人信息的保护与监管日益趋严，而人工智能企业的技术及产品往往会涉及数据、个人信息的采集、使用等，因此，证券监管部门对数据合规性较为关注。比如，旷视科技在其招股说明书中披露了其核心技术中包括系统层及算法层，涉及数据的处理、清洗和管理能力，算力的共享、调度和分布式能力，以及算法的训练、推理及部署能力。上市审核委问询要求其说明："发行人技术、业务及产品（或服务）中涉及数据采集、清洗、管理、运用的具体环节；不同环节涉及的数据的具体类型，文字、图像、视频等具体情况；发行人自身核心技术（如算法的训练、系统的搭建等）是否涉及大量数据的应用，如是，说明相关数据的来源及其合规性；发行人对外提供的产品（或服务）是否涉及数据的采集运用，如是，说明数据的来源及其合法合规性；发行人保证数据采集、清洗、管理、运用等方面的合规措施；发行人的数据来源中是否包含向供应商采购，如是，请说明是否在相关合同中约定数据合规的条款或措施，并结合《民法典》《网络安全法》《个人信息安全规范》《数据安全法》《个人信息保护法》等相关规定，说明相关措施是否能切实保证发行人不出现数据合规风险或法律纠纷；结合发行人的产品交付及部署模式，说明发行人的产品（或服务）中涉及用户的个人数据的情形和场景，该等数据的运用、管理及其合规性；发行人产品至今是否面临数据合规方面的诉讼或纠纷；并请结合相关公开报道，说明发行人数据的合规性。②"这些审查问询的要点直击企业数据管理和合规情况，特别是在涉及数据采集、处理、应用及保护用户数据方面，应引起企业的足够重视。

科技伦理风险也是人工智能企业上市审查需要关注的问题，在旷视科技科创

---

① 王一鸣.寒武纪回应问询函：3 年内仍需逾 30 亿投入芯片研发 [R/OL].证券时报.（2020-05-08）[2024-09-20].https: //www.163.com/money/article/FC35PA5C002580S6.html

② 张雅婷，郭美婷.旷视科技 IPO 首轮问询披露，AI 企业上市或将面临数据合规挑战 [R/OL].21 世纪经济报道.（2021-06-07）[2024-09-20].https: //www.163.com/dy/article/GBMA0THJ05199NPP.html

板上市第一轮审核问询函中，发行人被要求说明关于数据合规及科技伦理的问题：公司在研发和业务开展过程中落实相关责任、遵守伦理相关规范和标准的措施及执行情况；结合境内外法律法规、技术规范、行业共识等，进一步分析公司在保证人工智能时代技术可控、符合伦理规范的措施和规划，公司在技术开发和业务开展过程中所面临的伦理风险。公司通过梳理回复，其在人工智能时代伦理方面搭建了以伦理道德委员会及人工智能时代治理研究院为核心的组织架构，确定了公司内部在业务执行过程中的应用准则。公司通过上述思路进行论证说明其符合数据及科技伦理合规。

三、拟科创板上市人工智能企业知识产权合规建议

拟科创板上市人工智能企业要关注上市委的审核和问询要点，注重信息披露与审核的内在逻辑，结合行业特点做好知识产权合规管理。以下围绕前述要点问题，提出三点建议供拟科创板上市企业参考。

（一）提高知识产权质量

针对科创板上市过程中频发的专利无效申请，拟科创板上市人工智能企业不仅可以在无效过程中通过对比文件的适用性、对比文件未能披露专利的新颖性等角度应对，还可以在上市前针对自有专利进行稳定性分析，检索是否存在可能无效自有专利的对比文件，针对稳定性不强的专利提前规划应对策略，以避免达不到科创板上市的硬性指标而导致上市搁置。另外，在进行专利申请时做好查新检索工作，提高专利授权概率，降低无效风险。

同时，拟科创板上市人工智能企业应在产品立项至推广到市场的多个不同阶段，做好 FTO 分析及规避设计，对专利诉讼风险进行提前防范。采用多种策略应对专利侵权诉讼，包括对侵权产品进行先用权抗辩、现有技术抗辩、合法来源抗辩；对目标专利权提起专利无效程序；通过商业谈判购买目标专利或获取目标专利权的许可。

（二）厘清知识产权权属

针对自己的员工，拟科创板上市人工智能企业应对即将入职的核心技术人员做好相应的背景调查，了解其在原单位的工作内容，以便要求相关人员在后续研发中与原单位的技术进行隔离，尽量避免在该等人员离职后 1 年之内提出专利申

请；并做好研发记录的保存，以作为证明权利归属的证据。

针对合作方，拟科创板上市人工智能企业应与合作方、委托方通过书面形式确定技术的知识产权归属、使用、收益分配方案，务必确保拟上市企业是知识产权的所有人或者共有人。即使约定知识产权归双方共同所有，也应当就知识产权实施方式进行必要限定。例如，禁止单方利用知识产权对外投资、约定转让时的优先受让权、限定单方对外进行许可的权利，从而确保拟上市企业的核心竞争力。

（三）建立健全数据及伦理合规体系

拟科创板上市人工智能企业应在上市前进行全生命周期的数据合规治理布局，将数据合规工作贯穿数据收集、存储、使用、出境的全过程。例如，在数据收集时，确保收集的数据与企业现有业务紧密相关，遵循最小必要原则；确保获得用户明示授权，对于"注册即授权""默认勾选同意"等非明示方式应予以合规整改；完善用户协议与隐私政策，公开收集使用规则，明示收集使用信息的目的、方式和范围。

拟科创板上市人工智能企业应当引入或成立专业的数据合规团队，数据合规团队基于数据源和数据业务调整产品或运营模式、优化底层信息技术架构；数据合规团队持续参与上市申请阶段的数据治理工作；数据合规团队参与回应发审委关于数据合规的问询，把控披露风险，有效降低行政监管、民事甚至刑事风险。

此外，AI企业应当努力采用技术手段解决人工智能技术的运用可能产生的伦理道德问题，积极关注和参与国家及行业层面关于人工智能政策的探讨，积极探索人工智能技术道德伦理与治理工作的落地路径。

总体而言，自科创板开市以来，汇集了一大批立足于科技创新、保持高研发投入的"硬科技"企业。新一代信息技术领域是科创板受理企业数量最多的领域，覆盖了人工智能、大数据、软件、云计算、半导体和集成电路、电子信息、互联网、物联网等领域。科创板科创属性定位的严格标准明确了企业上市的门槛，突出知识产权作为科创属性的评价指标之一，能够更好地发挥资本市场对提升科技创新能力和知识产权竞争力的支持功能。知识产权作为科创板上市的硬核指标，发挥着越来越重要的作用。对于拟科创板上市人工智能企业而言，应尽早梳理企业的知识产权问题，强化企业知识产权保护意识，提升企业知识产权管理能力，完善信息留存和披露制度，为成功登录科创板打下坚实基础。

参 考 文 献

[1] 郑玉，魏华阳.知识产权保护对企业创新绩效的影响机理研究 [M].北京：中国经济出版社，2018.

[2] 黄春海.企业知识产权管理体系构建 [M].成都：电子科技大学出版社，2011.

[3] 徐家力.高新技术企业知识产权战略 [M].上海：上海交通大学出版社，2012.

[4] 冯晓青.企业知识产权战略 [M].2 版.北京：知识产权出版社，2005.

[5] 李宗辉.人工智能的知识产权法挑战与应对 [M].北京：知识产权出版社，2021.

[6] 王红燕.中国人工智能合规建设与知识产权法律实务 [M].北京：中国法制出版社，2023.

[7] 徐慧丽.知识产权制度下人工智能主体拟制路径研究 [M].武汉：华中科技大学出版社，2022.

[8] 陈浩.企业知识产权管理实战指引 [M].武汉：华中科学技术大学出版社，2020.

[9] 项安安，余翔，李娜.在华外资企业知识产权新型保护途径研究 [M].杭州：浙江大学出版社，2019.

[10] 斯图尔特·罗素.人工智能：一种现代的方法 [M].北京：人民邮电出版社，2018.

[11] 韩普坤.中德企业知识产权保护手册 [M].李升，史楠，译.北京：中国政法大学出版社，2012.

[12] 韩秀丽，衣淑玲.中国企业海外知识产权保护法律体系研究 [M].厦门：厦门大学出版社，2016.

[13] 曹仁轩，齐荣坤.企业知识产权管理与保护实务 [M].长春：东北师范大学出版社，2012.

[14] 《知识产权法学》编写组 . 知识产权法学 [M].2 版 . 北京：高等教育出版社，2022.

[15] 李雨峰，石必胜 . 知识产权专题研究法理与判例 [M]. 北京：中国人民大学出版社，2023.

[16] 刘春田 . 知识产权法 [M].3 版 . 北京：中国人民大学出版社，2022.

[17] 国家知识产权培训（湖北）基地 . 国际贸易中的知识产权保护 [M]. 北京：知识产权出版社，2014.

[18] 王迁 . 著作权法 [M].2 版 . 中国人民大学出版社，2023.

[19] 吴汉东 . 人工智能生成作品的著作权法之问 [J]. 中外法学，2020，32（3）：653–673.

[20] 吴汉东，张平，张晓津 . 人工智能对知识产权法律保护的挑战 [J]. 中国法律评论，2018（2）：1–24.

[21] 林秀芹 . 人工智能时代著作权合理使用制度的重塑 [J]. 法学研究，2021，（43）（6）：170–185.

[22] 李宗辉 . 论人工智能对知识产权应用的影响 [J]. 中国发明与专利，2020，17（6）：14–19.

[23] 刁胜先，吴乐 . 企业数据的知识产权保护路径探索 [J]. 重庆科技大学学报（社会科学版），2024（4）：44–54.

[24] 冯晓青 . 企业商业秘密保护的实用策略 [J]. 企业活力，2007（4）：14–15.

[25] 陈丽苹 . 知识产权出资的法律问题 [J]. 知识产权，2004，14（3）：56–59.

[26] 侯潇逸，李长娟，赵硕 . 科研型企业知识产权数字化管理研究 [J]. 中国产经，2024（4）：158–160.

[27] 卜文超，蒋殿春 . 知识产权保护与中国企业的成本加成率——以市级专利代办处设立为例 [J]. 南开经济研究，2024（2）：141–159.

[28] 常向月 . 科创板企业知识产权相关问题研究 [J]. 企业改革与管理，2024（3）：3–5.

[29] 刘庆科，王晶 . 人工智能时代的动漫知识产权对策研究 [J]. 传媒观察，2018（6）：85–90.

[30] 曹春方，涂漫漫，刘薇 . 知识产权监管与企业集团内部专利转移 [J]. 经济研

究，2024，59（2）：135-152.

[31] 郭雨洒，董鑫宇．赋权模式下企业数据权利的限制 [J].电子知识产权，2024
（2）：16-26.

[32] 欧盟知识产权局启动 2024 年中小企业创意助力基金 [J].福建市场监督管理，
2024（2）：60.

[33] 徐阳，冯程程，徐梦琪，等．知识产权保护对企业出口产品质量影响研究 [J].
宏观经济研究，2024（2）：116-127.

[34] 宋瑞敏，董璐．基于模糊 FMEA-VIKOR 的人工智能企业知识产权质押融资
风险预警 [J].模糊系统与数学，2021，35（5）：106-117.

[35] 杨长青．基于人工智能的企业知识产权管理规范支撑技术研究 [J].中国发明
与专利，2018，15（2）：83-85.

[36] 李青泊．区块链技术应用于数字版权保护的法律问题研究 [D].重庆：重庆工
商大学，2021.

[37] 施一正．区块链视角下的网络著作权确权问题研究 [D].广州：华南理工大
学，2020.

[38] 周湘洁．人工智能时代企业知识产权人才的评价指标体系构建研究 [D].厦
门：集美大学，2024.

[39] 蒲冯琳苓．人工智能生成物的著作权问题研究 [D].贵阳：贵州师范大学，
2023.